Competência da Justiça Federal do Trabalho e a Efetividade do Direito Fundamental à Previdência

Obras do autor:

Linhas de um Destino (Belém: Slaredo, 2006)

Dos dilemas e da arte de julgar (São Paulo: LTr, 2008)

Execução Previdenciária Trabalhista e Procedimentos Práticos (São Paulo: LTr, 2010)

Coautor do livro *Sistemas Jurídicos — a dinâmica da técnica tópica* (RJ: Lumen Juris, 2013)

Colaborador da obra coletiva *Previdência social & Argumento econômico — repercussão nas decisões judiciais* (Curitiba: Juruá, 2013)

E também autor do livro *Teoria da prescrição das contribuições sociais da decisão judicial trabalhista* (São Paulo: LTr, 2013)

OCÉLIO DE JESÚS C. MORAIS

*Juiz Federal do Trabalho (e titular de Vara) do TRT 8ª região aprovado em 1º lugar.
Doutor em Direito: Efetividade do Direito (Previdenciário) pela Pontifícia Universidade Católica de São Paulo (PUC/SP). Mestre em Direito Constitucional pela Universidade Federal do Pará (UFPA). Especialista em economia do trabalho e relações sindicais (CESIT/UNICAMP/EJUD TRT 8ªR).
Especialista em Direito Público pela Universidade da Amazônia. Professor titular do curso de mestrado em Direito da Universidade da Amazônia e coordenador técnico e professor do curso de pós-graduação* lato sensu *em Direito da Seguridade Social na mesma Universidade.*

COMPETÊNCIA DA JUSTIÇA FEDERAL DO TRABALHO E A EFETIVIDADE DO DIREITO FUNDAMENTAL À PREVIDÊNCIA

LTr®

EDITORA LTDA.

Rua Jaguaribe, 571
CEP 01224-001
São Paulo, SP – Brasil
Fone: (11) 2167-1101
www.ltr.com.br

Produção Gráfica e Editoração Eletrônica: Peter Fritz Strotbek
Projeto de Capa: Fabio Giglio
Impressão: Cometa Gráfica e Editora

LTr 5073.8
Agosto, 2014

Dados Internacionais de Catalogação na Publicação (CIP)
(Câmara Brasileira do Livro, SP, Brasil)

Morais, Océlio de Jesus C.
Competência da Justiça Federal do Trabalho e a efetividade do direito fundamental à previdência / Océlio de Jesus C. Morais. — São Paulo : LTr, 2014.

Bibliografia.
ISBN 978-85-361-3036-1

1. Direito do trabalho 2. Direito previdenciário I. Título.

14-06653 CDU-347.98:331

Índice para catálogo sistemático:

1. Competência trabalhista previdenciária :
Direito do trabalho 347.98:331

Dedico

À minha família (Edineia Morais, esposa, Aline Eddie Torres de Morais Rezende Pingarilho e Ana Lia T. Morais, filhas) que sempre contribui na hora certa com o encorajamento necessário que me anima à realização de objetivos de vida, como este.

Dedicatória (in memoriam *11.10.2010)*

À minha mãe Josefina Carneiro de Morais, campesina e parteira, que, com suas parcas letras formais, nunca deixou de acreditar na educação como possibilidade de se criarem novos caminhos.

Agradeço

A Deus, fonte inesgotável de amor, luz e sabedoria que irradia à humanidade, por esse desígnio destinado ao aperfeiçoamento de minha evolução integral.

Ao Prof. Dr. Pedro Paulo Teixeira Manus, meu dileto orientador, homem de sabedoria singular como singular é sua pedagogia na arte de ensinar pelo exemplo pedagógico de vida.

Sumário

Prefácio 13

Introdução 15

Capítulo I — Valor Social do Trabalho e Valor Social da Previdência 19

1.1. Elementos teóricos 19

1.1.1. Modelos econômicos: o trabalho e a previdência como valor social — da antiguidade clássica à idade pós-moderna 19

1.1.2. Modelos políticos: a construção teórica da proteção social a partir do estado civil ao estado neoliberal capitalista 30

1.2. Previdência básica e privada na ordem social e na ordem econômica brasileira 42

1.2.1. Considerações conceituais: constituição, constitucionalismo, transconstitucionalismo e neoconstitucionalismo 42

1.2.2. Proteção social previdenciária no constitucionalismo brasileiro de 1824 a 1988 46

1.3. Natureza jurídica dos regimes básico e privado de previdência 72

1.3.1. Natureza protetiva em sentido geral à cobertura de riscos 72

1.3.2. Natureza solidarista do regime geral 75

1.3.3. Natureza jurídica do regime privado sob os aspectos formal e material da Constituição 77

Capítulo II — Relação Jurídica de Trabalho e Relação Jurídico-Previdenciária ... 84

2.1. Princípios constitucionais comuns ao trabalho e à previdência nas relações de trabalho na ordem jurídica brasileira 84

2.1.1. Da relação jurídica tipicamente trabalhista e da relação previdenciária: características e natureza jurídica 89

2.1.2. Correlações entre a relação jurídico-trabalhista e a relação previdenciária 96

2.1.3. Previdência decorrente da relação empregatícia 100

Capítulo III – Regimes de Competência Trabalhista-Previdenciária no Direito Comparado e no Brasil 105

3.1. Regimes de competências no direito comparado 105

3.1.1. Na Europa 106

3.1.2. Na América Latina 109

3.2. Do sistema de competências judiciárias no Brasil 113
3.3. Regime atual de competência trabalhista no sistema constitucional brasileiro 116
3.4. Como o regime atual de competência trabalhista responde à causa trabalhista-previdenciária no Brasil 120
3.4.1. Primeira e segunda fases 120

Capítulo IV — Competência Jurisdicional Trabalhista como Meio à Efetividade do Direito Social Fundamental à Previdência 128
4.1. Direito à previdência como direito humano fundamental na Constituição de 1988 129
4.1.1. A competência trabalhista e a função vinculante dos direitos fundamentais 133
4.1.2. Correlação das funções vinculantes dos direitos fundamentais com a função jurisdicional 139
4.2. A competência, os problemas jurídicos e o método de interpretação da tese .. 141
4.2.1. Questões jurídicas atuais contrárias à fixação da competência da justiça do trabalho à causa trabalhista-previdenciária 142
4.2.2. Método de interpretação à superação dos obstáculos jurídicos 146
4.3. Elementos comprobatórios à competência da justiça do trabalho à causa de natureza trabalhista-previdenciária 150
4.3.1. Elemento natureza da matéria em conexão com o normativo constitucional 151
4.3.2. Elemento fático-jurídico em conexão com a função social do contrato 160
4.3.3. Elemento normativo infraconstitucional em conexão com o princípio da competência decorrente 169
4.3.4 Elemento convencional previsto em acordo coletivo e em convenção coletiva de trabalho 176
4.3.5. Elemento contratual previsto no regulamento empresarial 182
4.4. Utilidade da competência da justiça do trabalho à causa trabalhista-previdenciária 184
4.4.1. Sob o aspecto da utilidade jurídica 185
4.4.2. Sob o aspecto da utilidade processual 187
4.4.3. Sob o aspecto da atividade interpretativa das normas e dos princípios na competência jurisdicional 189
4.4.4. Sob o aspecto da utilidade prática e social 191

5. Conclusão 195

6. Referências de Obras Citadas 199

Apenas as ideias de valor que dominam o investigador e uma época podem determinar o objeto do estudo e os limites desse estudo.

(MAX WEBER, 2008, p. 43).

Prefácio

A Emenda Constitucional n. 45/2004 ampliou significativamente a competência material da Justiça do Trabalho. Alterou o que podemos denominar de "eixo central" dessa competência, que era o vínculo de emprego, ao abrigo da CLT, para a relação de trabalho, que configura o gênero da prestação de serviços pela pessoa física, do qual a relação de emprego faz parte. Assim enuncia o art. 114, I, da Constituição Federal. Paralelamente à expansão da competência da Justiça do Trabalho, no que se refere à prestação pessoal de serviços, outros temas expressamente foram contemplados pelo mencionado art. 114 da norma constitucional, como os conflitos decorrentes de greve; as ações sobre representação sindical e entre entidades sindicais; as ações de indenização de dano moral ou patrimonial decorrentes das relações do trabalho; as ações referentes às penalidade administrativas impostas às empresas pela fiscalização do trabalho; e as execuções de ofício das contribuições sociais decorrentes de suas próprias sentenças, dentre outras. Tema de extremo interesse diz respeito à competência da Justiça do Trabalho e a Previdenciária Social, já que trabalho e previdência social integram o rol dos direitos sociais, à luz do art. 6º da Constituição Federal. Por tal razão, o livro *Competência da Justiça Federal do Trabalho e a Efetividade do Direito Fundamental à Previdência*, da autoria do Professor e Magistrado Océlio de Jesús C. Morais, é de grande relevância para quem milita no Direito do Trabalho e no Direito Previdenciário, diante da ampla análise que faz sobre o tema, a qual é resultado de sua pesquisa acadêmica e da experiência na magistratura do trabalho.

Divide-se o livro em quatro capítulos, que traçam uma visão total do seu conteúdo, de modo completo, harmonioso e cativante ao leitor, chamando sua atenção para o estudo da questão da competência da Justiça do Trabalho e a questão previdenciária.

O Capítulo I do livro cuida do valor social do trabalho e da previdência, examinando os elementos teóricos, os modelos econômicos e políticos. A seguir, ainda no mesmo capítulo, ocupa-se da previdência básica e privada, nas ordens social e econômica, além de sua natureza jurídica, protetiva e solidarista.

O Capítulo II trata da relação jurídica de trabalho e da relação jurídico-previdenciária, dos princípios comuns aos dois sistemas jurídicos, das relações jurídicas entre ambos e da relação previdenciária decorrente da relação de emprego.

Já o Capítulo III dedica-se ao estudo dos regimes da competência trabalhista e previdenciária tanto no direito brasileiro quanto no estrangeiro, alcançando regimes europeus e latino-americanos, além do nosso regime pátrio.

Prossegue o autor, no Capítulo IV, com o exame da competência jurisdicional trabalhista como meio de conferir efetividade ao direito social que é fundamental à previdência social. Aqui examina a obra o direito à previdência como direito humano fundamental na Constituição Federal de 1988. Segue no estudo da competência trabalhista e a função vinculante dos direitos fundamentais e sua correlação com a função jurisdicional.

Ainda nesse Capítulo IV, que constitui o cerne da obra, ocupa-se da competência e realça os problemas jurídicos e os métodos de interpretação, além de abordar as teses contrárias ao pensamento que expõe. Ao discorrer sobre os elementos comprobatórios à sua tese da competência da Justiça do Trabalho para a questão previdenciária, examina-os sob a ótica normativa constitucional, sob a ótica da função social do contrato, sob a ótica da competência concorrente, bem como sob o enfoque da norma coletiva de trabalho e o regulamente empresarial.

Finaliza o estudo da utilidade da competência trabalhista para a questão previdenciária, do ponto de vista jurídico e processual, além dos aspectos da atividade interpretativa e dos princípios da competência jurisdicional e de utilidade prática e social, seguindo-se as conclusões do autor.

O professor e juiz do trabalho Océlio de Jesús C. Morais é autor já consagrado, doutor em Direito Previdenciário pela Pontifícia Universidade Católica de São Paulo, onde obteve o título com todos os méritos, em brilhante e memorável defesa pública.

Conheço Océlio do programa de pós-graduação em Direito da PUC-SP, onde sempre se mostrou interessado pela atividade acadêmica, revelando-se excelente aluno, participante nos debates acadêmicos, sem perder a elegância e a perspectiva da necessidade de que o debate teórico tivesse reflexo na vida profissional, a fim de subsidiar o aperfeiçoamento da aplicação das normas jurídicas.

É autor consagrado de várias obras jurídicas, além de possuir formação acadêmica em teologia e ter militado, como seu habitual sucesso, como jornalista profissional e radialista, tendo sido agraciado com o "Prêmio Henfil" de jornalismo impresso, outorgado pela Federação Nacional de Jornalismo e Petrobras, como justo reconhecimento por seu trabalho relevante em prol da sociedade, o que caracteriza sua trajetória de respeito e sucesso nas atividades que desenvolve sempre com extrema dedicação e alta preocupação social.

A Editora LTr e o autor Océlio de Jesús C. Morais brindam-nos com mais uma obra de excelente qualidade, que trata de importante tema atual, recebendo merecido aplauso pela valiosa contribuição às letras jurídicas.

Pedro Paulo Teixeira Manus
Professor Titular de Direito do Trabalho da PUC-SP.
Diretor da faculdade de Direito da PUC-SP.
Ministro do Tribunal Superior do Trabalho.

Introdução

Das várias questões referentes ao direito fundamental à previdência social, quando envolvem a atuação jurisdicional no Brasil, uma muito importante na atualidade ainda não mereceu a atenção devida.

A questão a que nos referimos, núcleo de nosso de estudo, é relativa à *Competência material da Justiça do Trabalho (JT)* às causas de natureza trabalhista-previdenciária decorrentes das relações de trabalho ou das relações empregatícias que envolvam os Regimes Geral e Privado Fechado de Previdência.

Essa questão é uma das mais sensíveis, por isso desafia o nosso estudo a investigar e a identificar seus pontos problemáticos no âmbito específico da competência jurisdicional trabalhista quando se trata de direitos previdenciários decorrentes das relações de trabalho, bem como dos critérios solucionadores.

A questão define a nossa temática, a efetividade total do direito fundamental à previdência social derivado das relações empregatícias — efetividade que traduza o direito formal em direito real sem restrições de qualquer natureza que importe violação desse direito. Esse tema é analisado pelo viés do sistema *constitucional* de *competência jurisdicional*. Isto é, se a *Constituição da República Federativa do Brasil de 1988* (CRFB/88) sanciona ou não a regra de competência da Justiça Federal do Trabalho para as ações de natureza trabalhista-previdenciária que incluam o Regime Geral e o Regime Privado Fechado de Previdência.

Este então é o problema teórico investigado, na perspectiva das normas-princípios da Constituição que vinculam o exercício da competência para as relações de trabalho, às demais controvérsias decorrentes e para os litígios derivados das próprias decisões trabalhistas. O *problema é* de natureza jurisdicional, teoricamente relativo ao sistema de competências judiciárias e se tal competência específica é ou não *critério* à efetividade do direito social fundamental à previdência.

Logo, a questão se localiza no sistema de competência judiciária brasileiro e se relaciona com a função vinculante e imediata dos direitos sociais fundamentais contra o Estado e contra terceiros..

Assim nossa *tese* — a par do *tema específico* e do *problema teórico* — *é a Competência da Justiça Federal do Trabalho (JT) às causas de natureza jurídica trabalhista-previdenciária e a efetividade direito fundamental à previdência social.*

Não foi objetivo desta obra investigar questões da previdência básica e da previdência privada fechada relativas *a custeio, e* nem tratar das questões relativas à unificação dos regimes previdenciários próprio e básico. O tema não abrange as questões da *previdência privada aberta*, visto que os seus planos de benefícios são acessíveis a quaisquer pessoas físicas (planos individuais) ou à pessoa jurídica contratante (planos coletivos) e decorrem de um contrato nitidamente previdenciário; e nem envolve litígios relacionados ao regime jurídico estatutário.

A questão da efetividade plena do direito social fundamental à previdência social, quando esse direito decorre das relações de trabalho ou das relações empregatícias, vem sofrendo contínua desconstrução no ambiente neoliberal econômico, seja pela redução dos empregos formais, seja por obstáculos legislativos que se opõem à proteção e à preservação desse direito.

Assim, o *problema* desta pesquisa foi motivado pelas transformações nas relações de trabalho, com seus *efeitos ou reflexos* na proteção previdenciária e no sistema constitucional de competências judiciárias brasileiro, causados pelo neoliberalismo econômico.

Portanto, saber quais são os principais reflexos no campo legislativo e como repercutem na definição da competência jurisdicional trabalhista às causas trabalhistas-previdenciárias constitui tarefa motivacional da investigação, visto que é fundamental construir um consenso (legislativo e judicial) definitivo quanto à competência da Justiça do Trabalho às referidas causas.

O tema definido enseja uma abordagem específica de causas trabalhistas-previdenciárias, a partir do núcleo básico da competência material da Justiça do Trabalho. São questões próprias e vinculadas às repercussões previdenciárias em decorrência das decisões judiciais trabalhistas, sob a perspectiva da efetividade constitucional em face desse direito fundamental à previdência.

Após a apresentação dos fundamentos teóricos do trabalho e da previdência como valor social nos modelos econômicos, políticos e no constitucionalismo brasileiro, a abordagem inclui as relações jurídicas trabalhistas-previdenciárias, como são tratadas no regime atual de competência jurisdicional brasileiro, além de investigar como estão estruturados os regimes geral e privado fechado no Sistema de seguridade social e se este exclui ou não a competência material da Justiça Federal do Trabalho às causas de natureza previdenciária trabalhista. Ou se a inclui, tal como já ocorre no Direito comparado.

Empreenderemos uma investigação sistemático-teleológica do regime de competência trabalhista e como tal responde ao desafio da efetividade do direito social fundamental à previdência, quando o direito decorre da relação de trabalho ou da relação empregatícia. Adota-se esse método porque abrange os demais métodos de hermenêutica e permite identificar de forma objetiva a finalidade social da lei, a natureza teleológica dos princípios sociais fundamentais e o seu regime de competência judiciária adequado, no âmbito de um sistema jurídico dinâmico e aberto como o sistema jurídico brasileiro.

Essa investigação legislativa, doutrinária e jurisprudencial foi feita sob a orientação dos princípios constitucionais comuns ao trabalho e à previdência, com a apresentação de elementos constitucionais e infraconstitucionais definidores dos critérios que julgamos comprobatórios à fixação da competência da Justiça Federal do Trabalho às causas trabalhistas-previdenciárias.

Para o desenvolvimento do trabalho, adotamos as seguintes proposições: i) o direito à previdência social é um direito humano fundamental, o qual não pode ser abolido e nem reduzido; ii) na realização judicial do direito humano fundamental à previdência social, está incluída a competência da Justiça do Trabalho, quando decorrente das relações de trabalho ou das relações empregatícias, que envolvem o Regime Geral e o Regime Privado Fechado de Previdência Social.

Todas essas questões não são pacíficas. Não são ou não estão suficientes claras. Suscitam dúvidas e geram controvérsias. Promovem insegurança jurídica em causas dessa natureza. Daí a importância desta investigação, para elucidar tais questões, para resolvê-las e apresentar um leque de utilidade ao campo jurídico e ao campo da efetividade real do direito fundamental à previdência, quando esse direito nasce de uma relação de trabalho ou de uma relação empregatícia.

Capítulo I
Valor Social do Trabalho e Valor Social da Previdência

1.1. Elementos teóricos

1.1.1. Modelos econômicos: o trabalho e a previdência como valor social — da Antiguidade clássica à Idade pós-moderna

Max Weber[(1)] (2008, p. 20-21, 42) já afirmava que o trabalho e a socialização com outras pessoas são inerentes à realidade socioeconômica, observada e desenvolvida conforme os *valores* e as necessidades materiais e espirituais das civilizações, sendo que a "ordem de valores varia historicamente de acordo com o caráter da civilização e do pensamento que dominam o homem".

Já Herbert L. A. Hart (2009, p. 201) concebe a ideia de que *valor*[(2)] traduz, em geral, a ideia ou sentido de *moral*[(3)] ou de obrigação e de dever moral social, como regra de conduta humana, sentido apropriado pelo *Direito* como ideia de "norma social" ou "como meio de controle social"[(4)].Wagner Balera (2009, p.15) ressalta que "[...] o valor tem a tarefa de atuar como vetor de força destinado a modelar a realidade impondo com certa concepção de justiça".

Mas, terá sido sempre o trabalho concebido como um valor gregário e de bem-estar pelos modelos econômicos mercantis? Nesses modelos econômicos, o trabalho, como

(1) O autor já advertia para a racionalidade da economia, nela não identificando caráter ou natureza teleológica: "Cabe deixar bem claro que a economia não é necessariamente teleológica". Contudo, não deixa de reconhecer que a atividade humana se apresenta aos homens numa escala infinita de representações, numa ordem diferente, mutável no curso da história. (WEBER, 2008. p. 3-74). Para Mário G. Losano, a concepção weberiana das ciências sociais não comporta juízo de valor. Em WEBER, a neutralidade é garantia da descrição objetiva da realidade. (HANS KELSEN, 2011. p. 9-12). Eis, pois, a explicação para a sua rejeição do aspecto teleológico à economia.

(2) A teoria do valor se desenvolveu na Alemanha, com *Max Scheler oi Richert*, e na França, a partir da obra de R. Ruyer ou R. Polin. O primeiro termo técnico se formou em economia para designar propriedade, objeto que corresponde à satisfação da necessidade. Em filosofia, o termo é utilizado numa acepção moral, para designar o que proporciona normas à conduta. (DUROZOL, Gérad; ROUSSEL, André, 2002, p. 48).

(3) ALF ROSS (2007, p. 91) assinala que "a diferença entre o direito e a moral pode, sob o ponto de vista idealista, ser expressa da seguinte maneira: enquanto a norma moral se origina na pura razão, inclusive no seu conteúdo, a validade do direito se vincula a um conteúdo terreno e temporal – o conteúdo do direito positivo com seu conteúdo historicamente determinado. Para ROSS, o direito é um fenômeno da realidade na medida em que seu conteúdo constitui um fator histórico que varia de acordo com o tempo e o lugar, criado por seres humanos e que depende de fatores de poder.

(4) Sobre os diferentes tipos de relações existentes entre Direito e Moral, remeto à leitura do capítulo IX"O direito e moral", do livro *O conceito de Direito*. (HART, 2009. p. 240-273).

valor, é apreendido como forma de controle social, impondo a concepção de justiça social? Como se relacionam (trabalho e previdência) nesses modelos socioeconômicos?

Foi nosso desafio encontrar as respostas, identificando os fundamentos que, na história do trabalho nos modelos econômicos mercantis, conduziram o pensamento econômico e social à construção do *primado* do trabalho como valor social, bem como o ideário do direito social à previdência, e o que significa para a proteção social.

Adotamos esse ponto de partida porque a *efetividade do direito à previdência social* pressupõe, no âmbito de nosso problema teórico, a concepção do *valor social* do trabalho e do *valor social* à previdência como realidades socioeconômicas inseparáveis, visto que o *trabalho* ocupa um lugar central na vida humana e que, do trabalho humano, a inclusão previdenciária é inerente, disso resulta a existência de uma *relação orgânica* entre ambos porque pertencem ao mesmo mundo fenomênico.

No sentido que desenvolvemos a pesquisa, o *trabalho e a previdência* são, pois, realidades inseparáveis, inerentes também à mesma área de conhecimento — as relações sociais. De outro modo não poderia ser, pois a construção de uma *tese da competência material da Justiça do Trabalho às causas de natureza trabalhista-previdenciária* tem o trabalho humano e o seu *consectário* previdenciário como pano de fundo.

Mas nem sempre o *trabalho e a previdência* foram compreendidos como realidades inseparáveis. Na *Antiguidade clássica e na alta Idade Média*, por exemplo, caracterizam-se como a *Era da dignidade invisível*. Da *Antiguidade Clássica*(5) à globalização hegemônica (esta, a partir dos meados do século XX), o trabalho humano passou por diversas valorações.

De comum entre a Antiguidade clássica e a Alta Idade Média, quando se trata do trabalho humano, havia o caráter de servidão. Naquela o trabalho era escravo; o sistema econômico escravista. Nesta, o trabalho era servil. Num e noutro, o trabalho não era considerado como fator de sociabilidade, mas de submissão do homem.

A doutrina pontua que, na *Antiguidade clássica*, o trabalho era visto por duas concepções filosóficas: uma, como "vil e opressor da inteligência humana" e, outra, como "essência do homem"(6), porque "possuía um sentido material, era reduzido a coisa, o que tornou possível a escravidão"(7), ou, como já constatava Aristóteles (1985 *apud* COTRIM, 2000. p. 25), que "A utilidade do escravo é semelhante à do animal". Enquanto, na *Alta Idade Média*(8), a organização "econômica era funcional, feudal ou

---

(5) Período compreendido entre o século VIII a.C. ao ano 476 a.C. (LOPES, 2009. p. 15-36).

(6) Essa antagônica valoração do trabalho, na Antiguidade Clássica, é explicada pelas correntes filosóficas então prevalecentes, conforme ALICE MONTEIRO DE BARROS (2005, p. 30, 49-50): uma, integrada por pensadores de origem humilde, os quais exaltavam os valores do trabalho como dignificação humana. Outra, composta por pensadores de classes mais favorecida, que consideravam o trabalho como vil.

(7) MONTEIRO DE BARROS (2005) explica que a condição de escravo derivava da condição de nascer de mãe escrava, de ser prisioneiro de guerra, de condenação penal, de descumprimento de obrigação tributária, de deserção do exército.

(8) Diz-se o período a partir da queda do Império Romano, em 476 a.C. até o ano 1000, quando inicia a Idade Média Clássica. MARC BLOCH (1990 *apud* LOPES, 2009. p. 58-65) descreve que houve dois feudalismos sucessivos: um, do século VIII ao XI e, o outro, do século XI a XVI. Na primeira, a ordem social era dividida entre os que oravam (clérigos), os que lutavam (os cavaleiros e senhores) e os que trabalhavam (os vassalos, os servos). No segundo feudalismo (1050 a 1150), "a terra era uma entidade sobre a qual havia servidões. Havia ligações perpétuas entre

senhorial"[9], visto que "a principal característica do sistema econômico funcional [...] é a redução de todo aquele que realiza uma tarefa manual, a uma condição implícita de perda de liberdade [...]" (REZENDE FILHO, 2009. p. 43).

Essa realidade começa a mudar com o cristianismo medieval, a partir do qual ao trabalho é atribuído um *valor espiritual*, conforme descreve Gilberto Cotrim: "Com o cristianismo medieval, o trabalho passou a ser visto como uma forma de sofrimento que serviria de provação e de fortalecimento de espírito para se alcançar o reino celestial" (COTRIM, 2000. p. 25), embora o regime ainda fosse de servidão porque

> "O vassalo se entregava ao seu senhor num rito solene: tornava-se um homem do seu senhor. Recebia em troca uma terra em benefício enfeudado. Jurava (tudo era feito religiosamente) lealdade", descreve Lima Lopes (2009, p. 59).

A ideia de trabalho livre aparece na *Baixa Idade Média*, com o surgimento do renascimento e o início da Idade Moderna (Séculos XVII e XVIII), "o trabalho é visto como a verdadeira essência humana", porque "ele atua como meio de subsistência, de acesso à propriedade e cumpre com um conjunto de funções sociais" (MONTEIRO DE BARROS, 2005. p. 50-51).

A partir do momento em que ao trabalho é conferido um *valor ético*, com as Regras de São Bento[10], começa um processo de valorização do trabalho humano, mas sob perspectiva ético-religiosa. O documento oferece as luzes para a compreensão do trabalho como *valor ético a* partir da revolução agrícola da Baixa Idade Média, rompendo com o modelo do período anterior. As regras de São Bento, afirma Konder Comparato (2006, p. 42), vieram "[...] pela primeira vez valorizar, ética e religiosamente, o trabalho manual".

Mais tarde, esse documento influencia a doutrina social da Igreja Católica Apostólica Romana, por meio das encíclicas[11] *Rerum Novarum* (Leão XIII, em 15.5.1881),

servos e senhores feudais. Já se estabelecia distinção entre direito de exploração (domínio útil) e direito de renda (domínio direto ou emitente), mas sem beneficiar o servo.

(9) Segundo REZENDE FILHO (2008, p.43), a economia funcional da Idade Média era resultado de uma síntese entre as "formas de produção dos invasores germânicos, e o modo de prodição escravista em dissolução".

(10) "Das regras de São Bento", conhecidas como *ord et labora* (reza e trabalha), é do período medieval. Especificamente no capítulo 48, "Do trabalho manual cotidiano", aborda-se o valor ético do trabalho cotidiano: "A ociosidade é inimiga da alma; por isso em certas horas devem ocupar-se os irmãos com o trabalho manual" [...]. Portanto, o trabalho humano é apresentado e defendido como um valor ético, no mesmo sentido da filosofia socrática: "A ociosidade é que envelhece, não o trabalho". "Das regas de São Bento" era "um conjunto de preceitos destinados a regular a vivência de uma comunidade monástica cristã, regida por um abade". *Cit.* Regras de São Bento: Capítulo 48: do trabalho natural cotidiano.

(11) **(1)** Rerum Novarum (Leão XIII, Papa, em 15.05.1891), encíclica sobre a condição dos operários. Disponível em: <www.vatican.va/holy/rerum-novarum>. Acesso em: 6 abr. 2013. **(2)** Quadragessimo anno (Pio XI, Papa, em 15.5.1931) sobre a restauração e o aperfeiçoamento da ordem social em conformidade com a lei evangélica no XL aniversário da encíclica de Leão XIII (Rerum Novarum). Disponível em: <www.vatican.va/holy/quadragesimo-anno>. Acesso em: 5 abr. 2013. **(3)** Mater et magistra (Joannes XXIII, em 15.5.1961) sobre a evolução da questão social à luz da doutrina cristã. Disponível em: <www.vatican.va/holy/_materl>. Acesso em: 5 abr. 2013. **(4)** Pacem In Terris (Joannes XXIII, Papa em 11 abr. 1963) sobre a paz de todos os povos na base da verdade, justiça, caridade e liberdade. **(5)** Populorium progressio, sobre o desenvolvimento dos povos (Paulus VI, Papa, 26 mar.1967). Disponível em: <www.vatican.va/holy>. Acesso em: 5 abr. 2013. Laborem Exercens (Joannes Paulus, II papa, em

num primeiro momento, depois *Quadragessimo Anno* (Pio XI, em 15.5.1931), mais tarde a *Mater et Magistra* (Joannes XXIII, em 15.5.1961), e a *Pacem In Terris* (Joannes XXIII, em 11.4.1963).

As encíclicas constroem uma densa doutrina de valorização social do trabalho humano em atenção às dimensões dos problemas éticos e sociais do trabalho moderno e contemporâneo.

A doutrina identifica que o capitalismo, a partir da revolução Industrial inglesa, com as inovações técnicas, "[...] levou o homem a tornar-se independente das forças da natureza, para realizar suas tarefas produtivas", utilizando a "força motriz", visto que até então o trabalho "dependia da força humana e dos animais" (REZENDE FILHO, 2008. p. 141).

Para Godinho Delgado (2008, p. 86), o trabalho livre e subordinado é uma característica marcante a partir dos fins do século XVIII e durante o século XX, quando adquire maturação.

> Em fins do século XVIII, e durante o século XIX, é que se maturaram, na Europa e nos Estados Unidos, todas as condições fundamentais de formação do trabalho livre, mas subordinado e de concentração proletária, que propiciaram a emergência do direito do trabalho.

Na fase primária do capitalismo, ao trabalho livre e subordinado — livre no sentido libertário da escravidão anterior e subordinado no sentido da sujeição econômica do trabalhador — é conferido um valor de produção. É sob esse panorama que surgirá o idealismo *hegeliano* sobre o *valor* do trabalho, como autoconstrução humana.

No século XIX, Friedrich G. W. Hegel (1770-1831) atribuía ao trabalho um valor libertário, *i.e.*, o *trabalho* era definido como elemento de autoconstrução do homem porque por meio dele o homem formava-se, aperfeiçoava-se, mas também se libertava. Crítico do idealismo Hegeliano, Karl Marx (1978 *apud* COTIM 2000. p. 200) afirma que "A essência humana [...] é o conjunto das relações sociais", *i.e.*, o trabalho é reconhecido como "atividade fundamental do ser humano [...]" (COTRIM, 2000. p. 201), mas é também fator de alienação no capitalismo.

A partir da segunda metade do século XIX, época da segunda revolução industrial[12], surgiu um conjunto de inovações técnicas. Foi o período da acumulação do capital movido pela livre concorrência entre as empresas e da implantação da linha de produção na fábrica.

9.14.1981) sobre os homens de boa vontade, sobre o trabalho humano no 90º aniversário da encíclica Rerum Novarum. Disponível em: <www.vatican.va/holy/laborem-exercens>. Acesso em: 7 abr. 2013.

(12) A segunda revolução industrial adquire um aspecto mais global. Estende-se pela França, pela Holanda, pela Bélgica, pela Itália, pela Alemanha, pelos Estados Unidos e pelo Japão, criando forte competição entre esses países. A segunda revolução industrial, conforme REZENDE FILHO (2008, p. 145-149), "produz mudanças na organização e estrutura da economia. O ferro deixou de ser um produto industrializado, para se transformar em matéria-prima para o aço, como material básico, graças às inovações técnicas. O vapor de água foi substituído pela eletricidade e pelo petróleo, como fonte de energia. A indústria química permitiu a crescente independência industrial das matérias-primas naturais".

Rezende Filho (2008, p. 148) constata que, nessa fase, "Os tempos [...] dos esforços individuais — que nos legaram a *engineer*, significando indiretamente máquinas, metalúrgico e engenheiro — estavam definitivamente superados".

A superação dos *engineer* corresponderá à implantação do *scientific mannagement*(13), ou *fordismo*, sistema de trabalho que subordinava o trabalhador a uma rígida aceleração produtiva das máquinas. Escreve Rezende Filho (2008, p. 148) que o *scientific mannagement*, "[...] na verdade, nada mais era que a implementação de rigorosos procedimentos de trabalho, que subordinava o operário ao ritmo das máquinas".

Com efeito, como característica marcante, nesse período, ao trabalho confere-se valor de produção. O homem era avaliado pelo resultado de seu trabalho. Homem e máquina, conforme a *teoria neoclássica*(14), completam-se. O lucro é medido pela utilização da máquina na produtividade do trabalho humano. É o binômio capitalista: produtividade x lucro.

A esse respeito, Daniel Cohen (2010, p. 59) assinala que

> [...] uma máquina permite tornar mais produtivo o trabalho de quem a aciona, tornando possível, assim, um aumento do salário do trabalhador. [...] Esse é o fundamento do que se chamará de teoria neoclássica [...]. De acordo com essa teoria, o homem e a máquina são complementares, assim como o homem e a terra procuram ser nos tempos pré-industriais.

O paradoxo de todo o período da industrialização até a fase do denominado "capitalismo na terceira revolução industrial" foi que, segundo Cohen (2010, p. 60), "o progresso técnico permite ao mesmo trabalhador ter diversos pares de braços", mas, ao mesmo tempo, "sob o trabalho aparente de apenas uma só pessoa, muitos 'humanoides' trabalham silenciosamente no lugar de humanos".

No *toyotismo*(15), implementado nos EUA, depois da Segunda Guerra Mundial, não houve avanço na clássica divisão social do trabalho. Priorizava uma mecanização flexível

---

(13) Esse modelo foi concebido por Frederick W. Taylor (1855-1915), consistindo no gerenciamento dos negócios e da produção por um caráter técnico-científico, o que leva à separação entre a propriedade e a direção das grandes empresas. (REZENDE FILHO, 2008. p.147-140).

(14) Inspirada principalmente por Peter Ducker (1909-2005), denomina-se teoria neoclássica um conjunto de teorias surgidas na década de 1950, que propõem a retomada das abordagens clássica e científica da administração. Como principais conceitos, a teoria neoclássica adota: ênfase na prática da administração, reafirmação relativa das proposições clássicas, ênfase nos princípios gerais de gestão e ênfase nos objetivos e resultados.

(15) Uma das principais características do toyotismo é a mecanização flexível, *i.e.*, a mecanização flexível consiste em produzir somente o necessário, negando o princípio do fordismo, que produzia o máximo possível e estocava o excedente. Já a produção toyotista é flexível à demanda do mercado, com a produção de produtos personalizados, conforme a preferência do cliente. Havia, neste modelo, uma multinacionalização da mão de obra especializada e um sistema de controle de qualidade total visual por meio de um supervisor, que era o responsável das etapas produtivas. (LIKER, 2005), (G. AUGUSTO PINTO, 2010). No artigo "A desconstrução do trabalho e a perda de direitos sociais", ANTUNES (2005, p. 375-376) afirma que, no Brasil, a industrialização se desenvolveu influenciada pelo toylorismo e pelo fordismo desde os anos 1930 – processo que presenciou ao logo dos anos 80 e 90 alterações significativas, inicialmente no governo Collor e depois nos governos FHC e Lula. As consequências dessa industrialização, segundo o autor, são drásticas: uma delas, parcela significativa do PIB transferiu-se do setor produtivo estatal para o capital privado, especialmente transnacional, em função do intenso processo de privatização ocorrido nos anos 1990.

à rígida automação típica do modelo *fordista*. No *toyotismo*, o valor do trabalho era econômico: estimulava-se a produção do trabalhador para o enriquecimento do trabalho.

Na fase da automação, o trabalho foi reduzido a um valor de mercadoria, época em que foi implementada a terceira revolução industrial, a partir da segunda metade da década de 1950.

Isso significou também um paradoxo: mais emprego, porém não emprego estável, do que deflui que o trabalho é valorizado somente nos períodos de crescimento econômico, pois ele também provoca "os fenômenos da concentração monopolista de capital, de sua internacionalização [...]" (REZENDE FILHO, 2008. p. 363).

Marx (1977 *apud* COSTA, 2009. p. 99) assinala que a revolução industrial representou a substituição do "trabalho vivo pelo trabalho morto", visto que "coloca um contingente enorme de trabalhadores à deriva do sistema produtivo".

É desse caráter de produção que, na Idade moderna, o trabalho humano é tido como mercadoria *sui generis*.

Já advertia a *Laborem Exercens* (Papa JOANNES PAULUS, II, 1981) sobre o perigo de reduzir o valor social do trabalho a um valor de mercadoria *sui generis*, que pode gerar o "economismo materialista", pois

> [...] o perigo de tratar o trabalho como uma "mercadoria sui generis" ou como uma "força" anônima necessária para a produção (fala-se mesmo de "força-trabalho") continua a existir ainda nos dias de hoje, especialmente quando a maneira de encarar a problemática econômica é caracterizada pela adesão às premissas do "economismo" materialista.(16)

O pensamento social da Igreja Católica defende, nessa encíclica, o princípio da prioridade do trabalho em relação ao capital, como um postulado que pertence à ordem da moral social.

O traço fundamental da *terceira revolução industrial*, entretanto, é, de acordo com Rezende Filho (2008, p. 202), "[...] o emprego em larga escala, do binômio informática/robótica, que implicou a difusão da automação dos processos produtivos dos países centrais da economia-mundo capitalista".

Segundo Daniel Cohen (2010), tanto no regime escravista como no sistema tecnológico, há um sentido de escravidão: se no sistema escravista, ao trabalho era dado um sentido de subserviência, no tecnológico é dado ao homem um sentido de escravo da incerteza tecnológica, o que pode afetar a autoestima do trabalhador e o seu bem-estar psicológico e material.

Nesse sentido, observa Cohen (2010, p. 63) que

> O progresso técnico não é, apesar disso, um cúmplice amigável do Trabalhador. Este deixa de ser, sem dúvida, o escravo de um senhor como nos tempos

(16) Trata-se da Encíclica Laborem Exercens que trata sobre o Trabalho Humano no 90º aniversário da Rerum Novarum. Disponível em: <www.vatican.va/edocs>. Acesso em: 5 abr. 2013.

antigos, mas tampouco se transforma em um senhor de bravos humanoides, que trabalham gratuitamente para ele [...]. O operário do mundo moderno é escravo de uma incerteza nova que pesa sobre seu destino. O progresso técnico é, ao mesmo tempo, criação e destruição, e a fronteira que faz passar de uma a outra é rapidamente ultrapassada. Tudo caminha bem enquanto o crescimento é vigoroso o suficiente para passar as feridas que se abrem constantemente no corpo social. Se o crescimento arrefece ou se torna negativo sob o golpe de uma depressão maior, o equilíbrio pode voar em estilhaço.

Então, o trabalho humano continua a ser uma mercadoria *sui generis*, avaliado pelo ritmo da produção. Ele é, aqui, mais um valor econômico do que social.

Aquele modelo econômico, que tomava o trabalho como valor econômico, era típico do pensamento *smithiano*(17), para quem o princípio que ocasiona a divisão do trabalho não é social, mas econômico, pois esta (a divisão do trabalho) é limitada pela extensão do mercado.

Diferentemente da divisão do trabalho limitada pela extensão do mercado de Adam Smith, analisando o campo de ação da divisão social do trabalho(18) no século XIX, Émile Durkheim (1818-1917) cria o conceito da *coesão social*, a partir da divisão social do trabalho na modernidade.

Ao trabalho, a teoria da coesão social confere um *valor* de sociabilidade, pois a cooperação e a troca de serviços entre os participantes do trabalho coletivo geram a solidariedade orgânica coletiva ou social entre os seus membros.

Boaventura de Sousa Santos (2008, p. 378) analisa que no século XIX, e durante todo o século XX até início do século XXI, "o trabalho humano era fator de sociabilidade. Traço característico desse trabalho, regular a tempo inteiro e indeterminado, norteou todo o movimento operário desde o século XIX".

---

(17) Em ADAM SMITH (1723-1790) e em FRIEDRICH HAEYK (1899-1992), o idealismo liberal da "mão invisível" e a "ordem espontânea" resolveriam todos os problemas econômicos de um país. Nesses modelos, o trabalho humano, enquanto valor de solidariedade entre gerações, sofre uma desconstrução. O *laissez faire*, embora alimente no trabalho a sua fonte de crescimento, a ele não confere os respectivos valores sociais. A teoria smithiana, em suma, defendia que a iniciativa privada deveria agir livremente, com pouca ou nenhuma intervenção estatal. Era a "mão invisível" do mercado - expressão usada no livro *Uma Investigação sobre a Natureza e as Causas da Riqueza das Nações*, conhecido como *A Riqueza das Nações*. Com relação ao trabalho, analisou a divisão do trabalho como um fator revolucionário poderoso a propulsionar a economia, mas a riqueza das nações era resultado dos esforços individuais, sendo que os indivíduos eram movidos por seus próprios interesses (*self-interest*) para promover o crescimento econômico e a inovação tecnológica. Isto é, a teoria smithiana considera que o princípio que ocasiona a divisão do trabalho não é social, mas econômico, pois esta (a Divisão do Trabalho) é limitada pela extensão do mercado. SMITH (2001). *Cit. A riqueza das nações*. Capítulos 1. Da divisão do trabalho (p. 19), Capítulo 2, Princípio que objetiva a divisão do trabalho (p. 24) e Capítulo 3, A divisão do trabalho é limitada pela extensão do mercado (p. 29).

(18) DURKHEIM (2010) é criador da escola francesa de sociologia. Entre outros temas, a obra *Da divisão social do trabalho* trata da função da divisão do trabalho, da solidariedade devida à divisão do trabalho ou orgânica, da preponderância progressiva da solidariedade.

Nesse período, surge o Estado social inspirado na *teoria de Keynes*[19] do pleno emprego, dos investimentos públicos e da direta intervenção estatal na economia, e ao trabalho humano é conferido um valor social. No *Welfare Sate*, trabalho e previdência ganham outra valorização social: *valor de solidarismo social*. Isso ocorre na *Idade Contemporânea*.

Trata-se da fase mais importante na escalada do valor social do trabalho e da previdência social. Isso repousa no fato de que, pela teoria do pleno emprego, J. M. Keynes estava convencido de que a única maneira de combater a pobreza era implementar o emprego por meio de investimentos públicos e com políticas sociais.

No Estado social, os investimentos deveriam ser garantidos pelo Estado. Ao trabalho, no Estado social, atribui-se *valor social*.

Geram-se empregos, com o Estado atuando na "área do capital produtivo", mas traz outro efeito, a desarticulação das lutas de classes: "[...] essa superintervenção estatal na economia está, na verdade, procurando suprimir a luta de classes nas formações sociais capitalistas centrais, desorganizando a classe dominada e organizando a classe dominante". (REZENDE FILHO, 2008. p. 304-305). É o denominado *Estado das classes* que também identifica no trabalho um mecanismo de controle da massa operária.

Apesar desse aspecto ideológico atribuído ao *estado keynesiano*, é nesse modelo econômico que surge o Estado-providência, motor de transformação social, a partir da década de 1930 até a década de 80 do século passado. É denominado Estado social do bem-estar ou *Welfare State*. O bem-estar humano também era o fundamento do relatório *Beveridge*[20] para combater aquilo que se denominava à época de cinco flagelos da humanidade — "doença, ignorância, a ociosidade, a imundície e a miséria" (COHEN, 2010, p. 91) . Esse papel se incumbia ao *Estado-providência*.

No plano Beveridge, o combate às referidas mazelas sociais era feito como promessa de proteção social do "berço ao túmulo", embrião do Estado-providência inglês.

O Estado-providência representará, sob um aspecto econômico, "uma corrente de solidariedade financeira" (COHEN, 2010. p. 97) entre o Estado e a sociedade. Todos deveriam contribuir financeiramente ao custeio dos benefícios.

O *valor social* está fincado no princípio da *solidariedade entre gerações, e este*, a partir das contribuições dos trabalhadores ativos, ampara os trabalhadores inativos e outros

(19) No Brasil, com dezenas e dezenas de obras, inclusive traduzidas para outras línguas, Celso Furtado (1920-2004), inspirado nas ideias de Keynes, defendia os postulados do Estado social. Entre suas obras, com esse conteúdo, incluem-se: *Transformação e crise na economia mundial* (São Paulo: Paz e Terra, 1987), *Os ares do mundo* (São Paulo: Paz e Terra, 1991), *Brasil, a construção interrompida* (São Paulo: Paz e Terra, 1992), *Obra autobiográfica de Celso Furtado* (3 vol., ed. de Rosa Freire d'Aguiar. São Paulo: Paz e Terra, 1997), *O capitalismo global* (São Paulo: Paz e Terra, 1998) *Em busca de um novo modelo* (São Paulo: Paz e Terra, 2002).

(20) O relatório BEVERIDGE propõe que todas as pessoas em idade de trabalhar deveriam pagar uma contribuição semanal ao Estado. A contribuição seria usada para atender doentes, desempregados, reformados e viúvas. Em vez de pensões pagas pelo Estado, os subsídios tornar-se-iam direito dos cidadãos, em troca de contribuições. *Cit. Previdência — os direitos sociais previdenciários no cenário neoliberal*, Juruá, 2010; *Previdência e Justiça*, Juruá, 2010; *Previdência e Neoliberalismo*, Livraria do Advogado, 2001; *A prosperidade do vício — uma viagem (inquieta) pela economia*. Zaar, 2010.

cidadãos. Objetiva o bem-estar das gerações. Nessa solidariedade automática, que visa ao bem-estar humano, reside o valor social do direito à proteção previdenciária.

Assim, o bem-estar humano é a baliza do direito à previdência como valor social, irmanado que é (esse valor) ao valor social ao trabalho.

Então, se consideramos a teoria durkheiniana e a teoria do pleno emprego como fundamentos da solidariedade entre gerações do Estado-providência, temos o trabalho e a previdência como valor social – medida da dignidade humana, visto que a finalidade do trabalho é a socialização.

O trabalho é, com efeito, imanente à socialização humana, pois "[...] a partilha do trabalho é interna ao trabalho humano". (BOAVENTURA S. SANTOS, 2008. p. 377).

Como valor social que realiza a dignidade humana, o trabalho também é fator de realização social. Dessa forma, o valor social do trabalho designa a exigência "cosmopolita de justiça social" contra o "*apartheid social*". (BOAVENTURA SOUSA SANTOS, 2008. p. 378).

Se a justiça social é o objetivo último do trabalho como valor social, o trabalho humano e o direito à previdência correspondem a um valor humano fundamental, conforme consagrado pelo ordenamento constitucional brasileiro de 1988, como veremos mais adiante.

Em suma, como *valor social,* "[...] o trabalho humano é uma chave, provavelmente a chave essencial, de toda a questão social [...]"(21). Isso significa que "É como pessoa, pois, que o homem é sujeito do trabalho"(22).

Mas na *Idade pós-moderna,* **não obstante o avanço do constitucionalismo social, o neoliberalismo econômico traz de volta o problema da "dignidde invisível".**

Enquanto a ideia moderna do *valor social* do trabalho fundava-se na divisão social do trabalho, geradora da *solidariedade coletiva ou social*, como fator gregário da sociedade, (DURKHEIM, 2010. p. 85-156), a nova contratualidade na sociedade pós-industrial ou na sociedade da globalização hegemônica possui outro caráter, o trabalho perde o caráter *intuitu personae*(23) em relação ao trabalhador.

A *globalização hegemônica* edita outra modalidade de contratualização, de natureza liberal individualista, moldada na ideia do contrato de direito civil, *i.e.*, o contato desloca-se da relação empregador/empregado para a relação entre pessoas jurídicas.

---

(21) Encíclica Laborem Exercens (papa Joannes Paulus II) sobre o trabalho humano no 90º aniversário da encíclica Rerum Novarum. 1981.9.14. Disponível em: <www.vatican.va/holy/documents>. Acesso em: 6 abr. 2013.

(22) Encíclica Laborem Exercens. Disponível em: <www.vatican.va/holy/documents>. Acesso em: 6 abr. 2013.

(23) Ensina Godinho Delgado (2008, p. 430) que essa relação clássica que se funda na bilateralidade direta entra entre trabalhador (empregado) e o empregador (empresa ou os equiparáveis juridicamente a essa condição). Na modernidade, A . M. BARROS (2005, p. 389) exemplifica que o contrato de trabalho possui natureza *intuitu personae* em relação ao trabalhador rural.

O trabalho humano perde não apenas o *valor* e o sentido da sociabilidade no âmbito das relações de trabalho na empresa, bem como se retira do trabalho o nobre e supremo *valor* da sociabilidade típica da inclusão social.

Portanto, se se media o *valor social* do trabalho como fator de inclusão social, na Era da globalização hegemônica, o trabalho humano perde espaço face ao crescimento tecnológico, à medida que "[...] é sabido que atipicização das formas de trabalho tem vindo a ser utilizada pelo capital global como modo de disfarçado de transformar o trabalho em critério de exclusão" (BOAVENTURA SOUSA SANTOS, 2008. p. 379).

Na atualidade, está em curso um processo de desconstrução do *valor social* do *trabalho*, porque a globalização hegemônica traz, na análise de Boaventura Santos (2008, p. 287), "[...] o aumento do desemprego estrutural gerador de processos de exclusão social [...] e desaparece a autonomia do trabalho [...]".

Isso também acontece porque, ainda de acordo com Boaventura Santos (2008, p. 377), o modelo de Estado neoliberal estimula o processo de dessocialização da economia, atrelado ao fator da redução do trabalho, pela escassez de postos de trabalho, pelo aumento do desemprego.

Na globalização hegemônica, *o* trabalho humano é dessocializado e tem como efeitos a descentralização produtiva, inovações tecnológicas e o aparecimento de uma nova categoria de trabalho, conforme a doutrina e a jurisprudência: o *trabalho parassubordinado*(24) ou o *modelo trilateral de relação socioeconômica e jurídica*(25), também denominado pela jurisprudência trabalhista brasileira(26) de *Fog jurídico* (*Legal fog* = nevoeiro jurídico, obscuridade jurídica).

O modo disfarçado de transformar o trabalho em critério de exclusão, referido por Boaventura Sousa Santos, na globalização hegemônica, manifesta-se como "modelo trilateral de relação socioeconômica e jurídica que surge com o processo de terceirização, distinto do clássico modelo empregatício [...]" (GODINHO DELGADO, 2008. p. 430).

Esse modelo, que objetiva anular e destruir a clássica teoria normativa laboral, é tipificado pela *terceirização trabalhista*, fenômeno que, de acordo com Delgado (2008, p. 430-431),

---

(24) Para ler mais sobre essa nova modalidade de trabalho, típico da sociedade pós-industrial, remonto à leitura nas páginas 262-264, do Livro *Curso de Direito do Trabalho,* de Alice Monteiro de Barros.

(25) Na doutrina de DELGADO, "a expressão terceirização resulta do neologismo da palavra terceiro, compreendido como intermediário, interveniente". Ainda conforme Delgado, o "neologismo foi construído pela área da administração de empresas, fora da cultura do Direito, visando enfatizar a descentralização empresarial da atividade para outrem, um terceiro à empresa". A doutrina distingue dois tipos ou modalidades de terceirização: a lícita e a ilícita, as quatro tipificações na Súmula n. 331 do C. Tribunal Superior do Trabalho; e a ilícita, aquela que se situa fora das hipóteses da Súmula n. 331 e dos art. 2º e 3º da CLT. (DELGADO, 2009. p. 407-421) e (DELGADO, 2008. p. 304-305, 430-541).

(26) A jurisprudência trabalhista brasileira, desde a década de 1970, defronta-se com as questões da terceirização procurando caracterizá-la e situar juridicamente seus efeitos no âmbito das relações de trabalho e dos contratos de trabalho. O C. Tribunal Superior do Trabalho, órgão de cúpula da estrutura judiciária trabalhista brasileira, já editou várias súmulas com essa finalidade *e.g.*, Súmula n. 256. Disponível em: <www.tst.gov.br>. Acesso em: 10 abr. 2001. *Súmula N. 331 do TST.* Disponível em: <www.tst.jus.br>. Acesso em: 10 abr. 2013. Especificamente sobre o Fog jurídico, o TRT/MG, no processo 00073.2005.103.03.00,5, situa a questão no âmbito da terceirização. *Revista do TRT da 1ª Região.* Disponível em: <www.trt1.gov.br>. Acesso em: 10 abr. 2013.

> [...] dissocia a relação econômica de trabalho da relação justrabalhista que lhe seria correspondente. [...]. Essa dissociação entre relação econômica de trabalho (firmada com a pessoa tomadora) e relação jurídica empregatícia (firmada com a empresa terceirizante) traz graves desajustes em contraponto aos clássicos objetivos tutelares e redistributivos que sempre caracterizam o direito do trabalho ao longo de sua história.

No *fog jurídico*, de acordo com a doutrina, "[...] insere-se o trabalhador no processo produtivo do tomador de serviços sem que se estendam a este laços justrabalhistas, que se preservam fixados com uma entidade interveniente" (DELGADO, 2008. p. 430). A terceirização incorpora a típica *tríplice relação estrutural*, aludida por Delgado (2009, p. 407-409), para quem

> [...] estrutural é, pois, a subordinação que se manifesta pela inserção do trabalhador na dinâmica do tomador de seus serviços, independentemente de receber (ou não) suas ordens diretas, mas acolhendo, estruturalmente, na sua dinâmica de organização e funcionamento.

Então, no *trabalho clássico*, a sociabilidade ocorre pela relação funcional no âmbito da empresa. No *Fog jurídico ou trabalho parassubordinado* — para que a empresa alcance seus fins econômicos —, os trabalhadores são apenas "*colaboradores*" sem efetiva liberdade contratual. Não há preocupação com o *valor social* do trabalho, no sentido gerador de solidariedade automática entre gerações.

Portanto, a localização específica do *Fog Jurídico ou trabalho parassubordinado* é o âmbito *da globalização hegemônica*. Esse modelo de trabalho, além de subtrair o *valor social* do trabalho, também afeta diretamente o *valor social* à previdência.

Atesta J. Guilherme Merquior, a propósito, que os neoliberais *hayekianos*(27), ao defenderem a volta do Estado mínimo, consideram que a justiça social é conceito sem sentido. O autor (1993, p. 194-195) assinala que

> [...] Los neoliberales hayekianos tiendem a desconfiar de la libertad positica como licencia para el 'constructivismo', piesam que la justicia social es un concepto sen sentido, abogam por el regresso al liberalismo y recomiendam un papel mínimo para el Estado.(28)

Deslocando ou jogando o trabalho humano à zona nebulosa ou cinzenta da falta de proteção jurídica, o neoliberalismo atua com vigor ideológico para subtrair-lhe o caráter

---

(27) Com a "teoria da moeda e flutuações econômicas e pela análise penetrante da interdependência dos fenômenos econômicos, sociais e institucionais", F. HAYEK defendeu os méritos da o*rdem espontânea,* pois, na sua teoria, como um sistema, a economia é por demais complexa para ser planejada por uma instituição central. Por isso, à moda "mão invisível" de economia do livre mercado *smithiana,* considera que o mercado deve evoluir espontaneamente, por meio do livre mercado. É um dos principais defensores do liberalismo clássico ou liberalismo econômico. HAYEK (1994); RICARDO FEIJÓ (2001). Como grandes expressões do pensamento neoliberal no Brasil podem ser citados: Roberto Campos (1917-1991), com obras como: *Economia, planejamento e nacionalismo* (1963), Na virada do milênio (1998); José Pastore (2001) e Jose Ferreira (1992).

(28) Tradução literal: "[...] Os neoliberais hayekianos tendem a desconfiar da liberdade positiva como uma licença para "construtivismo", pensam que a justiça social é um conceito sem sentido, advogam o retorno do liberalismo e recomendam um papel mínimo para o Estado". (MERQUIOR, 1993).

solidário, bem como para afastar ou excluir a concepção do valor do bem-estar social, típico do Estado-providência *keynesiano*.

No neoliberalismo, o *valor do trabalho* é atrelado à concepção *ultraindividualista*, baseado no liberalismo da livre concorrência do mercado, "sendo vedada a interferência do Estado em questões que digam respeito à proteção ao trabalho" (CAETANO COSTA, 2009. p. 44).

Com apoio no *smithianismo* (divisão econômica e não social do trabalho) e no *hayekianismo* (a ordem espontânea do mercado), o ideário neoliberal, quanto aos efeitos específicos em face do valor social do trabalho e do valor social da previdência, segundo Alencar Ferraro (1977, p. 41) constitui

> [...] uma reação contra as novas concepções e propostas que abriram caminho para o planejamento econômico, o keynesianismo e as políticas de bem-estar social e, por outro lado, a afirmação explícita de retorno às ideias e ideais que nortearam a grande expansão industrial no século XIX.

Para Boaventura Sousa Santos (2008, p. 377), o neoliberalismo (o autor usa a expressão globalização hegemônica) é um paradoxo em si mesmo porque "[...] a permanente revolução tecnológica em que nos encontramos consegue criar riqueza, sem criar empregos".

É nesse ambiente de globalização hegemônica que a ideia de proteção social ganha força por meio de *poupança e seguros*(29), tendo como centro irradiador a previdência privada, conforme veremos mais adiante.

Em síntese, o estudo desses modelos econômicos demonstrou as fases: i) na qual não havia um conteúdo mínimo de valoração ao trabalho humano; ii) na qual o trabalho passa a ser livre e subordinado; iii) fase que atribui ao trabalho humano valor de mercadoria; iv) a que confere ao trabalho um valor social com o correspondente valor social à previdência; v) fase que representa a desconstrução do trabalho humano e da previdência como valores sociais e na qual estão presentes as invenções da globalização hegemônica: o *Legal fog* (ou *fog* jurídico, ou obscuridade jurídica) e a subordinação estrutural.

Identificado, em apertada síntese, como o pensamento econômico concebia e valorava o trabalho nos principais momentos da vida econômica global, agora será necessário *identificar*, nas teorias políticas estatais, como ocorreu o processo evolutivo de construção teórica da proteção social.

1.1.2. Modelos políticos: a construção teórica da proteção social a partir do Estado civil ao Estado neoliberal capitalista

A *escalada da proteção social*, considerado o objetivo supremo da proteção da dignidade humana, nem sempre acompanhou, na mesma proporção, as conquistas econômicas no curso da história da riqueza do homem.

---

(29) MARLY A. CARDONE, ao contextualizar o sistema de poupança individual, escreve que "os sistemas complementares privados" estão se desenvolvendo "como uma forma de poupança coletiva e não simplesmente como consumo direto individual, por meio da chamada previdência complementar" (2001, p. 10-11).

A teoria política destinada à proteção social, a partir do estado medieval até o estado neoliberal capitalista, serviu de embasamento teórico para o desenvolvimento da investigação da tese.

Das acepções teóricas, analisamos apenas os elementos que guardam pertinência com nosso trabalho, sendo úteis à explicação e à compreensão de um breve panorama sobre a positivação do direito social à previdência.

A ideia de *proteção*, assim, nasce da necessidade de sobrevivência da espécie humana porque, conforme já identificava Engels, o homem era um problema ao homem, seu inimigo — relação característica do *período pré-axial*[(30)], ou da "fase inferior do gênero humano ou estado selvagem", nas palavras de Engels, para quem, "o principal progresso desse período é a formação da linguagem articulada". (F. ENGELS, 1979. p. 22).

O período seguinte é o axial e nele Konder Comparato (2006, p. 40) aponta "que se enunciaram os grandes princípios e se estabeleceram as diretrizes fundamentais de vida, em vigor até hoje". Refere-se aos valores éticos das religiões e ao direito à segurança, que produzem importantes mudanças nas relações entre governantes e governados. "A função dos governantes passou a ser, essencialmente, a manutenção da paz interior e a aquisição da potência exterior", afirma Konder Comparato (2006, p. 40).

O legado à construção teórica da proteção social do Estado da natureza foi a moral religiosa.

Ainda quando se cuida do caráter protetivo, Comparato identifica no Estado Civil[(31)] um caráter político, porque concebido como regime de liberdade e de igualdade, enquanto Engels nele vê uma natureza econômica em razão da divisão de classes sociais.

Comparato (2006, p. 208) explica (esse caráter político) pela passagem do *Estado natural* ao *Estado civil, ou político,* onde os homens "são livres, iguais e independentes", isso porque, ainda nas palavras do autor (2006, p. 209), a

> lei natural objetiva e impessoal , passa no estado civil aos direitos naturais no sentido subjetivo e moderno, ou seja, as prerrogativas inatas de cada cidadão, as quais devem ser respeitadas pela maioria soberana.

---

(30) No princípio, era o estágio primário da natureza humana. Nele não havia proteção social e nem se falava em socorros aos indivíduos. Generalizada era a insegurança. Não havia concessão de direitos ao indivíduo no grupo social. A sobrevivência em face dos *riscos e das contingências* naturais consistia um enorme e dificílimo desafio ao homem, pois não havia meios de proteção social específica. As primeiras brisas da mudança social eram plasmadas à medida que evoluía a organização social. Mudanças que, mais tarde, foram importantes à valorização do trabalho humano no estágio típico do Estado-providência, a partir dos meados do século XIX até o início do século XXI, no ano 2001.

(31) Conforme DALMO DALLARI, "o Estado é uma pessoa jurídica de direito internacional, quando participa da sociedade mundial. E, ainda segundo DALLARI, o que distingue o Estado das demais pessoas jurídicas de direito internacional público é a circunstância de que só ele tem soberania". Soberania que, do ponto de vista interno do Estado, é uma afirmação de poder superior a todos os demais; e, sob o ângulo externo, é uma afirmação de independência, significando a inexistência de uma ordem jurídica dotada de maior grau de eficácia. *(*DALLARI, 2009. p. 265*)*. Admitindo a existência dos elementos constitutivos tradicionais do Estado (o povo, o território e a soberania), BOBBIO apresenta o seguinte conceito: "O estado é um destinado a exercer o poder soberano sobre um dado território, ao qual estão necessariamente subordinados os sujeitos a ele pertencentes". (NORBERTO BOBBIO, 2010. p. 94). Em nosso trabalho, quando nos referirmos ao Estado, devemos compreender as referidas conceituações porque não se negam, mas se completam.

Aqui, então, na perspectiva de Comparato, a vida, a liberdade e a propriedade são tidas como princípios emancipatórios da vida social.

Engels (1979, p. 193) interpreta que o Estado político nasce como "[...] necessidade de conter o antagonismo das classes".

Por esse viés, a proteção social era elitista, porque, como ainda observa Engels, a ideia de proteção era relativa ao poder econômico, pois,

> [...] na maioria dos Estados históricos, os direitos concedidos aos cidadãos são regulados de acordo com as posses dos referidos cidadãos, pelo que se evidencia ser o Estado um organismo para a proteção dos que possuem contra os que não possuem. (ENGELS,1979. p. 194).

Seja do perfil político ou do perfil econômico, o *Estado civil* evolui na ideia de proteção à vida e à segurança, não obstante seja a proteção um privilégio dos afortunados, visto que estava ligada à ideia de propriedade.

Sob qual dessas concepções, Comparato afirma que o Estado civil era obrigado a respeitar as prerrogativas inerentes aos indivíduos. A proteção era relativa a direitos subjetivos, tais como o direito à liberdade e à igualdade. Obs. Fica assim: Sob quaisquer dessas concepções...O ideário de proteção, entretanto, evolui com a ideia do estado universal preconizado pelo cristianismo, especialmente a partir do século XV, o qual defendia "que incluísse todos os homens, guiados pelos mesmos princípios e adotando as mesmas normas de comportamento público e particular". (COMPARATO, 2006. p. 66). A baliza para a inclusão era o princípio do "amor ao próximo", enquanto regra ética e de convívio social.

Esse princípio mandamental, sob um prisma ontológico, gera como corolários: o *princípio jurídico da não violência* (do qual deflui a segurança e a paz social) e *o princípio jurídico da dignidade humana* (valorização e proteção da vida), seja nas relações interpessoais ou nas relações entre governantes e governados. Cuida-se, por conseguinte, de uma síntese máxima acerca do respeito à dignidade humana ontológica, que é objeto da proteção social.

Portanto, a base teórica da *proteção social* nesse período corresponde à *integração jurídica do indivíduo*, que consiste no reconhecimento da pessoa natural e de direitos civis, que correspondem à cidadania romana, como também à ideia das regras ética e religiosa de convício social.

A ideia de proteção do indivíduo como pacto social está ligada à natureza do Estado moderno absolutista, o fundamento único à garantia dos direitos civis. Isso ocorria porque, na descrição de Dallari (2009, p. 70), o Estado moderno, do ponto de vista político, tem por característica básica a "unidade territorial dotada de um poder soberano". E, sob o prisma formal, é caracterizado pelo *vínculo jurídico*, que seria — conforme Giorgio Del Vecchio (1972 *apud* DALLARI, 2009. p. 71) — "um sistema de vínculos, pelo qual uma multidão de pessoas encontra a própria unidade na forma de direito".

Essa ordem de fundamentos permitiu ao campo da *proteção social* no âmbito do Estado a seguinte síntese delimitadora do surgimento do Estado-providência, conforme Pierre Rossanvallon, que ocorreu pela passagem:

(i) Do Estado primário da natureza (marcado pela submissão e pelo desregramento, pelo estado de incerteza e estado de guerra interna, onde não havia noção de Estado formal), para o Estado civil (cujo objetivo era produzir a paz civil), mas não há Estado-providência;

(ii) Do Estado moderno protetor do século XIV ao século XVIII (assegurando o direito à vida, à segurança e à propriedade, e funcionando como redutor de incertezas, mediante contrato social) para o estado social providência, a partir de meados do século XIX (que passa a proteger a propriedade, mas visa igualmente a ações positivas: (a) de redistribuição de renda, (b) de regulamentação das relações sociais, (c) de responsabilização por certos serviços coletivos.

No *Estado absolutista moderno*, diz Comparato (2006, p. 185), "O monarca tornar-se, doravante, o fundamento único do *status civitatis*, a condição necessária e suficiente para o gozo dos direitos ligados à cidadania".

O Estado moderno absolutista era a expressão de garantia dos direitos civis, daí a ideia da proteção como o pacto social, inspirado nas teorias contratualistas de Jean Bodin (1500-1596), de Thomas Hobbes (1588-1679) e de Jean Jacques Rousseau (1712-1778), que plantavam as bases da sociabilidade, cujas características eram a legitimidade da governança, o bem-estar econômico, a segurança e a identidade cultural. Essas ideias estavam no contexto *renascentista*(32).

Comparato assinala que, nas teorias políticas de Bodin *e de* Hobbes(33), a segurança e a paz civil eram fundamentais à construção da felicidade humana na vida social, porque

(32) O período da renascença significa uma ruptura com as estruturas medievais em virtude da redescoberta e da revalorização das referências culturais da Antiguidade clássica, que nortearam as mudanças desse período em direção aos ideais humanistas e naturalistas. Cit. FRANCO (1978). A descoberta do Brasil ocorre bem no vigor das ideias renascentistas (inspiradas no humanismo greco-romano de valorização da razão e das liberdades do homem), que transformaram a mentalidade social europeia entre os séculos XV e XVI. A Europa já passava *"à forma capitalista de exploração da terra"*. (COMPARATO, 2006, p. 222). Esse quadro durante o período colonial brasileiro (1500 a 1815), por certo, reflete negativamente na questão social: a colônia ainda não valorizava o trabalho humano, nem cogitava em proteção social previdenciária. Não se fala em direitos sociais no Brasil.

(33) É com base no direito natural do indivíduo para a sua autopreservação que, na teoria de HOBBES, o Estado-protetor é criado, "e o governo pode exigir de todos uma obediência absoluta. [...] com essa ideia política, HOBBES afirmou pela primeira vez, na idade moderna, a tese de que a ordem jurídica é sempre fruto da vontade dos homens [...]. Aí está, sem dúvida, o embrião teórico do conteúdo de Constituição concebida como o pacto fundador de uma nova ordem jurídica, tal como foi proclamado pelos norte-americanos no século seguinte". (COMPARATO, 2006. p. 201). Com o Estado-protetor, conforme FERRAZ JÚNIOR (2008b, p. 47-480), entre os séculos XVI e XVIII, o direito se torna cada vez mais escrito, rompendo com o legado jusnaturalista, que baseava toda sua força na crença iluminada da razão humana. O positivismo jurídico ocorre pela quantidade cada vez maior de leis emanadas do poder constituído. A lei assume o caráter privilegiado como fonte de direito e o direito assume a natureza de sistema de normas postas. Naquela ordem jurídica — uma vez considerado o pressuposto teórico do pacto social fundador —, a lei civil nascia pela vontade do soberano, e somente ele tinha legitimidade para interpretá-la. Ou seja, o soberano era o único legislador, portanto, nessa condição, não se sujeitava às referidas leis, porque, por ele, essas leis eram editadas. Mas a comunidade deve ser a destinatária dos direitos.

> [...] para ambos os autores, a felicidade humana na vida social depende, fundamentalmente, da segurança e da paz, e a razão de ser da ordem política consiste em garantir a preservação desses valores Supremos. (COMPARATO, 2006. p. 185)

Já Cristiano Carrilho (2009, p.13) interpreta que no espírito renascentista os direitos civis são elaborados como um prosseguimento ou uma extensão dos direitos naturais. O contratualismo é a essência do sistema político-social idealizado pelo pacto social.

A esse respeito, Boaventura Santos (2008, p. 321) afirma que "A ideia do contrato social e os seus princípios reguladores são o fundamento ideológico e político da contratualidade que organizam a sociabilidade e a política nas sociedades modernas".

Com efeito, nesse modelo de Estado, a ideia de proteção social está relacionada aos direitos políticos e civis, o que incluía a garantia do exercício da liberdade mercantil, à medida que é atribuição do Estado contratualista limitar-se a garantir a liberdade individual e a segurança. Comparato (2006, p. 60) afirma que a proteção das liberdades privadas estava relacionada à "liberdade mercantil".

Disso advêm dois princípios fundamentais à ordem social, os quais, ainda conforme Comparato (2006), são hauridos do pensamento de Hugo Grócio (1583-1645), para quem

> O primeiro deles é o de que todo o indivíduo tem direito à autopreservação. O segundo princípio fundante da ordem social é o de que todo dano desnecessário, provocado em outrem, é injustificado e exige reparação. (COMPARATO, 2006. p. 200).

Eis a ideia do *Estado-protetor* (antecessor do Estado-providência) como resultado de pacto social ou pacto fundador — ideia haurida em Platão (358 d – 259 a) — retomada por Rousseau[(34)], que adota a "fórmula do pacto fundador da sociedade civil". (COMPARATO, 2006. p. 201).

Para o sentido da proteção social, no pensamento social de Rousseau, encontra-se o sentido teórico da liberdade enquanto igualdade jurídica.

É a visão de Comparato (2006, p. 249), na qual,

> Para Rousseau, com efeito, só existe liberdade onde houver completa igualdade de pessoa jurídica. Põe-se aqui, portanto, uma inversão do princípio que fundamenta o direito liberal-capitalista, segundo o qual a liberdade gera a igualdade, e não ao contrário.

Ainda no sentido da proteção dos indivíduos, o pensamento social de *Rousseau* aponta que a *organização política* "é a possibilidade de instituir e de se manter a liberdade de todos em relação a todos". (COMPARATO, 2006. p. 248). Contudo, para que isso

(34) Conforme COMPARATO (2006, p. 247), a ideia do contrato social (ou pacto fundador) ROUSSEAU a tomou de HOBBES, LOCKE e MONTESQUIEU, não como um fato histórico, mas como um pressuposto lógico de todo o raciocínio político.

ocorra, "é indispensável que a própria comunidade seja a receptora da totalidade dos direitos individuais". (COMPARATO, 2006. p. 249).

Do ponto de vista da *proteção política e social*, aquela ordem jurídica não socorria o cidadão em face de questões públicas, apenas nas relações privadas(35).

Não obstante, o direito à liberdade e o direito à segurança no âmbito do Estado absolutista são, sob um ponto de vista histórico e ontológico, importantes no *processo de aquisição* de outras liberdades gerais ao homem — *processo evolutivo* de proteção estatal que, por natureza, exige não apenas aquisição, mas garantia de direitos sociais.

A ideia de proteção atrelada à segurança se acentua no Estado liberal, agora sob a perspectiva de liberdade absoluta de mercado, *como valor individual*.

O *Estado liberal* é individualista e não intervencionista. Suas raízes estão vincadas nas ideias do Estado absolutista. Nesse modelo de Estado, a proteção social é mínima, pois se justificava que o indivíduo era o melhor juiz de seus próprios interesses até mesmo do que o próprio Estado. Sob o ponto de vista político, o Estado liberal se afirma durante o século XIX(36) e vai até as três primeiras décadas do século XX.

A propósito, Dallari (2009, p. 278) afirma que "[...] a raiz individualista do Estado liberal [...] repousa nas raízes também individualistas do Estado moderno absolutista", e onde "[...] qualquer restrição ao individual em favor do coletivo era tida como ilegítima".

Nesse modelo de Estado, a liberdade contratual era tida como um direito natural dos indivíduos. Isto é, a economia privada era assunto próprio da iniciativa privada, cabendo ao Estado apenas proteger e encorajar os bens particulares, e não tutelá-los.

Como *Estado mínimo ou Estado polícia*, segundo Dallari (2008, p. 280), tinha "funções restritas à mera vigilância da ordem social, à proteção contra as ameaças externas".

A *função garantista* de segurança também implicava a conservação das condições ao desenvolvimento econômico. Daí a ideia de Estado polícia provedor da segurança individual e coletiva e de Estado desenvolvimentista.

Por consequência, nesse modelo de Estado, separados eram os domínios político, econômico e social.

O efeito disso, interpreta Rosanvallon (1977, p. 73), é o fato de que "a sociedade e o Estado são apreendidos numa perspectiva puramente instrumental", pois a conduta liberal assenta-se no pensamento teórico de J. Rawls, para quem o "contrato não produz

---

(35) Afirma Comparato que "A liberdade dos súditos não se encontra na vida pública, mas na pacífica realização de seus interesses particulares". (2006, p. 203). Para o autor, o positivismo jurídico tem seus princípios lançados como consequência das ideias do absolutismo: "A lei é sempre feita pelo soberano, e tudo que é feito por esse poder é tido como aprovado por qualquer um do povo [...]", comenta Konder Comparato, para acrescentar: "Aí estão condensados os princípios fundamentais do utilitarismo moral e do positivismo jurídico [...]". (COMPARATO, 2006. p. 201).

(36) Na fase mais aguda do liberalismo, no século XIX, o Brasil havia mudado do regime imperial (1822 a 1889) à república federativa, a partir de 1889, mas ainda tateava em termos de proteção individual e coletiva.

nenhum vínculo social". Então, sob o fundamento teórico rawlsiniano, e conforme conclui Rosanvallon, o social é reduzido a um sistema de interação mecânica(37) dos indivíduos.

Mecanicismo que Dallari (2009, p. 278), por certa medida, identifica no Estado liberal, quando aponta as suas desvantagens, mas também vantagens no aspecto econômico.

Entre as vantagens do Estado liberal para a economia, Dallari destaca a criação das condições para a revolução industrial; a valorização do indivíduo, despertando-se a consciência para a importância da liberdade humana; e o surgimento da ideia de poder legal em lugar do poder pessoal. Entre as desvantagens, aponta *o* ultraindividualismo que ignora a natureza associativa do homem a ponto de impor restrições à função do Estado de proteger os menos afortunados, causando crescentes injustiças sociais.

Portanto, as bases teóricas do liberalismo individualista do Estado mínimo são *smithianas e hayerkiano,* aquelas, centradas nos interesses econômicos de indivíduos como base da riqueza das nações, e estas, defendendo o crescimento econômico por meio da liberdade de mercado. No Estado liberal, as desigualdades sociais ganham maior visibilidade e exigem soluções.

Para o campo específico da proteção social, o positivismo jurídico desse período contribuiu no sentido da positivação dos direitos sociais individuais, num primeiro momento, e dos direitos coletivos, mais tarde.

Mas o *Estado social* contemporâneo rompe com as estruturas do Estado liberal, buscando estabilidade social que o Estado liberal não foi capaz de garantir.

No Estado liberal, as desigualdades sociais ganham maior visibilidade e exigem soluções. A saturação desse modelo propicia o surgimento do Estado social, de caráter intervencionista com a política do pleno emprego. A proteção social ganha prioridade do Estado para eliminar as desigualdades sociais.

Por conseguinte, no Estado social, a proteção social ganha importância a partir da configuração de um Estado garantidor de direitos sociais, baseado no *keynesianismo*. Dá-se a passagem do Estado liberal não intervencionista ao Estado social intervencionista, ou o Estado de serviço com o objetivo de minimizar as desigualdades econômicas criadas pelo liberalismo.

Então, nasce a *Era do solidarismo socia*l com o Estado-providência, na Europa ocidental.

O contexto do *Estado-providência,* segundo Boaventura Santos (2008, p. 280), é o do século XIX, em "que se concentram a convergência da modernidade e do capitalismo", portanto, apareceram com maior evidência as "desigualdade classista baseada na exploração e a exclusão", geradas pela "relação capital/trabalho".

---

(37) DALLARI (2009, p. 105) explica que as chamadas teorias mecanicistas, de fundo materialistas, negam a existência de uma finalidade, sustentando que a vida social é uma sucessão de acontecimentos inelutáveis, que não podem ser dirigidos para certo fim.

De acordo com Boaventura Santos (2008, p. 285-286), o Estado-providência surge como "tentativa de produzir uma gestão controlada das desigualdades e das exclusões" assentando em dois fatores,

> [...] o processo de acumulação capitalista [...] que passa a exigir a integração pelo consumo dos trabalhadores e das classes populares, até então integradas pelo trabalho" e "a confrontação no campo social com uma proposta alternativa, potencialmente muito mais igualitária e muito menos excludente: o socialismo.

Assim, ainda nas palavras de Boaventura Santos (2008, p. 286), "objeto-alvo da previdência estatal é a população nacional, a família e os indivíduos", sendo que "a integração social dá-se basicamente por via de uma política de pleno emprego e de uma política fiscal redistributiva", com base na teoria do pleno emprego e dos gastos públicos como forma de desenvolvimento econômico e social, de J. M. Keynes.

A isso que se denomina *Estado do bem-estar-social* ou *Welfare State*, o qual, diferentemente do Estado liberal mínimo ou não intervencionista, é caracteristicamente intervencionista.

Traço característico do Estado do bem-estar, segundo Harold Laski (1973, p. 8-9 *apud* DALLARI, 2009. p. 282) é que "O Estado político foi substituído pelo Estado de serviço que emprega seu poder supremo e coercitivo para suavizar, por uma intervenção decidida" em benefício da coletividade.

Nasce a ideia da solidariedade social entre gerações, princípio que se universalizará a partir do modelo beveridgeniano (na Inglaterra) e bismarckiano[38] (na Alemanha). Inspirado no plano Beveridge, o plano bismarckiano de proteção social objetiva enfrentar e eliminar as desigualdades sociais e prover a seguridade diante das situações de necessidade, doença, ignorância, sujidade e desemprego. O plano era solidarista, pois previa a cooperação financeira entre o Estado e o indivíduo, mas também tinha conteúdo político, a luta contra o movimento social democrata alemão.

Eis, então, o Estado de serviço a todos os indivíduos como a principal característica do Estado social alemão. O Estado passa a atuar em todas as esferas da vida social, o que significa uma prevalência de interesses coletivos sobre a liberdade individual contratualista.

Portanto, a regulamentação das relações sociais e a responsabilização por certos serviços coletivos direcionam a ação do Estado social, também denominado Estado-providência, na realização de serviços públicos.

(38) Nacionalista, e conhecido como o "Chanceler de Ferro" (*Eiserner Kanzler*), OTTO VON BISMARCK lutou contra movimento social democrata. Acreditando que a ação do Estado seria suficiente para controlar os movimentos políticos e sociais da época, o chanceler institui, entre outras leis, a de acidentes de trabalho, o reconhecimento dos sindicatos, o seguro de doença, acidente ou invalidez entre outras. Com a Mensagem Imperial ao Reichstag, de 19 de novembro de 1881, da qual se origina a Lei dos Seguro-Doença (1883), o conservador, aristocrata e monarquista, chanceler alemão no período de 1871 a 1890, institui "a primeira norma previdenciária dos mundo" (BALERA, 1988. p. 66).

Dallari (2009, p. 282-283) descreve que o Estado social contemporâneo, "Assumindo amplamente o encargo de assegurar a prestação de serviços fundamentais a todos os indivíduos, o Estado vai ampliando sua esfera de ação", o que leva a ação estatal "a todos os campos da vida social, não havendo mais qualquer área interdita à intervenção do Estado". OBS. Por favor, manter . O crescimento da proteção social pelo Estado-providência, entretanto, na ótica econômica liberal, aumentou as despesas públicas e provocou crise de sustentabilidade de suas ações. Então, a ideologia liberal fala em crise de sustentabilidade do Estado-providência. Apontam-se como fatores da crise a inexistência do custeio e a da estatização dos serviços públicos. Contudo, acentua Rosanvallon (1997), a crise decorria, especialmente, da inadequação do modelo teórico originariamente inspirado no pacto social ou no pacto fundador no âmbito do Estado absolutista dos modelos bodiniano, hobbesniano e rousseauniano.

Nos *tempos contemporâneos* — notadamente a partir dos anos 80 do século XX —, a *globalização*(39) "da economia, dos mercados, da concorrência por postos de trabalho, da produção, de mercados e serviços, das finanças, da informação, do estilo de vida" (BECK, 1999. p. 13) provoca consequências econômicas, políticas e sociais que atingem as premissas do Estado do bem-estar. As consequências produzem reflexos negativos à política de proteção social.

A *globalização econômica* expõe — como afirma Ulrich Beck (1999, p. 13-14) — "ao ataque político: as premissas do Estado do bem-estar social e do sistema de aposentadoria, da assistência social e da política comunitária, da política de infraestrutura, [...], assim como os gastos públicos [...]".

Como principal efeito, a globalização econômica – conforme enfatiza Beck (1999, p. 14-18.) — "enterra os fundamentos do Estado e da economia nacional", provocando uma "subpolitização de dimensões impensadas e consequências imprevisíveis" — subpolitização que vai "derrubar elegantemente o velho adversário *trabalho*", com a liberação de suas "amarras", tal como surgiu nos séculos XIX e XX, para cruzar novas fronteiras territoriais e criar novos modelos sociais.

É o chamado neoliberalismo que reduz a globalização à dimensão econômica, sem a correspondente e equivalente globalização social. Como o modelo neoliberal cuida da proteção social?

---

(39) Para ULRICH BECK (1999, p. 29-30; 49), globalização significa politização. Isso porque — justifica ele — o aparecimento da globalização permite aos empresários e suas associações a reconquista e o pleno domínio do poder de negociação que havia sido politicamente domesticado pelo Estado do bem-estar social capitalista organizado em bases democráticas. O autor faz ainda uma distinção entre globalismo e globalidade ou globalização econômica. Para ele, globalismo relaciona-se à ideologia neoliberal, que reduz a globalização apenas à dimensão econômica. Isto é, globalismo designa a concepção de que o mercado mundial bane ou mal substitui, ele mesmo, a ação política. Trata-se da ideologia do império do mercado mundial, da ideologia do neoliberalismo, reduzindo a dimensão da globalização a uma única dimensão — a econômica. Por globalidade ou globalização, Beck entende que é o fenômeno que entrechoca as diversas formas econômicas, culturais e políticas, num contexto da sociedade mundial, a qual vem significar o conjunto das relações sociais. Isto é, globalização significa, segundo o autor, os processos, em cujo andamento, os estados nacionais ou territoriais veem a sua soberania, sua identidade, suas redes de comunicação, suas chances de poder e suas orientações sofrerem interferência cruzada de atores transnacionais. Em suma, para BECK, globalidade significa o desmanche da unidade do Estado e da sociedade nacional. Em nosso trabalho, quando utilizarmos as duas denominações, o faremos com os mesmos postulados Beckiano.

O *Estado econômico neoliberal* é a negação dos postulados sociais no Estado social contemporâneo.

Para a confirmação dessa assertiva, é importante ainda enfatizar que o *New Deal* (1932-1937) — do presidente norte-americano Franklin Delano Roosevelt, com seu conteúdo intervencionista num modelo de Estado democrático — trouxe medidas de recuperação da economia. Duas delas são específicas à proteção social: uma, o *novo pacto* entre Estado, trabalho e capital, objetivava a recuperação econômica e o pleno emprego, e a outra, a *criação de Previdência Social*, que estabeleceu a política do salário mínimo, além de garantias sociais a idosos, desempregados e inválidos. Eram os postulados sociais do Estado do bem-estar social (*Welfare Sate*) americano.

Nesse modelo, o Estado é o agente regulamentador da economia, da política, da segurança e da saúde social, desenvolvendo programas em parceria com empresas privadas e com sindicatos. Competia ao Estado garantir serviços públicos e proteção social à população.

Mas o neoliberalismo econômico opõe-se ao *Welfare State*, pois sua base, como descreva Dallari (2009, p. 285), é "regida pelas leis do mercado e não mais pelas leis do direito, que decorrem dos valores do povo e de todo o conjunto das relações sociais".

Inconciliáveis os ideários do Estado do bem-estar social com os ideários do neoliberalismo. Este, num sentido global, representa "que o mundo hoje é um só, está globalizado, desaparecendo as barreiras representadas pelas fronteiras dos Estados"(40) (DALLARI, 2009. p. 285). É o que Beck (1999, p. 29) caracteriza como uma "sociedade mundial com diversidade sem unidade"(41).

Com efeito, o ideário neoliberal adota como concepção a globalização econômica sob comando do mercado econômico, do financeiro e da livre concorrência. Nas palavras de Beck (1999, p. 16-17), o globalismo reduz a globalização apenas à dimensão econômica e provoca o desmantelamento do aparelho e da tarefa do Estado, visto que

> [...] Trata-se, por fim, do desmantelamento do aparelho e da tarefa do Estado com vistas à concretização da utopia anarco-mercadológica do Estado mínimo.

---

(40) Para NIKLAS LUHMANN (1985, p. 154), hoje não é mais apropriado falar-se de uma multiplicidade de sociedades, dado o evidente fato de um contexto global de interação em escala mundial, que aspira a uma unidade global e que em muitos aspectos já se constitui uma sociedade mundial.

(41) DALLARI (2010, p. x), na obra *O Futuro do Estado*, quando se trata da dimensão mundial do Estado e da "pretensa globalização", sintetiza as teorias "que preconizam a alteração da qualificação de Estados", a saber: "a) as teorias que afirmam que haverá um Estado mundial; b) que sustentam que todos os Estados irão desaparecer; e, c) aquelas para as quais haverá no mundo um pequeno número de superEstados" (2010, p. x). O autor acrescenta que "Um quarto grupo é o dos que não se referem ao número de Estados, afirmando que irá ocorrer uma transformação na *qualidade* dos Estados existentes" (2010, p. X). DALLARI ainda explica que os adeptos dessa teoria acreditam que "todos os Estados caminharão para uma espécie de convergência, (...), chegando-se a uma situação em que não haverá conflitos porque todos terão condições semelhantes" (2010, p. X). Mas o autor ressalva que isso não se confunde com a "globalização". Diz ele: "Para que não se faça confusão, é bom deixar claro que não se enquadra nessa hipótese de pretensa *globalização*, mero artifício que foi usado pelos grandes grupos econômicos e financeiros no final do século XX para simular uma nova tendência e tentar escancarar as fronteiras para os seus negócios" (2010, p. XI).

> [...] Trata-se do ataque aos centros materiais vitais da sociedade moderna fundada no Estado social [...].

Dallari (2009, p. 285) interpreta que o neoliberalismo é a expressão de que "[...] o mundo todo está unificado com os padrões do capitalismo e, pela inexistência de conflitos, o Estado foi substituído pela iniciativa privada".

A substituição do Estado pela iniciativa privada, à moda do Estado liberal *smithiniano*, representa uma retomada às ideias do Estado mínimo. Os efeitos à proteção social são drásticos, significa a quebra dos postulados do Estado social, com a questão reflexa importante: o retrocesso nas políticas sociais de proteção social, à medida que, também, o modelo neoliberal representa nessa *sociedade mundial* a retomada do individualismo, típico do Estado liberal.

A "escalada da individualização" (BECK, 1999. p. 25) é uma importante questão reflexiva do neoliberalismo, que afeta gravemente a sociedade, onde "a busca por respostas políticas para as grandes questões do futuro não possuem mais local ou sujeitos" (BECK, 1999. p. 25), visto que "[...] a sociedade perde sua consciência coletiva e, por consequência, sua autoconsciência coletiva".

Os reflexos do neoliberalismo à proteção social são evidenciados, de início, com as alterações do mundo do trabalho, "onde o capitalismo [neoliberal] gera desemprego e não dependerá do trabalho" (BECK, 1999. p. 25), pois a ideologia é "[...] desproporcionar um número cada vez maior de postos de trabalho e ao mesmo tempo fazer crescer a produção e o lucro [...]" (BECK, 1999. p. 16).

Esse é um aspecto importante ao primado do trabalho e ao princípio da proteção social, com reflexos igualmente importantes ao tema da efetividade do direito social à previdência.

Se, na sociedade multicêntrica, o neoliberalismo gera desemprego e não depende do trabalho, como preconiza Beck, isso corresponde à negação da teoria durkheiniana relativa à solidariedade social ou coletiva da divisão social do trabalho no bojo de uma sociedade moderna (DURKHEIM, 2010. p. 85-109).

Durkheim (2010, p. 4) já observava que "a divisão do trabalho se torna cada vez mais uma das bases fundamentais da ordem social". Referia-se ao trabalho no mundo moderno. Esse postulado expandia, então, seus reflexos às esferas econômica, política, social e jurídica.

Num sentido ontológico, a par da concepção *durkheiniana*, então, é possível compreender que o surgimento da previdência social é uma fruição natural da divisão social do trabalho. Para Durkheim (2010, p. 156), é a divisão social do trabalho que "[...] mantém juntos os agregados sociais dos tipos superiores".

No Estado social, esses *agregados sociais superiores* correspondem ao direito em usufruir os frutos do trabalho humano. Assim, a fruição social do trabalho é concretizada não apenas pela percepção dos naturais direitos trabalhistas, mas também pelos consectários previdenciários dela decorrente, o que pressupõe o trabalho assalariado.

É desse aporte — o trabalho remunerado — que nasce naturalmente "a solidariedade social devida à divisão do trabalho" (DURKHEIM, 2010. p. 86-108).

Em linhas gerais, o modelo de proteção social no Estado social tinha por base a fruição do trabalho humano; o desenvolvimento da consciência política das categorias operárias; a necessidade de eliminar as tensões das relações de trabalho e a necessidade de tutelar trabalhadores em situação de privações decorrentes dos acidentes laborais.

Mas, se era característico do Estado social o bem-estar e a justiça sociais, a pós-modernidade[42] neoliberal destrói esses postulados principiológicos. Representará mais desemprego e crescimento das desigualdades sociais. Significará também a destruição do princípio da solidariedade entre gerações. O trabalho humano deixa de ser um valor social. No neoliberalismo, a proteção previdenciária não é problema do Estado. Os problemas sociais do trabalhador tornam-se invisíveis aos olhos do Estado.

Na interpretação de Cotrim (2000, p. 226-227), a pós-modernidade econômica erige o

> [...] fenômeno da assimilação dos indivíduos ao sistema, isto é, sua absorção pelo capitalismo, um fenômeno totalitário que se dá pela amortização das consciências por intermédio da indústria cultural [...] e que alcança todos os setores da vida social.

Na ordem neoliberal econômica, à medida que o trabalho humano deixa de ser um valor social, sendo substituído pelo valor econômico-financeiro do capital mundial, o princípio da solidariedade entre gerações também desaparece, cedendo, forçosamente, lugar ao protecionismo individual e egoístico da sociedade pós-moderna tecnológica.

Podem desaparecer os postulados do Estado social (o bem-estar e a justiça sociais) restando apenas a declaração formal de suas existências, pois, na ideologia do Estado neoliberal capitalista, a força motriz é o lucro privado, e o trabalho humano é descaracterizado enquanto elemento fundamental da dignificação humana. É apenas objeto de lucro.

Sobre os efeitos maléficos do neoliberalismo no mercado do trabalho, Beck (1999, p. 173) adverte que haverá

> [...] a substituição do trabalho pelo conhecimento e pelo capital. O capitalismo global dependerá cada vez menos da força de trabalho humana para desvendar os novos rumos da produção do lucro. E com isso a força de trabalho humana

(42) DANEIL PEREIRA M. SILVA (2010, p. 144-151), sobre a definição do que vem a ser pós-moderno, afirma que: "no sentido de um estado de transformação no universo das ciências e das artes em geral. [...] à semelhança do início da era moderna, a crise que enseja a configuração da pós-modernidade se manifesta especialmente na relação do homem com as ciências e com os seus desencantos". LUÍS ROBERTO BARROSO (2001, p. 305-306 *apud* D. P. SILVA, 2010. p. 144) afirma que "[...] entre a luz e a sombra descortina-se a pós-modernidade", a qual apresenta como uma das características "[...] a mistura de estilos, a descrença no poder absoluto da razão, o desprestígio do Estado". Sobre a modernidade, EDUARO BITTAR (2005, p. 42) assinala que: "A modernidade implica um longo processo histórico a iniciar-se no século XIII e desdobrar-se em sua consolidação até o século XVIII, desenraizamento e laicização, de autonomia e liberdade, de racionalização e de mecanização, bem como de instrumentalização e industrialização. [...] A modernidade envolve aspectos do ideário intelectual (científico e filosófico), associados a outros aspectos econômicos (revolução industrial e ascensão da burguesia) e políticos (soberania, governo central, legislação), conjunturalmente relevantes".

e organizações sociais coletivas que o representam — partidos trabalhistas e sindicatos — perdem significativamente seu poder de negociação e sua influência social.

Sobre os efeitos na política de proteção social, Beck (1999, p. 173) escreve que

> Ao mesmo tempo cresce o número daqueles que são excluídos do mercado de trabalho e das oportunidades de integração e da garantia social e material, que são aqui distribuídas e negociadas. Com a consequência: não apenas crescem as desigualdades como também se altera drasticamente a qualidade das desigualdades sociais na medida em que vão sendo excluídas parcelas cada vez maiores da população, consideradas por princípio "economicamente inativa".

É, pois, característica fundamental do neoliberalismo uma contradição paradoxal: ao mesmo tempo em que preconiza os gáudios da livre iniciativa como fórmula certa ao sucesso profissional e ao êxito pessoal, como fator de inclusão social provoca "um número cada vez maior de seres humanos" que ficam excluídos da integração social, como adverte Beck (1999, p. 174).

> Enfim, e para que fique bem tipificada a característica do Estado neoliberal capitalista em face da proteção social, "as ideias neoliberais pretendem retornar às raízes do *laissez faire*[(43)], de encontro ao que se determinou chamar de globalização ou, dá-se primazia denominar, mundialização do capital". (COSTA, 2009. p. 30).

> Mas como, e em que medida, o constitucionalismo brasileiro é influenciado pelas ideais do liberalismo e do neoliberalismo econômico, e o que isso representa ao direito ao trabalho e ao direito à previdência social? E como o constitucionalismo brasileiro constrói o seu ideário de proteção social previdenciária?

> A tarefa exige o exame de modelo social e econômico adotado em cada Constituição, visto que o problema da competência material da Justiça do Trabalho localiza-se no ambiente do Regime Geral e privado de previdência social.

1.2. Previdência básica e privada na ordem social e na ordem econômica brasileira

1.2.1 Considerações conceituais: constituição, constitucionalismo, transconstitucionalismo e neoconstitucionalismo

Maria Garcia (2010, p. 302) escreve que "Uma história vale mil conceitos". E Balera (2010, p. 66) assinala que "A vida histórica [...] joga papel fundamental na vida do direito previdenciário".

---

(43) *Laissez faire, laissez aller, laissez passer* é uma expressão francesa que significa "*deixai fazer, deixai ir, deixai passar*». Ao Estado moderno liberal, era como um dogma do liberalismo econômico, no sentido de que o mercado deve funcionar livremente sem interferência estatal. Essa ideologia capitalista, a partir do final do século XIX até o início do século XX, ditou predominantemente as regras de mercado nos Estados unidos e na Europa.

Neste item, identificamos na história do constitucionalismo[44] brasileiro o processo de construção da proteção social (previdenciária) e como essa história de múltiplos conceitos inscreveu o papel fundamental na vida do direito social à previdência. Essa tarefa exige, ainda que de modo referencial, mostrar a correlação com as fontes, *i.e.*, com os modelos teóricos que o inspiraram externamente.

A tarefa implica saber se o Brasil — tanto na teoria do constitucionalismo imperial absolutista, como no constitucionalismo da modernidade republicana ou no neoconstitucionalismo da pós-modernidade republicana — elege ou não a proteção social como base sociojurídica de sua estrutura formal e material.

Para isso, localizaremos, na história do constitucionalismo nacional, a delimitação teórica que cada modelo de Constituição adotou para construir a sua proteção social previdenciária, sem olvidar que o constitucionalismo é típico da Constituição escrita no ambiente das revoluções liberais.

Esse aspecto, aliás, recomenda — antes da investigação própria do nosso modelo constitucional brasileiro relativo à proteção previdenciária — como critério metodológico a delimitação conceitual acerca do termo Constituição[45], do termo *constitucionalismo*, do *neoconstitucionalismo* e do termo *transconstitucionalismo*, já que possuem significações distintas e as suas utilizações servem para explicitar o campo teórico de nossa tarefa.

O *constitucionalismo moderno* tem características marcadamente liberais porque se vincula às revoluções liberais, conforme Marcelo Neves (2009, p. 20), observando que

> [...] a Constituição em sentido estritamente moderno vincula-se ao constitucionalismo que resultou das revoluções liberais dos fins dos séculos XVIII na França e nos Estados Unidos, e de maneira atípica, da evolução política-jurídica britânica [...].

O sentido moderno de Constituição, conforme Ferdinand Lassalle (1985, p. 41), indica que

> [...] é a expressão escrita da soma dos fatores reais do poder que regem uma Nação, incorporando a um papel, já não são simples fatores reais, são instituição

(44) Para DALLARI (2009, p. 199), o constitucionalismo começa a aparecer com a Magna Carta do rei João Sem Terra (1215), na qual jura obedecer a ela e limitar os seus poderes. Mais tarde (séc. XVIII), sob a influência do jusnaturalismo difundido pelas obras contratualistas, ainda nas palavras do autor brasileiro, afirmam-se "três grandes objetivos que, conjugados, iriam resultar no constitucionalismo: *a afirmação da supremacia do indivíduo, a necessidade de limitação do poder dos governantes e a crença quase religiosas nas virtudes da razão, apoiando a busca da racionalização do poder"*. Acrescenta que a primeira Constituição escrita foi a de Virgínia (1776), mas a primeira posta em prática teria sido a dos Estados Unidos da América (1787), sendo, conduto, a Constituição francesa (1789/1791) a que teve maior repercussão.

(45) LENZA (2003, p. 31-36) apresenta as seguintes acepções à definição do termo Constituição: a) *sentido sociológico*, citando *Lassalle:* constituição é a somatória dos fatores reais do poder de uma sociedade; b) *sentido político*, citando Carl Scchimit: que distingue Constituição de lei constitucional; c) *sentido jurídico*, citando Kelsen e José Afonso da Silva: *a* Constituição como fruto da vontade racional do homem e não das leis naturais, Constituição concebida como norma pura, um dever-ser, sem qualquer pretensão a fundamentação sociológica, política ou filosófica; d) *sentido formal:* a forma por meio da qual ela foi introduzida no ordenamento jurídico e, e) *sentido material*: relativa ao conteúdo da Constituição, isto é, norma constitucional que defina e trate das regras estruturais da sociedade, de seus interesses fundamentais — formas de Estado, de governo, seus órgãos, etc.

jurídica. Daí a concepção da oposição entre Constituição real e efetiva e Constituição escrita. A Constituição escrita é boa e duradoura enquanto corresponder à Constituição real e encontrar suas raízes nos fatores reais do poder hegemônico do país.

Nesse sentido, a Constituição formal, como soma de fatores reais, personifica a própria ordem jurídica constitucional concebida para consolidar a Constituição real e efetiva.

Admitir a origem formal-escrita do constitucionalismo equivale vincular sua existência ao Estado[46], "[...] com a função de racionalização e humanização, trazendo consigo a necessidade de proclamação de declarações de direitos" (ALEXANDRE DE MORAES, 2008. p. 3).

Assim, segundo Neves, "[...] o constitucionalismo é uma construção da sociedade moderna [...]" que exprime "[...] um conceito-guia [...]" de direitos políticos, econômicos, sociais, culturais (MARCELO NEVES, 2009. p. 2-5).

O *conceito-guia* a que se refere Neves é traduzido na incorporação das cláusulas econômicas e sociais por determinada ordem jurídica — cláusulas que dão a dimensão estrutural dos direitos sociais ao agir do Estado.

No constitucionalismo social, J. J. Canotilho (1998, p. 31) identifica "uma teoria normativa, tal como a teoria da democracia" necessária à garantia dos direitos estruturantes da comunidade:

> [...] uma teoria (ou ideologia) que ergue o princípio do governo limitado indispensável à garantia dos direitos em dimensão estruturante da organização político-social de uma comunidade. Nesse sentido, o constitucionalismo moderno representará uma técnica específica de delimitação do poder com fins garantísticos. O conceito de constitucionalismo transporta, assim, um claro juízo de valor. É, no fundo, uma teoria normativa, tal como a teoria da democracia ou a teoria do liberalismo.

O conteúdo garantista apontado por Canotilho é, assim, destinado à garantia dos direitos erigidos pela Constituição no âmbito do Estado territorial, isto é, é próprio a determinada ordem jurídica.

No entanto, quando se cuidam de várias ordens jurídicas estruturadas à promoção e à proteção de direitos humanos transnacionais, Neves (2009, p. 24-25) identifica o transconstitucionalismo, específico a uma

> [...] pluralidade de ordens jurídicas em um sistema mundial de níveis múltiplos, [...] pluralidade de ordens jurídicas envolvida na solução dos problemas

(46) MARCELO NEVES ressalva que "O surgimento do Estado moderno não significa ainda o advento do constitucionalismo". Justifica que "O absolutismo monárquico na emergente ordem estatal dos inícios da modernidade não admite ainda a diferenciação funcional entre política e direito. [...] No absolutismo existe uma [...] instrumentalização política do direito [...]". Com o absolutismo – observa o autor - "passa-se de uma indiferenciáveis, ação sacramente fundada de poder e direito para uma subordinação instrumental do direito à política" (2009, p. 20-21).

constitucionais [...] dos direitos humanos, [...] mediante a articulação de observações recíprocas entre as diversas ordens jurídicas da sociedade mundial.

Tanto o constitucionalismo social (inerente a uma ordem jurídica) como o *transconstitucionalismo* (inerente a múltiplas ordens jurídicas) são instrumentos ou técnicas necessários à implementação da Constituição real e efetiva. São compreendidos na estrutura do Estado constitucional de Direito(47). Isto é, são necessários à implementação do *conteúdo material* que uma Constituição define para uma ordem jurídica ou necessários às várias ordens jurídicas da sociedade mundial para solução dos problemas de direitos humanos.

O *neoconstitucionalismo*, ou pós-positivismo, é concebido como a essência de um novo discurso jurídico e de sua diferenciação do positivismo clássico(48), conforme a teoria da argumentação de Aléxy (2011)(49), (a qual tem origem no século XX, a partir dos anos 80), e conforme a teoria da integração dos princípios fundamentais, de R. Dworkin (2005)(50), este, ao conceber o *direito como integridade*, a partir de uma base neoconstitucional, que rompe com o paradigma positivista da interpretação, da aplicação e da garantia dos direitos fundamentais, valorizando um novo discurso principiológico baseado na primazia do constitucionalismo sobre o legalismo.

---

(47) PINTO MARTINS explica que o Estado constitucional configura-se como uma das grandes conquistas da humanidade que, para ser um verdadeiro Estado de qualidade no Constitucionalismo moderno, deve ser um Estado democrático de direito. O autor faz a seguinte distinção entre Estado de direito e Estado democrático: Aquele se caracteriza: "(1) primazia da lei; (2) sistema hierárquico de normas que preserva a segurança jurídica e que se caracteriza na diferente natureza das distintas normas e em seu correspondente âmbito de validade; (3) observância obrigatória da legalidade pela administração pública; (4) separação de poderes como garantia da liberdade ou controle de possíveis abusos; (5) reconhecimento da personalidade jurídica do Estado, que mantém relações jurídicas com os cidadãos; (6) reconhecimento e garantia dos direitos fundamentais incorporados da ordem constitucional; (7) em alguns casos, a existência de controle de constitucionalidade das leis como garantia ante o despotismo do Legislativo. De outro lado, o Estado democrático de Direito, caracterizador do Estado constitucional, significa que o Estado se rege por normas democráticas [...], bem como o respeito das autoridades públicas aos direitos e garantias fundamentais. O Estado constitucional, portanto, é mais do que Estado de Direito, é também o Estado democrático, introduzido no constitucionalismo como garantias de legitimação e limitação de poder". (MORAES, 2008. p. 5-6). PÉREZ LUNO (2002), citado por CADERMANTORI; DUARTE (2009, p. 31), assim diferencia o Estado de Direito do Estado Constitucional: (1) pelo deslocamento do princípio da primazia da lei para o princípio da primazia da Constituição; (2) deslocamento da reserva da lei à reserva constitucional; (3) deslocamento do controle jurisdicional da legalidade ao controle jurisdicional da constitucionalidade.

(48) Segundo CADEMARTORI; DUARTE (2009, p. 32), o positivismo clássico apoia-se na concepção de que o único objeto da ciência do direito é o direito ditado pelos homens, como oposição ao jusnaturalismo metafísico, e que, além disso, a sua teoria possui os métodos adequados para determinar o que estabelece o direito. Ainda de acordo com os dois autores, as doutrinas neoconstitucionalistas estão mais interessadas nos problemas que originam a indeterminação do direito do que em descrever as convenções do passado. Não obstante — acrescentam eles — o neoconstitucionalismo aceita que as fontes do direito não oferecem respostas para muitos dos atuais problemas e se fazem necessários novos conhecimentos para resolver tais impasses.

(49) Na base da teoria da argumentação do campo da razão prática, de ALEXY, o discurso seria parte componente. Conforme L. H. U. CADEMARTORI; F. C. DUARTE (2009), a teoria de ALÉXY remete à teoria do consenso da verdade de Habermas, para quem os critérios de verdade são frutos de um consenso, rejeitando a teoria tradicionalista que aponta que a verdade define-se como a correspondência entre a sentença e o fato. Na teoria de ALÉXY (2011, p. 107-109), o modelo discursivo observa as seguintes regras indispensáveis para sua correção: as regras da não contradição, a regra geral da fundamentação e o princípio da universalidade.

(50) DWORKIN (2005) critica o positivismo clássico, ao mesmo tempo que constrói uma teoria de princípios fundamentais a partir da integração entre direito e moral, sustentando que a avaliação moral se faz necessária para entender e para descrever o direito.

Cademartori e Duarte (2009) afirmam que o constitucionalismo tem por pressuposto o paradigma do Estado constitucional de direito, acepção que interpreta o direito e os poderes políticos do Estado constitucional a partir dos princípios constitucionais formais e materiais, como direitos fundamentais.

O neoconstitucionalismo vai além do positivismo normativista do purismo kelseniano[51].

Luiz Cademartori e F. C. Duarte (2009, p. 3) interpretam que a substituição do paradigma do positivismo pelo neoconstitucionalismo

> [...] resulta na valorização do discurso racional, ou, mais especificamente, prudencial, e, em última análise, sua possibilidade de produzir algumas formas de consenso, seja ela de base procedimental ou substancial, na comunidade jurídica.

Isso representa que o neoconstitucionalismo possui como "marca a ascensão dos valores, o reconhecimento da normatividade dos princípios e a essencialidade dos direitos fundamentais", ultrapassando "o legalismo estrito do positivismo normativista" (BARROSO, 2004. p. 324).

Sob o farol desses aportes teóricos, são investigadas a seguir as questões formuladas no início deste item, agora assim sintetizadas: (i) como se apresenta a estrutura formal e material do modelo de proteção previdenciária no constitucionalismo brasileiro; (ii) em que bases teóricas esse modelo foi construído; (iii) essas bases teóricas correspondem ao desafio da efetividade do direito social à previdência?

1.2.2. Proteção social previdenciária no constitucionalismo brasileiro de 1824 a 1988

O *Constitucionalismo de 1824* adota os *valores da liberdade, segurança e socorros públicos — bases da proteção social* no regime imperial absolutista. São, portanto, valores do Estado liberal do século XIX.

Considerado o modelo de Estado social do século passado, e admitidas as decisivas influências externas à formação histórica da proteção previdenciária no Brasil do Século XIX, o nosso modelo constitucional previdenciário nasce bismarckiano no século XIX, encampa as receitas teóricas beveridgenianas[52] do Estado-providência social, no mesmo

---

(51) De acordo com MARIO G. LOSANO (2011, p. 9-33), "a pureza metodológica perseguida por KELSEN baseia-se na ausência de juízos de valor e na unidade sistemática da ciência. [...] A ciência é um todo ordenado, um sistema de cognição correspondente à formulação do problema. O elemento central é, pois, o método e não o objeto. O cientista visa à construção de uma teoria formal, não substancial. [...] A teoria pura do direito é uma teoria que 'quer única e exclusivamente conhecer seu objeto'. [...] O dever do jurista é descrever o direito" e não valorá-lo, por isso deve manter uma neutralidade. (KELSEN, 2011. p. 9-14).

(52) PIERRE MOREAU (2005, p. 50-51) enumera os princípios básicos que nortearam o plano: (1) fazer propostas considerando-se o que teria ocorrido no passado, com destaque para o fato de que se deveriam ignorar os interesses de grupos; (2) foram eleitos cinco "gigantes na estrada da reconstrução": *"want, disease, ignorance, squalor and idleness"* (necessidade, doença, ignorância, miséria e desemprego). O plano foi concebido para enfrentar as

século e, desde meados do século XX, está às voltas com o modelo teórico do Estado-providência liberal (re)importado pelo neoliberalismo econômico global.

Isso significa que o constitucionalismo brasileiro não nasceu independente, à medida que, de início, os modelos constitucionais externos inscreveram o "papel fundamental" da construção teórica da proteção social previdenciária brasileira.

A esse respeito, Paulo Bonavides (2000, p. 159) escreve que o constitucionalismo brasileiro, "em rigor, não tem um ponto de partida autônomo" porque nasce sob as influências do constitucionalismo absolutista europeu.

Isso se deve aos fatos históricos(53) anteriores, paralelos ou simultâneos que se sucederam à sua formação e à sua própria evolução. Um deles, o Brasil descoberto sob o paradigma do absolutismo monárquico e sob esse signo permaneceu até o primeiro quartel do século XIX (7.9.1822), enquanto colônia portuguesa e, depois, como Império (1822-15.11.1889), sob o modelo liberal — modelo que alcança a modernidade republicana (14.11.1889) até o aparecimento do Estado social, que nasce com a Constituição de 1934 e se prolonga até a CRFB/88.

Conforme Bonavides (2000a, p. 156), o constitucionalismo brasileiro nasceu sob o signo das "ruínas do colonialismo" português, que representa o absolutismo europeu. Nesse sentido, afirma o autor que

> O constitucionalismo europeu teve por premissa de luta e contradição o absolutismo de uma sociedade já organizada e estruturada, a saber, a sociedade feudal do ancien régime. Tinha história e tradição. Tinha riqueza e cultura. Tinha profundas raízes espirituais O nosso constitucionalismo, ao revés, levantou-se sobre as ruínas sociais do colonialismo, herdando-lhe os vícios e as taras, e ao mesmo passo, em promiscuidade com a escravidão trazida dos sertões da África e com o absolutismo europeu, que tinha a hibridez dos Braganças e das Cortes de Lisboa, as quais deveriam ser o braço da liberdade e todavia foram para nós contraditoriamente o órgão que conjurava a nossa recaída no domínio colonial.

A renascença (séculos XV e XVI) é o farol que ilumina o absolutismo. A base conceitual — inspirada no humanismo — e os valores trazem o ideário da exaltação do

necessidade e prover seguridade diante dessas situações, sem esquecer, no entanto, que deveria apenas fazer parte mais global de progresso social; (3) o plano seria construído a partir da cooperação entre o Estado e o indivíduo. O Estado proveria a seguridade social, mediante a contribuição dos indivíduos, para acobertarem a si e a sua família. Seis princípios foram implantados para se dar fim às necessidades da população: (a) benefícios adequados; (b) benefícios cujos valores fossem divididos de forma justa, (c) contribuições em contas justas, (d) unificação da responsabilidade administrativa; dever-se-ia acobertar as necessidades básicas da população, a partir da classificação das necessidades.

(53) Conforme BONAVIDES, "o período de 1808, ano da trasladação da Corte portuguesa ao Brasil, até 1824, data da outorga da Carta do Império, insere episódios constitucionais de suma importância tanto em Portugal quanto no Brasil. Em ambos, a ideia de Constituição e poder constituinte traz o sopro e a vibração das comoções revolucionárias do século XVIII. Faz parte efetiva daquele momento de crise existencial que os dois países atravessavam: um porfiando por sobreviver, o outro por emergir como povo e nação. Portugal e Brasil eram ao mesmo passo duas contradições da História". Com efeito, "os princípios de liberdade circulavam nos dois países, mas o quadro político em ambos se apresentava singularmente confuso e contraditório". (BONAVIDES, 2000a. p. 159).

homem, nos seus atributos da razão e da liberdade[54]. O absolutismo na relação soberano/súdito tem por finalidade garantir o gozo das liberdades privadas, notadamente, a liberdade mercantil.

Foi esse absolutismo que refletiu na Constituição Imperial, de 22 de setembro de 1824, seja no aspecto da separação dos poderes (Executivo, Legislativo, Judiciário e Moderado[55]), seja no domínio econômico, seja na ordem social.

Afirma Dallari (2009, p. 201) que, com essa Constituição, nasce a monarquia constitucional, significando que o absolutismo perde "o seu caráter pessoal para adquirir um fundamento legal".

E esse fundamento legal, no monarquismo constitucional brasileiro, diz respeito à supremacia dos direitos individuais porque a Constituição de 1824 alçava à categoria de direito constitucional inviolável "à liberdade, à segurança individual, e à propriedade". O direito à propriedade privada era pleno e absoluto, à medida que "É garantido o Direito de Propriedade em toda a sua plenitude".[56]

No aspecto social, relativo à proteção social, não há garantia nem direito previdenciário, mas assistência social.

Mas, no título 8º, art. 179, XXXI, de forma lacônica, só assegurava o direito aos "socorros públicos[57]". Contudo, não atrelava diretamente esse direito como consectário do exercício do trabalho, nem como benefícios previdenciários, embora houvesse a garantia de que nenhum "gênero de trabalho" podia ser proibido, desde que "não se oponha aos costumes publicos, à segurança, e saude dos Cidadãos"[58]. No espírito daquela Constituição, a assistência social, por meio dos "socorros públicos", era um direito constitucional revogável, pois essa condição estava prevista no art. 178, que dispunha que "Só é constitucional o que diz respeito [...] aos direitos politicos, e individuaes dos cidadãos"[59]. Portanto, não era um direito constitucional inviolável, à medida que essa cláusula só protegia os direitos civis e políticos (a liberdade, a segurança individual e a propriedade), conforme dispunha o art. 179[60].

Para Balera (1988, p. 17), a Constituição de 1824 lança "pedra fundamental" da proteção social (com os socorros públicos) como um direito humano: "O constituinte

(54) Do ponto de vista filosófico, a renascença — que historicamente está inserida na Idade Moderna (séculos XV aos fins do século XVIII) — marca a mentalidade social europeia, inspirando-se no humanismo, cujo pressupostos eram a *razão e a liberdade humana.* COTRIM (2000, p. 136-137).

(55) O Império do Brasil era uma associação política monárquica, hereditária e constitucional, que não admitia qualquer forma de federação. Naquela *associação política,* o poder moderador era tido como a "chave de toda a organização política", sendo exercido soberanamente pelo imperador, que não estava sujeito a nenhum tipo de responsabilidade, visto que o princípio absolutista o tinha como *"pessoa inviolável".* Confiram-se, a esse respeito, os arts. 1, 88, 98, 100 e 101 "da Constituição do Império do Brazil de 1824":

(56) Constituição Política do Império do Brazil. art. 179, XXII.

(57) Constituição Política do Império do Brazil. art. 179, XXXI.

(58) Constituição Política do Império do Brazil. art. 179.

(59) Constituição Política do Império do Brazil. art. 178.

(60) Constituição Política do Império do Brazil art. 179.

coloca, pois, a proteção social como um dos direitos humanos cuja garantia é a própria Lei Maior", escreve o autor.

De fato, enquanto Constituição pátria, ela inaugurava a *Era* da proteção social no nosso constitucionalismo social, influenciada pela Constituição de Cadiz, conforme Bonavides (2000a, p. 156), para quem "O influxo europeu, inglês e continental sobre o constitucionalismo brasileiro é traço marcante dos primeiros momentos de definição do nosso estatuto institucional".

Não obstante, de acordo com Bonavides (2000a), a fonte doutrinária do constitucionalismo brasileiro, na sua origem, foram as garantias fundamentais do art. 16 da Declaração de Direitos do Homem e do Cidadão, de 26.8.1769[61], a Constituição Francesa (1791) e a Constituição de Cadiz.

Na Constituição de Cadiz (7.3.1812) — restaurada por duas vezes (1820 a 1823 e 1836 a 1837) —, há um capítulo de direitos sociais, com ideias liberais, fixando os direitos e deveres dos cidadãos.

É relevante destacar que a Constituição de Cadiz, restaurada em 1820, entrou por um dia para a história constitucional brasileira. Um decreto real datado de 21 de abril de 1821 manda adotar no Brasil aquela Constituição espanhola, conforme testifica o historiador Casimiro Neto (2003, p. 43-44), ao escrever que no dia

> 22 de abril de 1821. Palácio da Boa Vista. É expedido decreto, com a rubrica do Rei D. João VI, que "**annula o Decreto datado de hontem que mandou adoptar no Reino do Brazil a Constituição Hespanhola**". Praça do Commercio do Rio de Janeiro do dia 21 deste mez.[62][63] (grifo nosso)

A meteórica adoção dessa Constituição, por um dia, no "Reino do Brazil", não possibilitou a ela mostrar sua efetividade, porém teve vigência legal. E entrou para o ementário constitucional brasileiro, disso decorrendo o valor histórico fundamental na escalada da

---

(61) Art. 16 dessa Declaração: "*A sociedade em que não esteja assegurada a garantia dos direitos nem estabelecida a separação dos poderes não tem Constituição. Declaração dos Direitos do Homem e do Cidadão". Bibliográfica. Universidade de São Paulo. Biblioteca virtual de direitos humanos.* Disponível em: <www.direitoshumanos.usp.br>. Acesso em: 4 mar. 2013.

(62) Conforme BOANVIDES, a primeira Constituição espanhola é de 1808. Ela não traz declaração. A segunda é a Constituição de Cadiz, conhecida por Constituição Espanhola (18.3.1812), aprovada pelas Cortes Gerais Extraordinárias reunidas na cidade de Cadiz. Cuida-se do primeiro documento constitucional aprovado na Península Ibérica e um dos primeiros no Mundo, sendo, no sentido moderno, apenas precedida pela Constituição Corsa (1755), pela Constituição dos Estados Unidos da América (1787) e pela Constituição Francesa (1791). A Constituição de Cadiz oficialmente vigeu por dois anos (19.3.1812 a 24.3.1814). Contudo, foi restaurada por duas vezes: uma, em 1820 a 1823, durante o *Tribério Liberal,* e, a outra, em 1836-1837, como norma constitucional transitória durante a elaboração da Constituição Espanhola de 1837.

(63) Acerca desse fato histórico, em palestra na Academia Piauense de Letras, em 27 de julho de 2000, sobre "A Evolução Constitucional do Brasil", Bonavides relata que a Constituição de Cadiz foi outorgada no "Reino Unido do Brazil" por D. JOÃO VI. Assim escreveu Bonavides (2000a, p. 156) sobre a Constituição de Cadiz, "[...] Idêntica, por igual, a fonte positiva de inspiração imediata: **a Constituição de Cadiz.** [...]. Com efeito, entre nós o fraco rei espavorido **a outorgou** no Rio de Janeiro num triste episódio que mal recomenda a memória política de D. João VI. A Constituição de Cadiz fora deveras relevante em determinar as bases liberais da primeira Carta Magna de Portugal: a chamada "Constituição vintista" de 23 de setembro de 1822". (grifo nosso)

nossa proteção social securitária. Além do que devemos considerar que a Constituição de Cadiz exerceu profunda influência no desenvolvimento do constitucionalismo espanhol, português e latino-americano.

Vem da teoria política de Montesquieu (1996), em *O Espírito das Leis*, (*L'Esprit des lois*, de 1748)[(64)], as bases do constitucionalismo social, na modernidade liberal. As ideias liberais montesquianas inspiraram a *Declaração dos Direitos do Homem e do Cidadão*[(65)], importante documento que, como *O Espírito das Leis*, condensa princípios universalizantes de proteção à dignidade humana.

Montesquieu (1996, p. 122) apregoava que "Não é suficiente ter tratado da liberdade política em sua relação com a constituição; ela deve ser mostrada em sua relação com o cidadão"[(66)], pois, se assim não fosse, "Pode acontecer que a constituição seja livre e que o cidadão não o seja [...]."

Essa Declaração assegura direitos importantes — direitos à liberdade, à segurança e à igualdade entre os homens — típicos de um Estado de direito que inscreve sua declaração de direitos fundamentais na Constituição. Assim dispõe o art. 16 dessa Declaração: "A sociedade em que não esteja assegurada a garantia dos direitos nem estabelecida a separação dos poderes não tem Constituição".

A questão da liberdade política guarda relação com a chave-central de nosso trabalho. Uma vez constitucionalizada, deve ser correspondida, no sentido adotado por Montesquieu, à segurança plena do cidadão, porque o sentido da liberdade como valor político deduz a ideia de liberdade como consectário de segurança.

Então, se, nas palavras do autor, liberdade política consiste na segurança, pode-se entender (a liberdade) como uma garantia (segurança) ao cidadão, destinatário da proteção estatal que expande ao campo das relações sociais. Com efeito, a Constituição, considerada em relação ao cidadão, é meio para outros fins — a proteção à liberdade, à igualdade, à segurança e à vida. Valores também presentes na Carta Imperial de 1824[(67)].

---

(64) Nesta obra, CHARLES-LOUIS DE SECONDAT, mais conhecido como MONTESQUIEU, elabora a teoria da divisão de poderes, concebendo o Poder Executivo (órgão responsável pela administração do território sob o comando do monarca ou do regente); o poder Legislativo (composto pelas câmaras de parlamentares, com a responsabilidade de elaboração das leis) e o poder Judiciário (a quem atribui a responsabilidade de cumprir e fazer cumprir as leis, sendo exercido por magistrados). *Cit. O Espírito das Leis*. São Paulo: Saraiva, 1998.

(65) A Declaração dos Direitos do Homem e do Cidadão (26.8.1789) trata-se de importante declaração para a consolidação das liberdades políticas. Ela declara no art. 1º que "Os homens nascem e são livres e iguais em direitos". *Cf*.nota relacionada, n. 64.

(66) Em O *Espírito das Leis, Livro Décimo Segundo, Título I (Das leis que formam a liberdade política em sua relação com o cidadão),* MONTESQUIEU estabelece a relação das leis com a natureza, com as sociedades e o princípio de cada governo. A partir disso, desenvolve uma teoria política que vai fecundar doutrinas constitucionais liberais como a Constituição francesa (1791), a Constituição dos Estados Unidos da América, de 1878, e a Constituição do Império do Brazil de 1824.*Cf.* nota relacionada, n. 68.

(67) Em 23 de setembro de 1822, foi promulgada a primeira Constituição da nação imperial portuguesa, que incluía o Brasil e Algarves. Havia diversas disposições constitucionais relativas ao Brasil. Mas, "Apesar das advertências das cortes constituintes, a independência do Brasil tornou-se um dado adquirido, de tal modo que, ao entrar em vigor a constituição de 1822 (23 de setembro), já o Brasil era um Estado independente (7 de setembro). Deste modo, as disposições constituições respeitantes ao Brasil nunca tiveram aplicação, porque, pode mesmo afirmar-se, a

Considerados os quase três séculos de existência, a partir do descobrimento (1500) até a Carta Política Imperial (1824), pode-se afirmar que tardia fora a assunção da proteção social no Brasil.

Enquanto no campo assistencial a Constituição Imperial (já no primeiro quarto do século XIX) só assegurava o direito aos socorros públicos, a Constituição dos Estados Unidos da América (17.9.1787, ainda no século XVIII) já estabelecia como diretriz da nação americana, entre outros, os "values of justice, general welfare and the benefits of liberty"(68). A Constituição americana previa o elenco de direitos — 10 (dez) emendas — denominados *Bill of Rigths* por conterem os direitos básicos do cidadão face ao poder do Estado, inspirados na lista de direitos (*Bill of Rigths*) do Reino Unido (1689, no século XVII).

O Bill of Rigths britânico(69) assegurava a liberdade, a vida e a propriedade privada como direitos fundamentais — valores que também foram reproduzidos na Constituição imperial de 1824 (século XIX), como vimos alhures (DALLARI, 2009. p. 209-210).

Então, pela via do direito aos "soccorros publicos", do trabalho, da proteção à liberdade e da proteção à segurança individual (portanto, direitos constitucionalizados), nasceu o constitucionalismo social brasileiro relativo à proteção social. **OBS. Fica assim: Então, pela via do direito aos "socorros públicos" na Constituição de 1824...**

Mas as bases teóricas desse constitucionalismo, típicas do modelo monárquico absolutista, ainda não se apresentam comprometidas com a concepção do bem-estar e nem da justiça social que, do ponto de vista teleológico, podem ser consideradas o alicerce para a construção de uma teoria da proteção social.

A instituição do modelo federalista no Brasil resulta no *Constitucionalismo de 1891*, o qual, em termos de proteção social, adota a *aposentadoria e saúde pública como direitos sociais*.

É justo reconhecer que os direitos liberais (socorros públicos, trabalho, liberdade e segurança) são, sob os aspectos ontológico e normativo, importantes à construção da

---

Constituição de 1822, quando entraram em vigor, já estava desatualizada e parcialmente derrogada pela evolução dos acontecimentos no Brasil. Por outro lado, a independência brasileira, ao pôr termo ao título imperial de D. João VI, surge como facto determinante de toda a história política social portuguesa da primeira metade do século XIX (OTERO, 1988. p. 450).

(68) The Constitution of the United States of America. "We, the people of the United States, to form a more perfect union, establish justice, insure domestic Tranquility, provide for the common defense, promote the general welfare, and secure for ourselves and our posterity the benefits of liberty, do ordain and establish this Constitution for the United States". Tradução literal: A Constituição dos Estados Unidos da América. "Nós, o povo dos Estados Unidos, a fim de formar uma União mais perfeita, estabelecer a justiça, assegurar a tranquilidade interna, prover a defesa comum, promover o bem-estar geral, e garantir para nós e para os nossos descendentes os benefícios da Liberdade, promulgamos e estabelecemos esta Constituição para os Estados Unidos da América". Disponível em: Biblioteca Virtual de Direitos Humanos. Universidade de São Paulo USP. <www.direitoshumanos.usp.br>. Acesso em: 30 abr. 2013.

(69) Datado de 1689, o nome oficial do documento era "Um ato declarando os direitos e as liberdades da pessoa e ajustando a sucessão da coroa". O documento inspirou a edição de declarações e de leis semelhantes nas colônias inglesas na América do Norte. (DALLARI, 2009. p. 209-210).

proteção social no Brasil, a qual viria a ser bem delineada como princípio de justiça social a partir da Constituição de 1934, visto que a Constituição da República dos Estados Unidos do Brasil de 24 de fevereiro de 1891 — comparada à Constituição de 1824 — significativamente pouco avançou na questão da proteção social previdenciária.

A *Constituição de 1981*, que inaugura a *modernidade federativa* brasileira, do ponto de vista político, deve ser compreendida no contexto da ideia geral da teoria do republicanismo, *i.e.*, idealmente o republicanismo representa "uma ideia vigorosa de liberdade" (ROBERTO GARGARELLA, 2008. p. 190), onde "o Estado se comprometa de forma ativa com certo(s) modelo(s) de excelência humana". (GARGARELLA, 2008. p. 197)

No federalismo, afirma Dalmo Dallari (2009, p. 260), os cidadãos do Estado que aderem à federação adquirem a cidadania do Estado federal, visto que a Constituição "estabelece os direitos básicos dos cidadãos".

Não obstante o ideário republicano, em que "o principal interesse é com uma cidadania ativa", e no qual "a sociedade é vista como um todo, cujas partes devem conviver de maneira harmônica e integradas entre si" (GARGARELLA, 2008. p. 200), a primeira Constituição do regime federalista brasileiro mantém a máxima teórica do liberalismo, na qual "os indivíduos são mais importantes que os grupos aos quais pertencem" (GARGARELLA, 2008. p. 200). Isso pode ser constatado pela declaração de direitos sociais naquela Constituição.

Como direito social básico, a primeira Constituição da *Era* do federalismo[(70)] brasileiro inclui apenas a *aposentadoria*. Constitucionalizava um direito previdenciário no país, apesar de ser restrita "aos funcionários em caso de invalidez no serviço da nação" (Art. 75), consagrado na "Secção II – Declaração de Direitos", embora não fosse alçada à categoria de direito inviolável como foram os "direitos concernentes à liberdade, à segurança individual e à propriedade" (Art. 72).

Com relação à saúde pública, apenas dispõe no art. 5º: "Incumbe a cada Estado prover, a expensas próprias, as necessidades de seu Governo e administração; a União, porém, prestará socorros ao Estado que, em caso de calamidade pública, os solicitar". Nesse aspecto, de certo modo, há um retrocesso: enquanto na Constituição de 1824 os socorros públicos eram ambientados no campo social, na Constituição de 1891, passam ao âmbito administrativo.

---

(70) De acordo com DALMO DALLARI (2009, p. 255-264), o Estado federal é um fenômeno moderno, que surge no século XVIII, nos Estados Unidos com a Constituição de 1787, influenciado por MONTESQUIEU e, no Brasil, surge no século XIX. A base legal de um Estado é a Constituição e não um tratado. Rompe com o direito de sucessão em relação ao constitucionalismo imperial e só o Estado federal tem soberania, com distribuição de esferas de competências entre os poderes, sem hierarquia entre eles. Conforme JOSÉ AFONSO DA SILVA, o federalismo, como expressão de Direito constitucional, nasceu com a Constituição americana de 1787. "Optou-se pelo Presidencialismo à moda norte-americana", testifica esse autor (2001, p. 55)." O Estado federal nasceu, realmente, com a Constituição dos Estados Unidos da América, em 1787", escreve DALLATRI (2009, p. 256). A ideia básica do federalismo — na interpretação de DALLARI — é assegurar a igualdade jurídica a todas as unidades da federação, sob pena do "começo de injustiça". (DALLARI, 2009. p. 262). O federalismo indica uma forma de Estado, e não de governo. A Constituição Federal de 1891 cuidava dos seguintes assuntos, entre outros: regulamentação, forma de governo, regime político *direitos e garantias fundamentais.*

Mas, do ponto de vista da produção normativa ordinária, frisa-se que a incipiente proteção previdenciária no Brasil surgiu bem anterior à Constituição de 1891. Antes de 1821, na vigência do Império, e pelo modelo imperial, já eram concedidas pensões às viúvas, bem como eram mantidas casas de caridade da "qual depende a vida e a saude de grande de súditos deste imperio [...]".(71)

Ainda no âmbito da legislação ordinária, referindo-se ao Direito comparado, a doutrina brasileira costuma apontar a Lei dos Pobres (de 1601, no século XVII) como o início da história previdenciária. (BALERA, 1988. p. 18)

No espírito do constitucionalismo de 1891, por conseguinte, as bases teóricas dos direitos e garantias individuais correspondiam à mesma ideia dos direitos civis liberais, *i.e.*, são valores do Estado liberal hauridos de *O Espírito das Leis*: direito à liberdade, à igualdade, à segurança, à vida designam a modernidade liberal.

Em suma, o primeiro constitucionalismo republicano brasileiro e o liberalismo não representaram, pelo menos para a esfera da proteção social, conteúdos teóricos antagônicos. Isso porque o constitucionalismo republicano assume como seus — e incorpora à sua ordem — os direitos liberais tradicionais. O constitucionalismo de 1981 resulta do "sincero e leal espírito liberal"(72).

Portanto, nessa primeira fase, ainda não é teoricamente apropriado falar-se de constitucionalismo social avançado, tampouco em modelo federalista de proteção social previdenciária, fato que vem ocorrer com o Constitucionalismo de 1934, adotando um *catálogo de direitos sociais* configurando a juridicidade da proteção social.

Muito embora mantenha os direitos civis liberais (CRFEUB, art. 113) porque assegurava a brasileiros e a estrangeiros residentes no país a inviolabilidade dos direitos concernentes à liberdade, à subsistência, à segurança individual e à propriedade, a Constituição da

(71) Vejam-se as leis e os decretos que, à época do Império, já tratavam da proteção social previdenciária e da saúde: "**(1)** Lei – de 20 de outubro de 1823. Declara em vigor a legislação pela qual se regula o Brazil até 25 de abril de 1821 e bem assim as leis promulghadas pelo senhor D. Pedro, como Regente e Imperador daquella data em diante, e is decretos das cortes Portuguezas que são capacitados. **(2)** Decreto de 12 de março de 1821, extinguindos todos os ordenados, pensões, gratificações e outras quaisquer despezas que não se achem estabelecidas por lei ou decreto. **(3)** Decreto de 27.9.1823. Dito do dia 25 do mesmo mez e anno, abolindo os privilégios de aposentadorias, assim activa, com passiva, fora dos casos expressos no mesmo decreto. **(4)** ASSEMBLEIA GERAL CONSTITUINTE E LEGISLATIVADO IMPERIO DO BRAZIL DECRETA: art. 24. Tratar-se-ão pelo presidente em Conselho, todos os objetos, que demandem exame e juízo administrativo, taes como os seguintes: 3º – Vigiar sobre os estabelecimentos de caridade, e casas de correção e trabalho. art. 37. Ficam revogadas todas e quaesquer Leis e Alvarás, catas régias, decretos e ordem que em alguma parte se oponham ao que vai determinado. Paço da assembleia, 14 de outubro de 1823. **(5)** Decreto de 4 de janeiro de 1823 – Concede o meio soldo às viuvas otpghãs dos officieaes e inferiores do exército que morrerem em defesa da indpenencia do Imperio e o soldo por inteiro ás dos cabos e soldados. **(6)** Decreto de 4 de outubro de 1823: nomeia comissão para examinar as condições da santa casa de misericórdia do Império do Brazil. [...] para promover a sua conservação e melhoramento [...] do qual depende a vida e a saude de grande de súditos deste imperio [...]". Disponível em: <www.camara.gov.br/>. Acesso em: 18 abr. 2013. Confira também SILVA NETO (2003).

(72) JOSÉ AFONSO DA SILVA (2011, p. 53), na obra *O Constitucionalismo brasileiro – evolução institucional*, citando JOSÉ SOBRINHO DE SOUZA (1893, p. 28), na obra *Princípios Gerais de Direito Público e Constitucional*. Recife: Casa Editora Empresa da Província, 1893.

República Federativa dos Estados Unidos do Brasil, de 16 de julho de 1934, apesar de sua curtíssima duração(73), lança os fundamentos teóricos à proteção social previdenciária no Brasil mediante o sistema de custeio .

Então, com a Constituição de 1934, nasceu o constitucionalismo social previdenciário brasileiro.

Na visão de Balera (2010, p. 71; 94), o constitucionalismo social é

> [...] a melhor contribuição que o Direito poderia ter dado para a solução prática da questão social. [...] O constitucionalismo social, tendo conferido dignidade constitucional à questão social, adotou como tarefa descobrir o instrumental apto a dar solução aos graves problemas que a mesma punha de manifesto.

J. J. Canotilho (1997, p. 291) assevera que o papel do Estado, no constitucionalismo social, é "Conformador e planificador dos problemas econômicos-sociais"(74). Nessa qualidade, então, o Estado assume o papel de garantidor da proteção social. E o faz, constitucionalizando a proteção social em face dos problemas econômicos e sociais.

Este é o espírito da *Constituição brasileira de 1934*. Influenciada pela Constituição de Weimar(75) (1930) e da Espanha (1931), a Carta Política brasileira de 1934 objetiva, conforme o seu preâmbulo, organizar um regime democrático que assegurasse à Nação, além da unidade federalista, a liberdade, a justiça e o bem-estar social e econômico.

---

(73) Em 1930, *Prestes* foi eleito presidente do Brasil, mas foi impedido de tomar posse. Assumiu a presidência, em 3 de novembro de 1930, Getúlio Vargas. Em 3.11.1930, a Junta Militar tomou o poder, no palácio do Catete (Rio de Janeiro), empossando Getúlio Vargas. Encerrava-se, assim, a fase das oligarquias estaduais, salvo a mineira e a gaúcha, que eram típicas da república Velha. Promulgada pela Assembleia Nacional Constituinte de 1933, a Constituição da República Federativa dos Estados Unidos do Brasil e durou apenas três anos, mas vigorou oficialmente apenas por um ano. Foi a Constituição de menor duração em toda a História brasileira. Ela foi suspensa pela Lei de Segurança Nacional, n. 38 (4.4.1935), reforçada pela Lei n. 136 (14.12.1934), pelo Decreto-lei n. 431 (18.5.1938) e pelo Decreto-lei n. 4.766 (1º.10.1942), que definia *crimes militares e contra a segurança do Estado.* A consequência disso foi que os princípios da ordem social e da proteção social, por ela instituídos, não foram implementados. Contudo, ela foi importante por estabelecer o sistema de custeio da previdência social no Brasil. Diz HELENO FRAGOSO (1983, p. 60-69) que, nos últimos tempos, a lei de segurança nacional vinha sendo aplicada pela justiça militar de forma discricionária, com observação estrita da doutrina de segurança nacional, o que possibilitava a perseguição de pessoas que se manifestassem contra o governo, por fatos que nada tinham a ver com a segurança do Estado. *Cf.* Também BORIS FAUSTO (1972).

(74) Ver também na obra: *Estudos sobre direitos fundamentais.* (CANOTILHO, 2009, p. 30-33).

(75) Na Alemanha, implementava-se a república federalista, com a Constituição de 1920, denominada de república de Weimar ou Constituição de Weimar. Essa Constituição estabelecia a república federalista com o executivo forte. Na Espanha, a Constituição de 1931 também tem esse perfil federalista. Ambas, sob influências das ideias keynesianas do Estado social, estabelecem um significativo elenco de direitos sociais. Essas duas constituições foram a inspiração para a Constituição brasileira de 1934. Cf. ARRUDA, Marcos; CALDEIRA, Cesar (1986). Para OTTO BACHOF (2009, p.12) a Constituição da República de Weimar "pode ter contribuído para dotar o Tribunal Federal Constitucional, como guarda da Constituição, de poderes extraordinariamente amplos precisamente face ao legislador". No Brasil, com a Constituição de 1934, influenciada pela Constituição de Weimar, "O Supremo Tribunal Federal, com os seus atuais Ministros, passará a constituir a Corte Suprema" (Art. 9, das Disposições Transitórias). Competia-lhe julgar material constitucional e casos de denegação de habeas corpus. (Art. 78, Parágrafo único) — *Caberá recurso para a Corte Suprema, sempre que tenha sido controvertida matéria constitucional e, ainda, nos casos de denegação de habeas corpus.*

Na congênere Constituição de Weimar brasileira, e bem antes na Constituição mexicana de 1917, os direitos trabalhistas e previdenciários foram elevados à categoria de direitos fundamentais (SÉRGIO NASCIMENTO, 2007. p. 25).

Na Constituição de Weimar (alemã) — afirma Claus Canaris (2009, p. 22) —, os direitos fundamentais deveriam ser qualificados como meras asserções programáticas. A Constituição mexicana de 1917 é tida como a primeira Constituição social do mundo (BALERA, 2010. p. 154)[(76)]. Ela impunha ao Estado o dever da proteção social aos trabalhadores em situação de infortúnios[(77)], que seriam seguros capazes de assegurar um mínimo de direitos fundados na dignidade da pessoa humana.

Eram os novos valores do constitucionalismo. Mitigado por valores do Estado liberal, à medida que considerava invioláveis os direitos concernentes à liberdade, à subsistência, à segurança individual e à propriedade[(78)], também introduzia os valores da justiça e do bem-estar social como ditames da ordem social.

Para assegurar os valores da justiça e do bem-estar sociais, diretamente relacionados à proteção social, o constitucionalismo social brasileiro de 1934 não era só especificamente liberal, mas também keynesiano. Isso está evidenciado quando, no Título IV (Da ordem econômica e social), no art. 115[(79)], estabelece: (i) que a ordem econômica deve ser organizada conforme os princípios da Justiça e das necessidades da vida nacional, a fim de possibilitar a todos a existência digna; e (ii) que os princípios da Justiça e do bem-estar são limitadores da liberdade econômica.

A Constituição brasileira de 1934[(80)] idealizava garantir esses princípios pelo elenco de direitos sociais, tais como, isonomia salarial sem distinção de sexo, idade, nacionalidade ou estado civil; instituição do salário mínimo; fixação da jornada de trabalho de 8 horas diárias, proibição do trabalho ao menor de 14 anos; repouso hebdomadário; férias remuneradas; indenização ao trabalhador demitido sem justa causa; assistência médica e sanitária ao trabalhador e à gestante; regulação do exercício das profissões; serviços de amparo à maternidade e à infância.

Com a constitucionalização desses direitos, os ideários do Estado social presente na Constituição de 1934 conferem um caráter de juridicidade aos direitos sociais, o que comprova a assertiva universal de Canotilho (2008, p. 18), segundo a qual "O Estado social ergueu os direitos sociais à dimensão estruturante da juridicidade e da democracia".

---

(76) No que se refere à proteção judicial dos direitos trabalhistas, a jurisdição era civil, conforme UNNA (2009, p. 256) que descreve que, "Em geral, antes da Constituição Política dos Estados Unidos Mexicanos, de 1917, os conflitos trabalhistas se sujeitavam à jurisdição dos juízos civis, que os resolviam em conformidade com as normas de seus próprios procedimentos (civis)". *Cf. item relacionado mais adiante: Regimes de Competências no Direito Comparado, especificamente no México.*

(77) No art. 123, XXIX, "*título primero: Garantías individuales*", a Constituição mexicana de 31 de janeiro de 1917 institui o seguro social, com caráter de utilidade pública, compreendendo os seguros de invalidez, de vida, de cessação involuntária do trabalho, de doença e acidentes e outros seguros com fins análogos. *Cf. item relacionado mais adiante: Regimes de Competências no Direito Comparado, especificamente no México.*

(78) CONSTITUIÇÃO DA REPÚBLICA DOS ESTADOS UNIDOS DO BRASIL DE 1934. Art 113.

(79) CONSTITUIÇÃO DA REPÚBLICA DOS ESTADOS UNIDOS DO BRASIL DE 1934. art. 115.

(80) CONSTITUIÇÃO DA REPÚBLICA DOS ESTADOS UNIDOS DO BRASIL DE 1934. art. 121.

Ao valor da liberdade do cidadão, nesse modelo de constitucionalismo, correspondia a proibição em face do Estado, no sentido de não interferência nas liberdades individuais. De outro lado, como garantia ao direito à segurança, exigia-se o agir positivo do Estado, isto é, a ação do Estado no sentido de garantir a paz e a ordem.

E quanto ao direito de propriedade, o valor à liberdade correspondia proteção à livre iniciativa privada e, por último, ao direito de igualdade, correspondia ao corolário da não discriminação, ou à "dimensão do pacifismo social[(81)]" apregoado por Bobbio, na interpretação de Celso Lafer.

Mudam as bases teóricas da proteção social previdenciária nesse constitucionalismo, guardando, pela primeira vez, correspondência com os objetivos do bem-estar comum e com a justiça social.

E a rigor, com o catálogo de direitos sociais que a Constituição de 1934 confere juridicidade, inaugura-se a segunda fase da modernidade republicana brasileira, onde o indivíduo recebe atenção mais específica do Direito.

Canotilho (2008, p. 31) considera que a modernidade republicana "reclama o indivíduo como base antropológica de seu discurso" para a finalidade das "soluções positivas", por um viés político, no qual se postulam direitos sociais relativos ao progresso, à educação, à instrução, ao associativismo, num conjunto teórico e programático em defesa da democracia.

O *indivíduo como base antropológica*[(82)] do discurso da modernidade republicana significa que aquele constitucionalismo reconhece a necessidade valorativa da proteção social ao indivíduo.

No âmbito do constitucionalismo social de 1934, isso tem correspondência no sistema de proteção social instituído pela Constituição, a qual, no art. 121, alínea H, institui a previdência[(83)], financiada pela União, empregador e empregado, a favor da velhice,

(81) CELSO LAFER, na apresentação à obra *A era dos Direitos*, de Norberto BOBBIO, 2004, VIII.

(82) A antropologia do Direito ou legal, na lição de ROCHA, J. (2010, p. 10-11) estuda o homem enquanto "ser normativo", ou seja, a unidade e a eficiência das regras de conduta a partir do conjunto de mecanismos culturais que cada grupo estabelece para sobreviver. Cf. a obra Antropologia Jurídica.

(83) Para BALERA, esse sistema de proteção social é um dos mais avançados sistemas de proteção social que já se instituíram no Brasil, porque institui o princípio do financiamento do sistema previdenciário, assentando o custeio da previdência social em tríplice estrutura: contribuições da União, dos empregados e dos empregados. Com efeito, nessa Constituição, ainda conforme BALERA (1989, p. 22), "a proteção social é um seguro para o qual contribuem tanto o trabalhador como o empregador e, em igualdade de condições com essas categorias, o próprio poder público". PERSIANI (2009, p. 24), contextualizando a origem da previdência social no campo das transformações econômicas e sociais provocadas pela revolução industrial, afirma que "[...] a tutela aos trabalhadores subordinados que se encontravam em condições de provação devido à ocorrência de acidentes, que lhes diminuíam a capacidade de trabalho, fez-se logo notada com maior intensidade do que a de prover recursos a favor de todos os cidadãos, fosse pelo crescimento do desenvolvimento da consciência de classe, fosse pela preocupação em eliminar a tensão social determinada pelas novas relações de produção". A Revolução Industrial consistiu em um conjunto de mudanças tecnológicas com profundo impacto no processo produtivo em nível econômico e social. Iniciada na Inglaterra expandiu-se pelo mundo a partir do século XIX. MARTINS (2002 *apud* NASCIMENTO, 2007. p. 30) escreve que a expressão previdência social foi utilizada pela primeira vez na Constituição da República de 1946, no art. 157. Não obstante o pioneirismo do constitucionalismo social na Carta Política brasileira de 1934, instituindo a previdência,

da invalidez, da maternidade e os casos de acidente de trabalho ou de morte, além de assegurar assistência médica e sanitária ao trabalhador e à gestante antes e depois do parto, sem prejuízo do salário e do emprego.

A proteção previdenciária na Constituição de 1934 *valoriza o princípio da primazia constitucional* em face daquilo que era reservado ao *princípio da primazia da lei*, como era o caso, por exemplo, do Decreto n. 4.682/1923 (Lei Eloy Chaves), que criou a caixa de aposentadoria e pensões para empregados de cada empresa ferroviária, seguindo-se à criação de várias outras caixas de aposentadorias nos anos seguintes, culminando com a padronização do sistema previdenciário com a edição da Lei Orgânica da Previdência Social (Lei n. 3.807, de 26.8.1960), que unifica o regramento para todos os institutos, amplia benefícios e inclui "autônomos e empregados na qualidade de segurados obrigatórios". (SÉRGIO NASCIMENTO, 2007. p. 30-31)[84]

Com o *constitucionalismo de 1937*, também estão presentes ideais do liberalismo individualista e proteção social mínima.

O Estado social de Direito exige, como consequência natural, a ampliação do catálogo de direitos sociais. A constitucionalização de direitos sociais significa o redimensionamento do conteúdo desses direitos, objeto da tutela constitucional. Constitucionalizados, os direitos sociais ganham o status de *produção normativa constitucional*, o critério referencial de validade das normas jurídicas.

O constitucionalismo implementado pela Constituição da República Federativa dos Estados Unidos do Brasil, de 1937, não acompanhou essa lógica, pois retorna à lógica do Estado liberal adotada pelo regime militar instalado na República.

Os conflitos ideológicos e os assombros de iminente guerra civil foram, entre outras, as razões alegadas para a decretação do golpe militar que instituiu o Estado Novo e a outorga da nova Constituição.

No preâmbulo daquela Constituição de 1937, justificava-se que, nas "[...] instituições anteriores, não dispunha o Estado de meios normais de preservação e de defesa da paz,

---

MÉLEGA (1984, p. 322-390) observa que "a instituição da previdência social brasileira não é decorrente da previsão constitucional, mas de obrigações assumidas pelo Tratado de Versalhes [...], o qual recomenda a proteção contra as doenças e os acidentes de trabalho". Na seção I, Parte XIII, que trata da *Organizaçãodo do Trabalho*, o Tratado de Versalhes elege o trabalho como um instrumenro de justiça social e como meio adequado ao combate das "injustiças, sofrimentos e provações para grande número de pessoas" no mundo. O trabalho é eleito como meio ou condição necessária para, por exemplo, "regulamentação das horas de trabalho, a prevenção do desemprego, a prestação de um salário adequado, **a protecção do trabalhador contra a doença, doença e danos decorrentes de seu emprego**, a protecção das crianças, adolescentes e mulheres, **a provisão para a velhice e a lesão,** a protecção dos interesses dos trabalhadores empregados em outros países do que seu próprio reconhecimento do princípio da liberdade de associação, a organização da educação profissional e técnica e outras medidas". (Grifamos) Cf. Tratado de Versalhes. Disponícel em: <http://net.lib.byu.edu/~rdh7/wwi/versailles.html>. Acesso em: 7 jul. 2013. O tratado de Versalhes foi assinado em 28.6.1919 pela Liga das Nações (Império Britânico, França, Itália, Japão e Estados Unidos). O Reich alemão também assinou o tratado, dando-se continuidade ao armistício de novembro de 1918, assinado na cidade de Compiégne, que tinha posto um fim aos confrontos da 1ª Grande Guerra Mundial.

(84) Aqui é oportuna uma advertência: não é objetivo desta pesquisa a cronologia das leis que formataram o sistema de cobertura previdenciária no Brasil. Mas algumas delas poderão ser referenciadas como sentido complementar à pesquisa que se realiza no âmbito do constitucionalismo brasileiro, no que tange à proteção social pela via previdenciária.

da segurança e do bem-estar do povo" e que, por isso, era necessário "o apoio das forças armadas" para "assegurar à Nação a sua unidade, o respeito à sua honra e à sua independência, e ao povo brasileiro, sob um regime de paz política e social, as condições necessárias à sua segurança, ao seu bem-estar e à sua prosperidade".

Com esse *conteúdo ideológico militarista*, e influenciado pela Constituição autoritária da Polônia, cujas *bases sociais eram mínimas*, o constitucionalismo brasileiro de 1937 reproduz a fórmula dos estados absolutistas, que, incorporada pelo Estado liberal, em termos de enunciação formal de direitos fundamentais(85), *enunciava o direito à liberdade, à segurança individual e à propriedade.*

Devido ao Estado de exceção, esses direitos — embora formalmente declarados — não eram plenamente respeitados. A própria Constituição remetia à legislação militar ou à lei nova para aplicar a pena de morte para os casos enumerados no item 13, alíneas "*a*" até "*f*", art. 122 da Constituição de 1937.(86)

Assim, o *constitucionalismo outorgado (de 1937) volta com vigor às raízes do Estado liberal individualista.* Ele baseia "a riqueza e a prosperidade nacional" na "iniciativa individual", o que equivale dizer, por outras palavras, que o domínio econômico cabia à iniciativa privada, somente se justificando a intervenção do Estado como "forma de controle, ao estímulo ou da gestão direta"(87).

No constitucionalismo de 1937, "o trabalho era um dever social", tido como meio de "subsistência do indivíduo"(88).

Portanto, o *sistema de proteção previdenciária*, criado a partir das contribuições do empregado e da União na Constituição de 1934, *desaparece*(89) na Constituição de 1937.

O constitucionalismo de 1937(90), além de destruir o sistema de custeio do seguro social, transfere para a legislação do trabalho a normatização das condições: (i) de assistência médica e higiênica ao trabalhador e à gestante, assegurado a esta, sem prejuízo do salário, um período de repouso antes e depois do parto; (ii) a instituição de seguros de velhice, de invalidez, de vida e para os casos de acidentes do trabalho.

Pode-se dizer que — no âmbito do constitucionalismo de 1937, no qual o Estado Novo é sustentado sobre bases ditatoriais —, a contribuição teórica à proteção previdenciária é insignificante. Nele, houve redução do universo da juridicidade do direito da proteção social. Por conseguinte, não há marca emancipatória de direitos previdenciários — emancipação que ocorre com o advento do *Constitucionalismo de* 1946, estabelecendo a segunda geração de direitos sociais que demanda o estado social à efetividade da proteção social.

(85) CONSTITUIÇÃO DOS ESTADOS UNIDOS DO BRASIL DE 1937. art. 122.

(86) CONSTITUIÇÃO DOS ESTADOS UNIDOS DO BRASIL DE 1937. art. 122, item 13.

(87) CONSTITUIÇÃO DOS ESTADOS UNIDOS DO BRASIL DE 1937. Art 135.

(88) CONSTITUIÇÃO DOS ESTADOS UNIDOS DO BRASIL DE 1947. art.136.

(89) Para a doutrina, *e.g.*, a doutrina de BALERA (1989, p. 25), "Essa omissão pode ser considerada, hoje, golpe de misericórdia na igualdade contributiva e retrocesso em todo o sistema de custeio do seguro social em nosso país".

(90) CONSTITUIÇÃO DOS ESTADOS UNIDOS DO BRASIL DE 1937. art. 137

Do ponto de vista político, a Constituição da República dos Estados Unidos do Brasil, de 18 de setembro de 1946, representa na doutrina de Paulo Bonavides (2000a, p. 173) "[...] um compromisso das correntes conservadoras da velha tradição republicana e representativa, de 1891, com as forças remanescentes do radicalismo liberal de 30".

Esse compromisso — para usar a expressão do autor — está presente na tradicional fórmula teórica do Estado liberal (que agradou tanto a absolutistas, republicanos de 1891, como aos liberais da década de 1930) quanto à *declaração dos direitos individuais de primeira geração*(91)*: a garantia de inviolabilidade dos direitos à vida, à liberdade, à segurança individual e à propriedade*(92).

Nesse sentido, para Bonavides (2000a, p. 173), o *constitucionalismo brasileiro de 1946* vem "reconstruir o pacto social" (rompido no constitucionalismo de 1937), típico do Estado absolutista que inspirou os governos monárquicos, fonte à sustentação teórica do liberalismo dos direitos individuais à liberdade, à segurança e à propriedade. Por outras palavras, nesse constitucionalismo, *o Estado reassume o papel de protetor e garantidor das liberdades individuais.*

O constitucionalismo erigido a partir da composição das forças políticas objetiva "organizar um regime democrático", conforme descreve o preâmbulo da Constituição de 1946.

Para o campo da ordem social, isso teve significado importante. A organização da ordem econômica não possuía prevalência sobre a ordem social, pois, antes devia "ser organizada conforme os princípios da justiça social, conciliando a liberdade de iniciativa com a valorização do trabalho humano", conforme previsto na Constituição de 1946.

---

(91) A CRFB/88 adota a seguinte classificação em relação aos direitos e garantias individuais, em que estão inseridos direitos de primeira, segunda, terceira e quarta gerações. O Título II abriga os Direitos e Garantias Fundamentais. Neste Título estão os capítulos I (dos Direitos e Deveres Individuais e Coletivos), o Capítulo II (Dos direitos sociais), o capítulo III (Da Nacionalidade), o Capítulo IV (Dos Direitos Políticos); o Capítulo V (Dos Partidos políticos). Os direitos tidos como fundamentais estão protegidos com a cláusula de não retrocesso, conforme o art. 60, § 4º da CFRB/88. A evolução do constitucionalismo social permite a criação de vários direitos, que são classificados — conforme BOBBIO — como direitos de 1ª, 2ª, 3ª e 4ª gerações. Com o Estado liberal ou Estado político nasce a primeira geração (ou dimensão) de direitos fundamentais (direito à vida, à liberdade, à segurança, à propriedade), os quais demandam uma abstenção do Estado em face dos direitos do cidadão, típicos da Declaração de Francesa de Direitos do Homem (1789). De base keynesiano, o Estado Social produz os denominados direitos fundamentais de segunda geração, que são os direitos sociais, econômicos e culturais – direitos também que foram consagrados pela Declaração Universal dos Direitos Humanos (1948). Tais direitos exigem uma conduta positiva do Estado à sua garantia e ao seu exercício. O Estado dito Constitucional (ou contemporâneo de Direito) evolui a categoria dos direitos fundamentais, sendo caracterizado como o Estado constitucional das garantias dos direitos fundamentais de terceira geração — direitos que abordam temas relativos à paz, ao direito das relações de consumo, à qualidade de vida, à liberdade ampla de informação. São os chamados direitos difusos porque não se referem especificamente a um destinatário, mas dirigem à coletividade. A doutrina costuma afirmar que a totalidade desses, com o correspondente e efetivo gozo, formam a quarta dimensão (ou geração) de direitos, explicitados ou resumidos, por exemplo, à democracia plena, traduzida na efetividade material e formal da Constituição.

(92) (Constituição de 1946) art. 141 – A Constituição assegura aos brasileiros e aos estrangeiros residentes no País a inviolabilidade dos direitos concernentes à vida, à liberdade, a segurança individual e à propriedade. Disponível em: <www.planalto.gov.br>. Presidência da República. Casa Civil. Subchefia de assuntos jurídicos. Acesso em: 30 nov. 2013.

Ao contrário do constitucionalismo do Estado Novo, onde o trabalho era um bem individual, o trabalho no constitucionalismo social de 1946 *é um valor social, que gera solidariedade coletiva*, tal como no ideário teórico durkheimniano, no qual a divisão social do trabalho é geradora da solidariedade coletiva. Ao Estado compete, nesse constitucionalismo, assegurar o trabalho digno a todos, considerando que "O trabalho é obrigação social"(93).

Na hermenêutica de Cademartori e Duarte (2009, p. 30),

> [...] com o advento dos direitos sociais (chamados também direitos sociais de segunda geração), estes passam a demandar uma atuação positiva do Estado, a implementar novos direitos de ordem assistencial, securitária e trabalhista, dentre outros.

Em sede do constitucionalismo social de 1946, isso vai se revelar pelo catálogo de direitos sociais (trabalhistas, previdenciários e assistenciais) fixados no Título V da Ordem Econômica e Social, em que é imposta ao legislador a elaboração de legislação trabalhista e de previdência social que visem à melhoria da condição dos trabalhadores.

Simultâneo ao dever inerente ao Estado para garantir o trabalho digno a todos, um extraordinário elenco(94) de direitos sociais é consagrado aos trabalhadores, indo muito além daqueles já fixados pelo constitucionalismo de 1934. A título de exemplo, citam-se a estabilidade no emprego, a assistência aos desempregados e a obrigatoriedade da instituição do seguro pelo empregador contra os acidentes do trabalho(95), mantendo-se, neste item, a proteção social contra acidente de trabalho que já figurava no constitucionalismo de 1934.

Para o âmbito da construção teórica da proteção social pela via previdenciária, o constitucionalismo de 1946 restabelece o sistema de proteção previdenciária (extinto pelo constitucionalismo do Estado novo), mediante contribuição da União, do empregador e do empregado, em favor da maternidade e contra os riscos sociais relativos à doença, à velhice, à invalidez e à morte, conforme estampado no inciso XVI, art. 157 daquela Carta Política. Além disso, institui a assistência sanitária, inclusive hospitalar e médica preventiva, ao trabalhador e à gestante (Inciso XIV).

No *constitucionalismo social de 1946*, o Estado social *preocupava-se em instituir princípios e garantias fundamentais ao cidadão.* Além disso, os Estados sociais incrementam "[...] a esfera dos direitos fundamentais, caracterizados até então pelas liberdades públicas, com direito de ordem socioeconômica e cultural", conforme relatam Cademartori e Duarte (2009, p. 30).

---

(93) CONSTITUIÇÃO DOS ESTADOS UNIDOS DO BRASIL DE 1946. Art 145.

(94) CONSTITUIÇÃO DOS ESTADOS UNIDOS DO BRASIL DE 1946. Art 157.

(95) A doutrina de BALERA (1988, p. 28) interpreta que, na Constituição de 1946, os acidentes de trabalho não figuram como objeto de proteção. Assim assinala o autor: "[...] Conquanto objeto de proteção pela Constituição de 1934, os acidentes de trabalho não figuraram na Lei maior de 1946 [...]". No art. 157, inciso XVII, da Constituição de 1946, estabelece-se a "obrigatoriedade da instituição do seguro pelo empregador contra os acidentes do trabalho". Disponível em: <www.planalto.gov.br>. Presidência da República. Casa Civil. Subchefia de assuntos jurídicos. Acesso em: 30 abr. 2013.

Eis uma especificidade do constitucionalismo social de 1946, frente ao modelo social, a primazia constitucional à "implementação efetiva dos direitos fundamentais proclamados nos estados liberal e social". (CADEMARTORI; DUARTE, 2009. p. 31).

Na interpretação de Bonavides (2000a), o constitucionalismo de 1946 não consegue efetivar os direitos sociais, limitando-se à declaração pragmática da justiça social. Assim, afirma o autor (2000a, p. 174) que,

> Embora sem revogar o Estado social do texto efêmero da primeira reconstitucionalização, a Carta de 46 ficou limitada aos termos programáticos de justiça social, não podendo concretizar cláusulas como aquelas que determinavam a participação do trabalhador nos lucros da empresa nem tantas outras exaradas na esfera das relações do capital com o trabalho.

Para outra parte da doutrina (*e.g.*, BALERA, 1988. p. 20), no entanto,

> a Constituição de 1946 passará para a história como marco fundamental da proteção previdenciária brasileira, porque nela foi introduzida emenda que é, sem favor algum, a grande inovação que a ordem constitucional pátria traz desse período.

Wagner Balera se refere à regra da contrapartida(96) reintroduzida no ordenamento constitucional brasileiro pelo art. 157 da Constituição de 1946, restabelecendo o sistema de custeio do sistema de proteção social por meio da previdência social.

Por último, a referência teórica do constitucionalismo social de 1946 é importante à construção da proteção social no Brasil, porque *encorpa a segunda geração de direitos sociais*, os quais demandam do Estado social a sua efetividade.

Ao mesmo tempo, no âmbito da legislação ordinária, o constitucionalismo social de 1946 estimulou a instituição de diversos institutos de aposentadoria e pensões, especialmente nas décadas de 1940, 50 e 60(97).

Já o *Constitucionalismo de 1967 divide-se entre os princípios do estado liberal e do estado social.*

A Constituição da República Federativa do Brasil, de 24 de janeiro de 1967, é, de um lado, atípica, *fruto ideológico do Estado de exceção* que se instalou no país a partir de 1964; de outro, oscila entre os princípios do liberalismo capitalista (*liberdade de iniciativa privada, desenvolvimento econômico e inviolabilidade da propriedade*) e os princípios do

(96) Na interpretação de BALERA (1988, p. 21), "a regra da contrapartida concebe o sistema de proteção social como uma espécie de 'caixa', cujas receitas e despesas devem manter perfeito equilíbrio".

(97) Citam-se, a título de exemplo: (1) o decreto n. 35.448/54, que instituiu o Regulamento Geral dos Institutos de Aposentadorias e Pensões e que, ao mesmo tempo, uniformizou os princípios gerais aplicáveis a todos os institutos (SÉRGIO NASCIMENTO, 2007. p. 30); (2) A Lei Orgânica de Previdência Social, de 1960, regulamento que criava um sistema geral de funcionamento e financiamento único para os seis IAPS existentes. A LOPS proporcionou, na prática, a cobertura potencial de todo e qualquer trabalhador urbano, com exceção dos empregados domésticos e ministros religiosos. (3) Decreto-lei n. 72/66, que extinguiu os IAPS, fundindo suas antigas estruturas no Instituto Nacional de Previdência Social, vinculado ao Ministério do Trabalho e Previdência Social (MOREAU, 2005. p. 209).

Estado social (*objetivo da justiça social, princípio da valorização do trabalho como condição da dignidade humana e repressão ao abuso do poder econômico*).

Elaborada pelo Congresso Nacional — convocado pelo Ato Institucional n. 4,[98] —, a Constituição de 1967 é fruto do "movimento militar"[99] que se instalou no poder a partir de 1964 e revogou definitivamente a Constituição de 1946.

Ao objeto da tese, não interessam os fatos políticos que motivaram a tomada do poder pelos militares brasileiros, mas saber o que representou a Constituição elaborada *manu militari* à construção da teoria da proteção social previdenciária no constitucionalismo brasileiro.

Do ponto de vista do constitucionalismo republicano e democrático, essa Constituição *padeceu de legitimidade e de representatividade*. Do ponto de vista material, a Constituição de 1967 repete a mesma fórmula do liberalismo quanto aos Direitos e Garantias Individuais, declara a "inviolabilidade dos direitos concernentes à vida, à liberdade, à segurança e à propriedade" (Art. 150). Do ponto de vista econômico, manteve as mesmas bases teóricas do discurso liberal, estabelecendo que "a ordem econômica tem por fim realizar a justiça social" (Art. 157, Inciso I). Contudo, esse objetivo no espírito daquele constitucionalismo deve ser guiado, por exemplo, pelo "princípio da liberdade da iniciativa privada".

Para o campo dos direitos sociais declarados no constitucionalismo militar de 1967, a ruptura do regime anterior não modificou o catálogo enunciado e consagrado no constitucionalismo social de 1946. A valorização do *trabalho humano* foi alçada à categoria de *princípio*, "como condição da dignidade humana" (inciso, II, art. 157).

Nesse constitucionalismo, a assistência pública recebe atenção específica pela via da Assistência Social, assegurou-se, por exemplo, a assistência sanitária, hospitalar e médica preventiva (Art. 158, XV).

No texto constitucional de 1937, a proteção previdenciária é garantida formalmente mediante contribuição da União, do empregador e do empregado, para seguro-desemprego, proteção da maternidade e, nos casos de doença, velhice, invalidez e morte (Art. 158, XVI); seguro obrigatório pelo empregador contra acidentes do trabalho (Art. 158, XVII); aposentadoria para a mulher, aos trinta anos de trabalho, com salário integral (Art. 158, XX).

O princípio da contrapartida também é fixado pelo constitucionalismo de 1967, quando estabelece que "Nenhuma prestação de serviço de caráter assistencial ou de

(98) Em 7 de dezembro de 1966, pelo AI-4, o presidente Humberto de Alencar Castelo Branco convocou o Congresso Nacional para a votação do projeto da constituição de 1967, revogando em caráter definitivo a Constituição de 1946.

(99) Sobre o período militar de 1964, Paulo Bonavides (2000a, p. 174) descreve que "As comoções políticas de raiz social fizeram-na desembocar, por obra da corrupção do regime presidencial, na segunda ditadura do século, a mais longa e perniciosa por haver mantido aberto um Congresso fantoche, debaixo de uma Constituição de fachada outorgada pelo sistema autoritário - que ao mesmo tempo censurava a imprensa e reprimia a formação, pelo debate livre, de novas lideranças, sacrificando assim toda uma geração. Tal aconteceu em 1964 quando o país atravessou durante duas décadas a mais sombria ditadura militar de sua história"

benefício compreendido na previdência social será criada, majorada ou estendida, sem a correspondente fonte de custeio total" (§ 1º, art. 156).

Em face da União, bem à moda do Estado social, também é atribuída a obrigação de participar do custeio dos encargos para seguro-desemprego, proteção da maternidade, nos casos de doença, velhice, invalidez e morte, mediante dotação orçamentária, ou com o produto de contribuições de previdência arrecadadas, com caráter geral, na forma da lei.

A Emenda Constitucional n. 1/69, ao não suprimir liberdades civis e políticas, para o campo da proteção social, mantém teoricamente o primado de um Estado social, à medida que fixa, no art. 165, *caput*, como objetivo da ordem social "a melhoria das condições sociais" dos trabalhadores brasileiros, além de reincorporar, novamente, àquele modelo de constitucionalismo o seguro de acidentes de trabalho como prestações previdenciárias (EC, 1969, art. 165).

Tudo isso representa um modelo de proteção social previdenciária como obrigação social de ordem pública, não obstante o atrelamento da ordem econômica e social ao princípio da liberdade de iniciativa privada.

A solidariedade social oficialmente seria o fundamento em que se apoiara o modelo previdenciário bismarckiano, que consistia na repartição simples do custeio previdenciário alemão: "os trabalhadores em atividade sustentam aqueles que passam a utilizar o sistema" (CAETANO COSTA, 2010. p. 25).

Guiado pelas bases teóricas do constitucionalismo do período militar, o legislador infraconstitucional editou importantes leis previdenciárias(100) que vieram contribuir à formatação do modelo teórico de proteção social baseado no solidarismo social, cujas bases também foram incorporadas, porém, maximizadas pelo neoconstitucionalismo albergado na Constituição da República Federativa do Brasil de 1988 (CRFB/88).

O *Constitucionalismo de 1988 condensa conflito* entre o constitucionalismo neoliberal e os direitos sociais fundamentais.

Um traço teórico característico do *constitucionalismo social no republicanismo* é maximizar o bem-estar geral e a justiça social. Isso significa que o ideário constitucional nesse modelo deve "subordinar a organização política e econômica da sociedade à obtenção dos bens dos cidadãos" (GARGARELLA, 2008. p. 204). Em sentido contrário, no *liberalismo capitalista*, "essas políticas para o bem comum devem reconhecer um limite intransponível nos direitos individuais" (GARGARELLA, 2008. p. 201).

Essa antítese também está presente na CRFB/88, mas agora sob novas facetas teóricas que vão refletir sensivelmente na construção da proteção social previdenciária. De um lado, sob a *hermenêutica neoconstitucional*, na CRFB/88, a interpretação e a aplicação dos direitos sociais fundamentais têm *como farol a primazia do constitucionalismo social sobre o legalismo*.

(100) Por exemplo, citam-se: (1) a Lei n. 6.036/74, que cria o Ministério da Previdência Social; (2) A Consolidação das Leis da Previdência Social, em 1975; (3) o Sistema Nacional de Previdência e Assistência Social (SINPAS), em 1977 (MOREAU, 2005. p. 210).

De outro, a *globalização hegemônica* inventa o *constitucionalismo econômico*, braço jurídico do neoliberalismo capitalista, o qual, em matéria de direitos sociais, aposta na "arte da separação, oposta à ideia da sociedade como um todo orgânico" (C. LAMORE, 1987. p. 76 *apud* GARGARELLA, 2008. p. 201). Isto é, o neoliberalismo reincorpora com toda força do poder econômico e financeiro capitalista global os *valores do liberalismo ultraindividualista*, em detrimento do princípio do solidarismo social típico do Estado-providência.

O ambiente neoliberal objetiva a *minimização de proteção social previdenciária*, enquanto que o neoconstitucionalismo social tenta maximizar os objetivos do bem-estar social e da justiça social.

Logo, estão em campos bem opostos — na ambiência da Constituição de 1988 — os valores do neoliberalismo capitalista e os valores do neoconstitucionalismo social.

Quais são, como esses valores antagônicos se relacionam no ambiente normativo constitucional de 1988 e como isso reflete na construção da teoria da proteção social previdenciária nesse modelo?

A busca dessas respostas passa pela compreensão do papel dos valores, das normas e dos princípios porque orientarão a análise da questão relativa à proteção social previdenciária no constitucionalismo pátrio de 1988.

Assim, quando se trata de norma e de valor, é preciso ter claro que "as normas impõem uma forma de obrigação e os valores também", sendo que, por natureza, "as normas sempre revelam um valor" (PIERRE LIVET, 2009. p. 13-17). E que, conforme Gaetano Azzarritti (2005, p. 161 *apud* BALERA, 2009. p. 15), "[...] os valores surgem antes das normas (e dos princípios), e que neles deve ser recuperada, antes dos nascimento dos princípios (e das normas), a razão final e a justificação".

Já quanto aos princípios, é curial à colação a definição de Robert Aléxy (1988, p. 134) para quem

> [...] los principios son normas que ordenam que se realize algo en la mayor meidda posible, en relación com las posibilidades juridicas y fácticas. Los principios son, por conseguiente, mandatos de oprimización que se caracterizam porque pueden ser cumpridos en diversos grados y porque la medida ordenada de su cumplimiento no sólo depende de las posibilidades fácticas, sino también de las posibilidades juridicas. El campo de las posibilidades juridicas está determinado a través de principios y regras que juegam en sentido contrario[101].

(101) Tradução literal: [...] Os princípios são normas que mandam observar algo mais, na medida do possível, na relação com as possibilidades jurídicas e factuais. Os princípios são, conseguiente, obrigações que podem ser cumpridas por diferentes graus, sendo que a medida ordenada ao cumprimento não depende apenas de possibilidades factuais, mas também das possibilidades jurídicas. O campo de opções jurídicas é determinado pelos princípios e pelas regras que executam na direção opsta. (ALEXY, 2011, p. 134). **2.** DWORKIN, conforme ALÉXY, distingue as normas dos princípios, sendo ponto fundamental da distinção que os princípios são normas que ordenam que se realize algo maior, na medida do possível, em relação às possiibilidades jurídicas e fáticas; enquanto que as

Para Ronald Dworkin (2002, p. 141), "Os princípios são proposições que descrevem direito; as políticas são proposições que descrevem objetivos".

Desde modo, os valores, as normas e os princípios[(102)] são apreendidos, aqui, para o sentido da realização material e espiritual[(103)] do homem enquanto um ser cultural, enquanto um ser livre, enquanto um ser axiológico, *i.e.*, o homem do "ponto de vista de sua dignidade e de seu valor", [...] dignidade que é real, sacra e inviolável"[(104)] (BATISTA MONDIN, 1998. p. 43).

Pérez Nuño (1991, p. 288-289 *apud* ROCHA, 2010. p. 335) identifica nos valores constitucionais três dimensões:

> a) fundamentadora: — núcleo básico e informador de todo o sistema jurídico-político; b) orientadora — metas ou fins pré-determinados; que fazem ilegítima qualquer disposição jurídica que persiga fins distintos, ou que obstaculize a consecução daqueles fins enunciados pelo sistema axiológico constitucional. E, c) crítica para servir de critério ou parâmetro de atos ou condutas [...] os valores constitucionais compõem, portanto, o contexto axiológico fundamentador ou básico para a interpretação de todo o ordenamento jurídico; postulado guia para orientar a hermenêutica teleológica evolutiva da Constituição [...].

Para o objetivo da realização material e espiritual do homem, o espírito social da CRFB/88 é traduzido por um catálogo de direitos fundamentais nos arts. 5º e 6º – direitos que também são formatados e regulados por valores, normas e princípios.

São os *direitos invioláveis à vida, à liberdade, à igualdade, à segurança e à propriedade* (Art. 5º) e são os direitos sociais relativos à educação, à saúde, à alimentação, ao trabalho, à moradia, ao lazer, à segurança, à previdência social, à proteção à maternidade e à infância e à assistência aos desamparados (Art. 6º).

A CRFB/88 adota, assim, o "princípio *pro hominie*", traduzido em direitos fundamentais inerentes ao homem (RENATA DA ROCHA, 2010. p. 335). Em termos mais específicos e considerando o objetivo da proteção social da ordem constitucional, de que trata este item, esse direito *pro homine* é o direito social à previdência.

---

regras são normas que exigem cumprimento pleno e, em certa medida, podem ser sempre cumpridas. Contudo, tanto a norma como os princípios podem ser concebidos como normas. A teoria dworkiana cuida de uma única resposta correta para um grau de centralidade de questões.

(102) Na interpretação de BALERA (2009, p. 15), "Enquanto os valores se situam na esfera axiológica — que apreende a realidade como algo bom — os princípios e regras estão ubicados no âmbito deontológico, que institucionaliza a realidade como algo que deve ser".

(103) A realização material do homem implica a eliminação das necessidades básicas, o que ocorre à medida que alcança um bem-estar mínimo e satisfatório que valorize sua dignidade. A realização espiritual humana leva em conta, conforme BATISTA MONDIN (1998, p. 21), o homem como ser cultural e o homem como ser livre. O homem, enquanto ser cultural, realiza-se pela integração social; enquanto ser livre, exercita um direito inerente à sua personalidade. O homem como ser cultural, como um ser livre e como um ser espiritual pressupõe sua inserção nas relações humanas societárias e, no sentido mais amplo, a sua inserção na ordem jurídica, da qual deve ser destinatário dos programas de proteção social (MONDIN, 1998. p. 7-47).

(104) Para BATISTA MONDIN (1998, p. 43), o homem pode ser definido por vários sentidos: o homem como ser cultural (visão fenomenológica), o homem como ser ético (o homem é um ser livre), o homem como pessoa ou espírito subsistente (visão ontológica), o homem como imagem de Deus (visão teomorfo).

Desse modo, orientado por valores, princípios e normas, o originário constitucionalismo de 1988 formalmente marca a *Era* dos direitos fundamentais no Brasil. Não obstante essa notável declaração de direitos, o federalismo republicano, instalado no Brasil a partir de 5 de outubro de 1988, também incorpora ao seu corpo constitucional um *paradoxo*: traz a *terceira geração* de direitos sociais, mas também ganha espaço o *capitalismo neoliberal*. Isto é, ao mesmo tempo em que *preserva* o primado do trabalho como valor social para a promoção dos objetivos do bem-estar e da justiça sociais de sua ordem social, *incorpora* o liberalismo smithiano e hayerkiano, dando ênfase à livre iniciativa privada em sua ordem econômica e com a imposição da privatização previdenciária, pela via do *constitucionalismo mercantil*.

No preâmbulo da Constituição de 1988, declaração solene do Estado em face dos objetivos republicanos aos quais se sujeita, constam valores supremos que devem ser assegurados à construção de uma sociedade fraterna, pluralista e sem preconceitos, fundada na harmonia social interna e internacional. Trata-se dos "valores supremos" concernentes aos direitos sociais e individuais, à liberdade, à segurança, ao bem-estar, ao desenvolvimento, à igualdade e à justiça. Com essa natureza, a base teórica da proteção previdenciária é (ou deve ser sob o enfoque teleológico) preferencial e obrigatoriamente social, não condicionada ao ideário do neoliberalismo econômico.

O *paradoxo* coloca no mesmo plano os antagônicos valores do Estado social keynesiano (busca do ple*no emprego, valores sociais do trabalho, dignidade da pessoa humana, bem-estar e a justiça sociais*) com os valores do liberalismo econômico (*livre concorrência, liberdade econômica, tratamento favorecido às empresas de pequeno porte, propriedade privada*).

No constitucionalismo brasileiro de 1988, a ordem econômica adota a valorização do trabalho humano e livre iniciativa, dois valores historicamente antagônicos no âmbito do liberalismo e, agora, com maior força, no âmbito do neoliberalismo hegemônico capitalista. Já a ordem social tem como base o primado do trabalho, e como objetivo o bem-estar e a justiça sociais.

Isso demonstra, por um viés ideológico, a latência conflituosa entre os princípios econômicos neoliberais e os princípios sociais.

No campo jurídico, que refletirá na proteção social previdenciária, essa latência de conflitos ocorre entre os princípios da ordem jurídica liberal e os princípios da ordem jurídica neoconstitucional.

A liberdade de livre iniciativa e a liberdade econômica são constitucionalizadas na CRFB/88 tal como no sentido da liberdade[105] negativa apropriada pelo liberalismo

(105) Tomada a concepção clássica de liberdade, WALBER AGRA (2005) distingue dois sentidos à *liberdade: liberdade negativa e liberdade positiva.* A primeira, apropriada pela doutrina liberal, reside na ausência de interferência estatal à ação individual, protegendo o cidadão de ter o seu patrimônio turbado pela vontade de um órgão público ou privado. A liberdade positiva consiste no direito que cada cidadão possui de direcionar sua vida de acordo com seus interesses, com autonomia e autodeterminação, tornando-se patrão de sua própria existência. A primeira é uma concepção de liberdade que protege o indivíduo contra a interferência de alguém (ou contra o próprio Estado).

smithiano e hayekiano, qual seja: a ausência de interferência estatal nas relações socioeconômicas e em toda a sua compreensão.

Mas se a República Federativa do Brasil "constitui-se em Estado Democrático de Direito" (CRFB/1988, art. 1º), que se destina a garantir o exercício daqueles valores supremos, não pode ser limitada pelo discurso neoliberal. Ao revés, a efetividade dos direitos sociais fundamentais corresponde à liberdade plena *(no sentido adotado por Mondin, isto é, à realização da função ética, jurídica e antropológica ou ontológica)* e à realização positiva desses direitos.

Por princípio, é correto afirmar que "o republicanismo configura-se como uma garantia contra qualquer tipo de dominação, contrapondo-se às formas de subserviência implícitas ou explícitas na sociedade". (WALBER AGRA, 2005. p. 83), também é correto concluir que os princípios da livre iniciativa e da liberdade econômica devem ser limitados, seja pela densidade dos valores supremos declarados, seja pela necessidade inescusável de se conferir efetividade a tais valores na ordem constitucional brasileira.

Por corolário, a restrição da doutrina minimalista neoliberal corresponderá à assunção de uma assertiva distinta, que a efetividade dos direitos sociais, mesmo em face dos princípios neoliberais no âmbito do republicanismo democrático de direito, pleiteia maior intervenção estatal para suprimir arbitrariedades. Na interpretação de Walber Agra (2005, p. 87),

> [...] no neorrepublicanismo(106) o Estado tem obrigação de promover a independência socioeconômica dos cidadãos para protegê-los da privação da liberdade consistente na exploração de sua força de trabalho ou do subemprego.

Não consistirá, pois, em nenhuma violação aos princípios da livre iniciativa e da liberdade econômica, a intervenção estatal no domínio econômico que seja motivada a garantir o exercício real dos valores Supremos da República brasileira , declarados abstratamente pela Constituição.

O intervencionismo estatal(107) ponderado, nesse sentido, será a medida garantista indispensável não apenas para tutelar direitos sociais, mas também para coibir o instituto

---

A segunda indica uma concepção de liberdade que assegura a realização de determinada decisão tomada. Num sentido filosófico, na lição de MONDIN, a liberdade é a condição essencial que faz do homem um ser cultural. A liberdade é dada ao homem para que ele possa realizar a si mesmo, seu próprio ser, por ele realiza aquilo que a natureza apenas começou a esboçar. Por isso, conforme MONDIN (1998, p. 17-20), a liberdade faz pelo homem muito mais: a sua função, antes mesmo que ética ou jurídica, é antropológica ou ontológica.

(106) O novo acordo ortográfico de língua portuguesa, aprovado em 1995, mas vigência somente a partir de 2009 — porque aguardava a ratificação de Portugal, o que ocorreu em 2008 — unificou a a grafia no Brasil e em Portugal. Mas, a adoção definitiva do novo acordo ocorrerá a partir de 01 de janeiro de 2016 porque, por meio do Decreto n. 7875/2012, a presidenta Dilma Rousseff ampliou o período de transição até 31 de dezembro de 2015. No texto citado do autor Eros Grau, consta a grafia "neorepublicanismo". Pelo novo acordo ortográfico, não se usa hífen quando o prefixo termina em vogal e o segundo elemento começa por R ou S. Pelo novo acordo, a palavra "neorepublicanismo" possui a seguinte grafia: "neorrepublicanismo".

(107) É importante historicamente lembrar que, com a encíclica *Rerum Novarum* (1891), do Papa Leão XIII, a Igreja Católica defendeu a intervenção estatal para impor limites ao liberalismo econômico. A referida encíclica defendia que não cabia ao Estado apenas o papel de tutelar direitos individuais e a ordem pública, mas fundamentalmente deveria cuidar da previdência social, além de preocupar-se com a ampliação da política social e econômicas capazes de gerar empregos. *Cf.* Nota relacionada n. 11.

especulativo e acumulativo do capitalismo neoliberal, que não tem por compromisso a preservação dos ditames do bem-estar e da justiça sociais, mas, ao revés, provoca a desconstrução desses valores.

Deve ser assim porque a Constituição de 1988, na sua enunciação de princípios e valores, não admite afronta, pois, como enfatiza Eros Grau (2008b, p. 45), a Carta Magna de 1988

> define um modelo econômico do bem-estar [...], cuja vinculação pelas definições constitucionais de caráter conformador e impositivo [...], sob nenhum pretexto [...] poderão vir a ser elas afrontadas por qualquer programa de governo.

A ordem econômica brasileira é formalmente destinada a assegurar a todos existência digna, conforme os ditames da justiça social (CRFB/1988, art. 170) e a ordem social tem como base o primado do trabalho, e como objetivo o bem-estar e a justiça sociais. (CRFB/1988, art. 195).

Mas, como Eros Grau (2008b, p. 21) reconhece que "[...] a lei é uma abstração, ao passo que as relações sociais são reais", também é preciso reconhecer sem sofismas teóricos que os ditames do bem-estar comum e da justiça social têm sido mais uma abstração da Constituição de 1988 do que uma prioridade real na ordem econômica neoliberal brasileira.

Uma questão, portanto, é o mundo teórico e abstrato da enunciação de direitos à proteção social na Constituição, outra é o mundo real.

A realidade é que a *globalização capitalista hegemônica impede a efetividade dos principais fundamentos da proteção social previdenciária*. Isto é, a globalização hegemônica torna cada vez mais abstrata a lei e menos reais os ideários do bem-estar e da justiça sociais, consistindo na desconstrução do princípio do solidarismo social.

Essa, aliás, é uma realidade global atestada por Boaventura Santos (2008, p. 287), para quem as consequências da globalização hegemônica provam um

> [...] crescimento sem aumento do emprego; o aumento do desemprego estrutural gerador de processos de exclusão social [...], o aumento considerável dos riscos contra os quais os seguros(108) adequados são inacessíveis à grande maior dos trabalhadores. Trata-se de transformações que desestruturam os protagonistas e os interesses nacionais do pacto social [...].

No âmbito brasileiro, o neoliberalismo hegemônico, na análise de Bonavides (2000b, p. 138;170), revoga teorias [da proteção social, acrescentamos] e anula valores [do bem--estar e da justiça social, acrescentei], à media que,

(108) Essa realidade, de exclusão dos segmentos de baixa renda da proteção dos seguros privados, também já era constatada no século XIX, início de seu desenvolvimento. A esse respeito, MARLY A. CARDONE assim escreveu: "O **seguro privado** de vida e acidentes (que se desenvolveu particularmente no século XIX) **deixou fora de seu âmbito as camadas da população de baixa renda**, o então incipiente proletariado, por duas razões: **alto custo para os que quisessem nele ingressar, e, por outro lado, escassa mensalidade previdencial**" (2011, p. 10, grifo nosso).

> [...] com sua estrutura de poder, o neoliberalismo organizou e sistematizou em cada País a traição dos interesses nacionais. [...] O capitalismo global ameaça revogar teorias, implodir conceitos e anular valores.

Caetano Costa (2009, p. 126), em análise similar, assinala que o neoliberalismo atinge de forma direta e imediatamente os direitos previdenciários, haja vista

> [...] que as alterações advindas do mundo do trabalho, bem como da reestruturação produtiva, refletem, direta ou indiretamente, nos direitos sociais previdenciários. O que vale afirmar, por seu turno, que **os processos de precarização e desregulamentação no/do mundo do trabalho, refletem imediatamente nos direitos previdenciários**. (grifo nosso)

Toda essa drástica realidade neoliberal que *desconstitui progressivamente o sentido do solidarismo social no âmbito da previdência básica* (com a precarização dos empregos, diminuição dos direitos sociais trabalhistas e previdenciários, e com o discurso ideológico do *miniísmo* estatal na proteção previdenciária) também ratifica com maior lucidez a abstração da Constituição.

Mas, sob outro enfoque, essa realidade também exige outra conduta estatal. Isto é, entre a abstração da lei e o compromisso republicano em garantir o exercício dos valores supremos, a efetividade do direito social à previdência reclama da administração pública eficiência ao cumprimento dos valores supremos que a República elegeu.

Quando se trata do *princípio da eficiência*, os princípios constitucionais da seguridade social ordenados à proteção social exigem responsabilidade do Estado quanto ao cumprimento de suas metas e dos objetivos coletivos.

Num sentido geral, os princípios da seguridade social objetivam a universalização da proteção social guiada pelos ditames do bem-estar e da justiça sociais, conforme se verá noutra parte.

Lembremos, então, com a lição de Dworkin (2002, p. 143), que

> [...] a **eficiência** é uma meta coletiva; exige distribuição de oportunidades e responsabilidades que possam produzir o maior benefício econômico [e social, acrescentamos] agregado definido de um determinado modo. [...] **Os princípios distributivos estão subordinados a uma certa concepção do bem coletivo agregado** [...]. (grifo nosso)

Ao campo da construção da proteção previdenciária, no âmbito brasileiro, o *bem coletivo agregado* não é e nem deve ser exclusiva e prioritariamente econômico, como quer o neoliberalismo, mas deve ser a busca do pleno emprego, da garantia dos valores sociais do trabalho, da promoção da dignidade da pessoa humana, do estabelecimento do bem-estar e da justiça sociais.

A eficiência que se exige do Estado à efetividade na implementação da proteção social previdenciária é fundamental para se contrapor "[...] **ao processo de esvaziamento das**

próprias estruturas jurídicas estatais"[(109)] provocado pelo neoliberalismo capitalista, pois este também traz como consequência "**um esvaziamento da própria ordem constitucional** que fica desprovida da força normativa para regular as complexas e conflitivas relações sociais"[(110)]. (grifo nosso)

No âmbito da ordem constitucional de 1988, a perda da força normativa ou o esvaziamento da própria ordem constitucional podem ser verificados na política neoliberal, a partir da EC n. 20/98, quando então começa o processo de esvaziamento da força normativa dos valores concernentes ao bem-estar e à justiça sociais, inerente ao SNSS.

Quando isso ocorre, sob os influxos do neoliberalismo capitalista — este "borda da mais pura expressão dos interesses privados em nível transnacional" (CAMPUZANO, 2010, p. 92) —, o Estado-providência enfraquece, pois enfraquecida também já resta a tutela constitucional, como ineficaz restará a declaração solene de garantia do exercício dos valores Supremos da Republica, dentre eles, o direito à proteção social pela via do Estado-providência brasileiro.

No "cálculo econômico" das "relações econômicas em escala mundial", Luhmann (1985, p. 155) localiza a origem desses interesses privados do liberalismo econômico que geram "perturbações e crises" no âmbito dos Estados-nacionais, afetando, por conseguinte, o sistema de proteção social, no qual, segundo esse autor (1985, p. 155),

> As relações econômicas ligam todas as partes do planeta terrestre, possibilidades de comparação em escala mundial fazem parte do **cálculo econômico**, e as interdependências **daí decorrentes transmitem perturbações e crises.** (grifo nosso).

Pelas mãos das "corporações transnacionais — complexas estruturas empresariais com grande capacidade de gestão e adaptação às demandas mutantes dos mercados", na análise de Campuzano (2010, p. 86-87) —, são concretizadas as relações econômicas, pois sua meta de satisfação não é a questão social, não é a proteção social, não é, rigorosamente, a efetividade dos Supremos valores da ordem republicana brasileira.

Antes, e sobretudo, a sua métrica satisfatória é "cálculo/custo benefício" de seus investimentos, por isso estão em todas as partes, conforme observa o mesmo autor: "A corporação transnacional está em todas as partes onde a racionalidade do cálculo custo/ benefício aconselhe sua presença" (CAMPUZANO, 2010, p. 87).

É possível compreender, então, o porquê do crescente e preocupante problema da desconstrução do princípio do solidarismo social (previdenciário) a partir do final da década de 1990 no Brasil.

Com efeito, a questão de fundo do enfraquecimento do Estado-providência no âmbito do constitucionalismo de 1988, a partir da EC n. 20/98 e com a edição das Leis

---

(109) JULIOS DE CAMPUZANO, 2010. p. 92.

(110) JULIOS DE CAMPUZANO, *loc. cit.*

Complementares n. 108/2001 e n. 109/2001[111], está associada à consequência da lógica daquilo que Campuzano (2010, p. 92) denomina de "constitucionalismo mercantil global", que, em verdade, é o braço jurídico "**das forças anônimas do mercado global**" (CAMPUZANO, 2010, p. 86), sendo, portanto, uma das mil faces do neoliberalismo hegemônico na sociedade mundial. (grifo nosso)

Um traço característico do constitucionalismo neoliberal global, ainda na análise de CAMPUZANO (2010, p. 93), é que

> [...] o texto constitucional [por força do cálculo econômico do neoliberalismo capitalista, acrescentamos] **enfraquece os níveis de tutela jurídica** para certas classes do direito (aqueles que se vinculam ao Estado-providência por seu caráter prestacional). (grifo nosso)

É esse o *paradoxo* que situa a política neoliberal da "proteção social" previdenciária individualista no Brasil, que se realiza por meio de poupança e seguro previdenciário, cujo instrumento de implementação é a previdência privada aberta ou fechada na Constituição da República Federativa do Brasil, de 5 de outubro de 1988 (CRFB/88).

Conclui-se que o domínio que o sistema econômico neoliberal exerce em todos os âmbitos (econômico, político, legislativo, social, cultural), por consequência, *restringe* drasticamente a ação pública no âmbito da proteção social previdenciária.

Assim, seja no sentido do que se exige do Estado-providência para a efetividade do conteúdo material da Constituição (guiado pelo farol dos valores, dos princípios e das normas acolhidos pela Constituição), ou seja, no sentido ontológico da existência da Constituição Federal de 1988 (para garantir o exercício de valores supremos), será ético e juridicamente rigoroso reconhecer a progressiva desconstrução do princípio do solidarismo social previdenciário pela decisiva ação do constitucionalismo mercantil, braço jurídico do neoliberalismo hegemônico capitalista.

Esse paradoxo brasileiro *separa* a Constituição formal da Constituição real, para relembrar Lassale, impedindo ou restringindo a concreção dos direitos sociais ao trabalho e à procedência, porque o *cálculo econômico* neoliberal, num de seus *front* de ação — o constitucionalismo mercantil —, atribui natureza jurídica contratual ao regime fechado de previdência privada como meio jurídico de não sujeitá-la ao regime de jurisdição trabalhista.

Para entender melhor essa questão — visto que repercute diretamente na nossa tese de competência trabalhista em face do Regime Privado Fechado —, no próximo item,

---

(111) A LC n. 108, de 29 de maio de 2001, dispõe sobre a relação entre a União, os Estados, o Distrito Federal e os Municípios, suas autarquias, fundações, sociedades de economia mista e outras entidades públicas e suas respectivas entidades fechadas de previdência complementar, e dá outras providências. Já a LC n. 109, também de 29 de maio de 2001, dispõe sobre o Regime de Previdência Complementar e dá outras providências. Antes dessas leis, a Lei n. 6.435/77 regulava as relações jurídicas relativas aos planos privados. Em caráter geral, essa lei disciplinava os regimes de contratação e de execução dos planos oferecidos a qualquer interessado (independentemente de vínculo empregatício) e os planos contratados a partir das relações de trabalho ou assemelhados. Essa lei foi revogada pela LC n. 109/2001.

partindo-se da definição da natureza jurídica dos regimes previdenciário básico e privado, a análise é no sentido de saber se, teleologicamente, essa conformação jurídica garante a efetividade ao direito social previdenciário ou se justifica, ideológica e juridicamente, a desconstrução do modelo público de proteção do Estado-providência.

Essa tarefa remete, no passo seguinte, aos princípios constitucionais que permeiam as relações jurídicas trabalhistas e previdenciárias, a partir das quais se coloca a questão da competência material da Justiça federal especializada do Trabalho em face nos litígios trabalhista-previdenciário.

1.3. Natureza jurídica dos regimes básico e privado de previdência

1.3.1. Natureza protetiva em sentido geral à cobertura de riscos

Neste item, o enfoque teórico de fundo não é, exclusivamente, identificar a natureza jurídica dos regimes de previdência básica e privada fechada no Sistema Nacional de Seguridade Social[(112)], embora essa tarefa, necessariamente, seja delimitada conceitualmente. Mas, saber o *porquê* da configuração como natureza autônoma e contratualista da previdência privada e saber se essa configuração jurídica garante a efetividade do direito social previdenciário ou se é formatada para justificar, ideológica e juridicamente, a desconstrução do modelo público de proteção do Estado-providência.

Para essa tarefa, adotamos a interpretação e a argumentação neoconstitucional[(113)], que transpõem a dogmática jurídica tradicional da objetividade do Direito e do mito da neutralidade do intérprete, guiadas pela "[...] ascensão dos valores, o reconhecimento da normatividade dos princípios e a essencialidade dos direitos fundamentais" (LUÍS BARROSO, 2003. p. 342).

Essa tarefa é substancial para a compreensão do problema teórico da tese, centrado na competência material da Justiça do Trabalho às causas de natureza jurídica trabalhista--previdenciária como critério de efetividade do direito social à previdência. De início, então, devemos situar os dois regimes (geral e privado fechado de previdência) no ambiente do Sistema Nacional de seguridade, tarefa que também exige sucinta abordagem quanto à estrutura do SNSS e para qual fim é concebido.

A ideia de Seguridade Social está relacionada à ideia de "liberação das situações de necessidades", segundo Mattia Persiani (2009, p. 31), para quem

> [...] a ideia de seguridade social exprime a exigência de que venha guarnecida a todos os cidadãos a libertação das situações de necessidade, na medida em

(112) No Brasil, a Previdência Social possui quatro regimes previdenciários: o RGPS (Regime Geral de Previdência Social), o RPPS (Regime Próprio de Previdência Social dos Servidores Públicos), o RPSM (Regime de Previdência Social dos Militares) e o Regime de Privado de Previdência Complementar (RPPC). Os três primeiros formam o sistema previdenciário público, enquanto o privado é configurado em regime aberto e fechado.

(113) Por certo que a nova hermenêutica constitucional não significa a negação à dogmática, mas dela parte à medida que o neoconstitucionalismo é uma evolução natural do conhecimento jurídico convencional. *Cf.* também o item relacionado: "CONSIDERAÇÕES CONCEITUAIS: CONSTITUIÇÃO, CONSTITUCIONALISMO, TRANSCONSTITUCIONALISMO E NEOCONSTITUCIONAISMO", p. 48-50.

> que esta libertação é tida como condição indispensável para o efetivo gozo dos direitos civis e políticos [e sociais, acrescentamos].

Portanto, para implementar políticas de proteção social, é concebido o SNSS, pelo constitucionalismo social de 1988, como "um conjunto integrado de ações de iniciativa dos poderes públicos e da sociedade, destinadas a assegurar os direitos relativos à saúde, à previdência e à assistência social" (CRFB/1988, art. 194).

Do *ponto de vista formal* da Constituição, isso significa que a tríplice estrutura do SNSS (saúde, previdência e assistência social) está organizada para cumprir os objetivos da ordem social: o bem-estar humano e a justiça social.

Os objetivos do SNSS são, dessa forma, os mesmos objetivos da ordem social, que tem por base o primado do trabalho. Assim, a interação das três áreas também se destina, num sentido amplo, à valorização do trabalho humano como primazia da ordem social, e, num sentido restrito, à proteção social dos trabalhadores e dos cidadãos, em geral, em situações de necessidades.

A Seguridade Social brasileira é organizada para assegurar os direitos sociais fundamentais relativos à saúde, à previdência e à assistência social.

Disso resulta que a Seguridade Social é identificada, segundo Berbel Vilela (2004, p. 121), como

> [...] o conjunto normativo integrado por um sem número de preceitos de diferentes hierarquia e configuração e [...] como um conjunto ordenado de elementos que, harmonicamente, relacionam-se em busca de um fim comum.

Esses conceitos oferecem-nos a percepção do SNSS como um conjunto ordenado sistematicamente, estruturado axiológica e teleologicamente com regras, valores e princípios para ser o principal agente estatal do bem-estar (eliminando as necessidades) e da justiça social (eliminando as desigualdades).

Mas também (esses conceitos) de regimes de previdências básica e privada fechada, sob o *aspecto formal*(114) da Constituição, são modos ou instrumentos pensados à concreção da proteção social, na concepção formal-abstrata da norma-direito no sistema normativo constitucional. A previdência está relacionada à necessidade de cobertura dos riscos(115) sociais.

---

(114) Conforme DALLARI (2009, p. 201), "Quando se trata da Constituição em sentido formal, tem-se a lei fundamental de um povo, ou conjunto de regras jurídicas dotadas de máxima eficácia concernentes à organização e ao funcionamento do Estado. De outro lado, ainda conforme DALLARI (2009, p. 200), "Quando se busca a identificação da constituição através de seu conteúdo material, deve-se procurar a própria substância, aquilo que está consagrado nela como expressão dos valores de convivência e dos fatos prováveis do povo a que a ela se liga. Conforme MIRANDA (2001, p. 321), há duas perspectivas em que podem ser consideradas uma constituição: uma perspectiva material, em que se atende ao seu objeto, ao seu conteúdo ou à sua função. E uma perspectiva formal, em que atende a posição das normas constitucionais em face das demais normas jurídicas.

(115) No senso comum, risco e perigo usualmente são utilizados como o mesmo sentido. Sociologicamente, contudo, risco é distinto de perigo. Apoiado em BRÜSEKE (2006), conceitua-se o risco sob dois sentidos: o amplo e o restrito. No sentido amplo, o risco "quer alertar para a emergência de futuros eventos danosos para o homem,

No sentido moderno, a Previdência Social é uma técnica de proteção social contra os riscos sociais mais graves, já observava Balera (1988, p. 93-100).[(116)] Em sentido geral é relativa aos fatos ou acontecimentos futuros e incertos que coloquem a pessoa humana em situação de *risco*.

Compreende-se *risco* no sentido empregado por Luhmann (1991)[(117)], na relação consequente de risco-segurança. Isto é, como questões que não podem ser desprezadas na análise dos sistemas sociais com vistas às decisões privadas ou estatais para a cobertura e a redução dos *riscos sociais*[(118)] — aqueles decorrentes das situações de calamidade, de pobreza, de miséria, das necessidades vinculadas ao trabalho humano, das necessidades relacionadas às diversas situações sociais e seus reflexos individuais e coletivos.

Dos *riscos sociais*, em geral, cuida a Seguridade Social (saúde, previdência e assistência social), quando se pensa na estrutura do SNSS na CRFB/88. Dos *riscos sociais* relacionados às necessidades do trabalho humano (proteção contra acidente de trabalho, doenças profissionais, riscos do ambiente do trabalho, riscos ocupacionais) cuida a Previdência Social (PS). Pensado para a "complementação" de benefícios previdenciários contratados, foi concebido regime de previdência privada.

Os *riscos sociais* estão ligados às necessidades do trabalho e às "necessidades vinculadas à integração jurídica" (PIERRE MOREAU, 2005. p. 32). Em face dos riscos sociais, a

---

sejam eles futuros de uma ação individual, sejam resultados não intencionados de uma ação coletiva, sejam ainda simplesmente fenômenos naturais com efeitos negativos para a sociedade". *O conceito no sentido amplo de risco* é resultado da crescente consciência da contingência. O autor afirma ainda que *risco é* "uma expressão moderna da expressão da consciência". BRÜSEKE comenta que o conceito de Contingência remonta à Grécia clássica, com ARISTÓTELES *(endechomenon),* evolui para a dúvida metódica na filosofia ocidental, com DESCARTES, que introduz e valoriza as "observações de segunda ordem" (a especialidade dos críticos de qualquer gênero, como uma faceta do processo reflexivo como um todo, p. 41). Conforme o autor, o *Contingens* (de Tomás de Aquino – data 1245-1274) assenta-se na Suma Teológica (1273) que, por cinco vias, aprova a existência de Deus como o necessário absoluto da existência da vida e das necessidades humanas e que, de outro lado, reproduz as quatro causas aristotélicas (causa material, causa for malis, *causa finalis* e *causa eficiens*). As argumentações da Suma Teológica apontam "as provas da existência de Deus", em que o contingente pressupõe o Absoluto (Deus) como necessário absoluto, "o Ser em si mesmo, Deus" (p. 42). No artigo "Risco e contingência", BRÜZEKE interpreta o "risco" como aspecto da contingência da sociedade moderna, na perspectiva de compreensão do homem como um ser contingente. De seu lado, LUHMANN (*apud* BRÜSEKE, 2006. p. 39) interpreta a "contingência como valor próprio da sociedade moderna. Conceito de "contingência é resultado de uma dupla negação": a negação da necessidade e a negação da impossibilidade, o que revela "uma lógica bipolar baseada no ser e no não ser". BRÜSEKE (2006, p. 39) sustenta que os "sistemas sociais têm a função social de reduzir a complexidade e controlar a contingência, possibilitando assim um agir direcionado e com sentido por parte do ator social".

(116) Cf. também BALERA, 2010b. p. 67.

(117) LUHAMANN apresenta a seguinte distinção, aqui reproduzida como critério à compreensão das questões terminológicas usadas em nosso trabalho. O risco: quando possíveis danos são consequências da própria decisão e, perigo, quando os danos ou as perdas estão relacionados com causas fora do próprio controle, mas destacando que os dois estão interligados porque são efeitos da decisão e da ação que os pode produzir. Em suas palavras: "uma mesma ação é um risco para um e um perigo para os outros", porque "os dois estão interligados". LUHMANN, na obra *Sociología del Riesgo*, constrói a teoria do risco (tecnológico) como uma das características sociológicas da sociedade mundial do final do século XX, que gera incertezas e inseguranças, mas que, paradoxalmente, pode ensejar, de outro lado, um fundamento (seguro) para a decisão que represente e produza segurança à sociedade, como seria o caso para a cobertura e a redução dos riscos sociais.

(118) MOREAU (2005, p. 32) define riscos sociais como: "[...] aqueles relacionados à integração dos indivíduos nas estruturas sociais", tais como "os riscos que derivam das situações de indigência e misérias, das necessidades vinculadas ao trabalho e à integração econômica e à integração jurídica".

proteção social tem por pressuposto teórico a dignidade humana e destina-se ao bem-estar e a promover a justiça social.

Celso Barroso Leite (1972, p. 19 *apud* BALERA, 1988. p. 16) conceitua *proteção social* como "o conjunto de medidas através das quais a sociedade assegura aos seus membros um nível mínimo de condições de vida".

Conforme Ingo Sarlet (2003, p. 29-37 *apud* BOLMANN, 2009. p. 46), "A proteção da condição humana [...] está ligada à ideia de dignidade humana; [...] a dignidade da pessoa humana não só dá sentido à ordem jurídica, como também a legitima".

Para a afirmação de que a dignidade humana legitima a ordem jurídica, deve haver uma correspondência inescusável: a garantia da proteção jurídica ao homem para o pleno gozo dos direitos sociais à saúde, à previdência e à assistência social.

Isso significa que os critérios eleitos pelo constituinte (dignidade da pessoa humana, valores sociais do trabalho, bem-estar e justiça sociais) para assegurar o gozo dos direitos sociais não podem ter modos de execução contrários a tal finalidade.

Então, cumpre saber, sob o manto desses supremos critérios constitucionais, se os regimes geral e privado fechado de previdência — pela configuração de suas naturezas pública e privada, respectivamente — correspondem de fato aos referidos ideais.

1.3.2. Natureza solidarista do Regime Geral

Por se localizarem os regimes de Previdência Geral e de Previdência Privada Fechada no ambiente do SNSS, a dogmática formal da Constituição os coloca sob uma estrutura *formal* de prestação previdenciária, mas distinguindo-lhes os modos de realização dessa tarefa e lhes definindo naturezas jurídicas distintas.

Para a nossa tese, interessam apenas dois regimes (o Geral e o Privado Fechado de Previdência), mas não quanto ao aspecto do custeio, nem quanto à estrutura formal. Interessa a natureza jurídica desses regimes e os fins sociais aos quais se destinam, no âmbito de uma relação jurídica trabalhista-previdenciária. Isso nos faz selecionar, para o desenvolvimento do nosso estudo, o princípio do solidarismo social (próprio do Regime Geral ou Básico) e o individualismo privatista (peculiar e específico do Regime de Previdência Privada Fechada).

Quanto aos *objetivos gerais* da Seguridade Social definidos pela Constituição de 1988 que, para a doutrina são *princípios*(119), para o interesse desta tese basta saber que, sob o aspecto formal da Constituição, estão estruturados para o alcance final da proteção social.

A investigação acerca da *efetividade dos objetivos da proteção social* (o bem-estar e a justiças sociais, art. 193, CRFB/88), por coerência ao nosso problema teórico, ocorre no *âmbito exclusivo da relação jurídica de natureza trabalhista-previdenciária*, na qual assentamos a *base ou o núcleo fundamental da tese de competência da Justiça Federal do Trabalho em litígios que envolvam o Regime Geral e o Regime privado*.

(119) Nesse sentido é a doutrina de PINTO MARTINS (2011, p. 10) e de PULINO (2007, p. 402; 406). Já BALERA (2010, p. 101-125) e MOREAU (2005, p. 212) falam em objetivos da Seguridade Social.

Assim, de forma bem objetiva, basta dizer que, ao Regime Geral, são configuradas as Leis n. 8.212/91 e n. 8.213/91. E que, ao Regime Privado Fechado, são fixadas a LC n. 108/2001 e a LC n. 109/2001. No seio dessas leis, e à luz dos princípios constitucionais comuns ao trabalho e à previdência, *investiga-se se à Justiça do Trabalho é destinada competência para resolver os conflitos previdenciários decorrentes das relações de trabalho ou das relações empregatícias.*

Sob o *aspecto formal* da Constituição de 1988, alterada pela EC n. 20/98, a Previdência Social possui caráter ou natureza solidária, visto que é "organizada sob a forma de Regime Geral, de caráter contributivo e obrigatório" (Art. 201, CRFB/88).

Esse solidarismo inato à previdência social é apreendido sob dois sentidos: o solidarismo social e o solidarismo econômico.

O primeiro é relativo ao *conteúdo material* da proteção social que a Constituição procura garantir pela via do Estado-providência: o sentido da proteção social para garantir a "cobertura dos eventos de doença, invalidez, morte e idade avançada; proteção à maternidade, especialmente à gestante; proteção ao trabalhador em situação de desemprego involuntário; salário-família e auxílio-reclusão para os dependentes dos segurados de baixa renda; pensão por morte do segurado, homem ou mulher, ao cônjuge ou companheiro e dependentes, observado o disposto no § 2º"[120] (Incisos I-V, art. 201, da CRFB/1988).

O outro sentido (solidário econômico) diz respeito ao custeio do programa de cobertura ou proteção social básica no Regime Geral. Objetiva, o solidarismo econômico do Estado-providência, preservar "o equilíbrio financeiro e atuarial" do sistema protetivo (Última parte do art. 201, da CRFB/1988).

Por esses dois sentidos, por conseguinte, a Previdência Social[121], por sua natureza solidarista, é um instrumento de proteção social que se destina, em última análise, à garantia jurídica da proteção da dignidade humana.

---

(120) Dispõe o § 2º, art. 201, da CRFB/88: § 2º Nenhum benefício que substitua o salário de contribuição ou o rendimento do trabalho do segurado terá valor mensal inferior ao salário mínimo. (Redação dada pela Emenda Constitucional n. 20, de 1998). Disponível em: <www.planalto.gov.br>. Presidência da República. Casa Civil. Subchefia de assuntos jurídicos. Acesso em: 15 nov. 2013.

(121) Conforme a doutrina, *a proteção social previdenciária,* numa apertada síntese, apresenta as seguintes fases: **1)** Uma relacionada às ações isoladas no antigo Império Romano *"com a concessão de propriedades aos veteranos do exército"* para que pudessem retirar sua subsistência, *"que podem ser tidas como* previdenciárias" (M. ORIONE GONÇALVES, 2002, p. 2 *apud* NASCIMENTO, 2007. p. 18-20); **2)** A fase da positivação previdenciária em face dos riscos sociais: no reinado da rainha Isabel I, na Inglaterra, surge a Lei dos Pobres (19.12.1601) "de caráter social", instituindo a "assistência para as pessoas comprovadamente necessitadas" com pagamentos "de pequenos valores a desempregados, doentes e de idade avançada" (NASCIMENTO, 2007. p. 18-19). **3)** E mais tarde, no contexto das grandes e graves transformações políticas, econômicas e sociais provocadas pela revolução industrial, OTTO VON BISMARCK, entre 1869 e 1889, cria o seguro-doença maternidade (15.7.1883), o seguro de acidente do trabalho (6.7.1884), o seguro invalidez-velhice ou seguro para o cidadão, (22.6.1889) e o seguro social para empregados não operários, ainda na Alemanha (1911). A doutrina considera que: "[...] o modelo engendrado por BISMARCK tinha por escopo conter os ímpetos revolucionários da época e se achava estritamente vinculado ao ideário econômico conservador que acabava gerando relações sociais tão desequilibradas" (BALERA, 2010. p. 66). Da Inglaterra, veio o plano BEVERIDGE como "resposta normativa à questão social" (BALERA, 2010. p. 76). Denominou-se de *Report on Social Insurance And Allied Services* (Relatório sobre a segurança social *e de serviço afins, de* 11.1942). O relatório visava libertar o homem das necessidades. BEVERIDGE propôs que todas as pessoas em idade de trabalhar deveriam pagar uma contribuição semanal ao Estado. *3)* A terceira fase da proteção social é a relativa ao constitucionalismo social, onde são estatuídos elencos de direitos sociais fundamentais, e no qual o Estado social figura como fiscalizador, planificador e conformador das questões econômicas e sociais, em face dos *riscos sociais.*

Na manifestação de Balera (2010, p. 67),

> A Previdência social é, antes de tudo, certa técnica de proteção que depende de articulação entre o poder público e os demais atores sociais. Estabelece diversas formas de seguro, para o qual, ordinariamente, contribuem os trabalhadores, o patronato e o Estado, e mediante o qual se intenta reduzir os riscos sociais, notadamente os mais graves: doença, velhice, invalidez, acidentes no trabalho e no emprego.

A *natureza jurídica* desse regime é demarcada pelo *caráter social* que tem como finalidade o bem-estar geral e a justiça social, e cujo *status* jurídico lhe confere a natureza de direito social fundamental vinculante, conforme se verá mais adiante.

1.3.3. Natureza jurídica do Regime Privado sob o **aspecto formal e material** *da Constituição*

No diz que respeito ao regime de previdência privada fechada, à guisa de esclarecimento, cumpre informar que as antagônicas doutrinas sobre a sujeição[(122)] ou não do Regime Privado Fechado a todos os princípios da seguridade social, tal como estão estruturados para o Regime Geral, não é determinante para o deslinde de nossa tese.

O que nos interessa é a relação jurídica de natureza trabalhista que ocorre no âmbito da empresa, que adota obrigatoriamente e oferece a todos os empregados planos de benefícios no âmbito do Regime Privado Fechado.

Dito isso, passemos à análise da natureza jurídica do Regime Privado Fechado de Previdência.

Sob o *aspecto formal*, o regime de previdência privada — diferentemente do regime anterior fixado pela Lei n. 6.435/77[(123)], que deduzia subordinação de suas atividades à área de competência do Ministério da Previdência e Assistência Social — ganha autonomia em relação ao regime previdenciário geral.

---

(122) DANIEL PUBLINO (2007, p. 402; 406) admite a aplicação dos princípios gerais da Seguridade Social ao Regime Privado Fechado, mas com adequação deles à natureza privada e contratualista desse regime, justificando que ela desenvolve atividade econômica em sentido estrito de natureza privada. Afirma o autor que deve haver "Compatibilização dos princípios gerais da Seguridade Social com a natureza da atividade econômica privada do regime privado, sem converter atropelo aos valores da livre iniciativa". Afirma ainda que "O legislador (incluindo-se o intérprete e o aplicador da Constituição) [...] haverá sempre de fazer um cotejo entre os objetivos impostos para a seguridade social — objetivos a que se acha vinculado — e a respectiva autonomia dos particulares (que não podem ter sua livre iniciativa suprimida) (PUBLINO, 2007. p. 412). Por seu lado, BALERA (2009, p. 13) leciona que o regime privado serve para complementar as prestações devidas assim pelo Regime Geral como pelos regimes próprios". Sustenta que todos eles (os regimes previdenciários) subordinam-se aos objetivos ou princípios da Seguridade Social expressos no art. 194. BALERA considera que a entidade fechada realiza atividade econômica em sentido geral, isto é, sua atividade é um serviço público prestado por particulares. quanto às correções.

(123) A Lei n. 6.435/77 definia para a previdência privada uma função complementar do sistema de previdência e assistência social, ao mesmo tempo em que enquadrava suas atividades na área de competência do Ministério da Previdência e Assistência Social. (Art. 34). Sob o aspecto formal, eram destinadas a "*instituir planos privados de concessão de pecúlios ou de rendas, de benefícios complementares ou assemelhados aos da Previdência Social, mediante contribuição de seus participantes, dos respectivos empregadores ou de ambos*". (Art. 1º).

O legislador lhe configurou um "caráter complementar" e uma organização "autônoma em relação ao Regime Geral de previdência social", mas, de forma simultânea, atribui-lhe um "caráter facultativo" em relação ao trabalhador (BRASIL. CRFB/1988, art. 202), cuja configuração é reiterada pela Lei Complementar n. 109/2001[124].

Ainda sob o *aspecto formal*, a LC n. 109/2001 organiza o regime de previdência privada em aberta e fechada, com o "objetivo principal de instituir e executar planos de benefícios de caráter previdenciário" (Art. 2º), mediante a constituição de "reservas técnicas, provisões e fundos", (Art. 9º), cujos recursos para "os benefícios de pagamento em prestações que sejam programadas e continuadas" devem ser, obrigatoriamente, capitalizados no mercado financeiro (LC n. 109/2001, § 1º, art. 9º e § 1º, art. 18).

À previdência privada fechada, sobre a qual também repousa a tese de competência material da Justiça do Trabalho nas causas de natureza trabalhista-previdenciária, formalmente cabe "a administração e execução de planos de benefícios de natureza previdenciária"[125] (LC n. 109/2001, art. 32) — planos[126] que devem ser contratados pelas empresas patrocinadoras aos seus empregados ou pelos órgãos e associações instituidores aos seus associados ou filiados.

Com efeito, sob o *aspecto formal* da Constituição, os dois regimes previdenciários (Geral e Privado Fechado) também são pilares que formam a estruturada básica da seguridade social brasileira com vistas aos objetivos[127] especificados no parágrafo único,

(124) A Lei Complementar n. 109, de 29 de maio de 2001, que revogou o regime da Lei n. 6.435/77 e que dispõe sobre o Regime de Previdência Complementar, ratifica a mesma natureza privatista e facultativa à previdência privada. Assim dispõe o art. 1º O regime de previdência privada, de caráter complementar e organizado de forma autônoma em relação ao Regime Geral de previdência social, é facultativo, baseado na constituição de reservas que garantam o benefício, nos termos do *caput* do art. 202 da Constituição Federal, observado o disposto nesta Lei Complementar n. 109/2001.

(125) Os planos de benefícios contratados junto à previdência fechada devem ser formalizados: **a)** pelos patrocinadores (empresas) "mediante convênio de adesão entre o patrocinador e a entidade fechada" (Art. 13, LC n. 109/2001), contudo devem ser, obrigatoriamente, oferecidos a todos os empregados (Art. 18, LC n. 109/2001); **b)** pelos instituidores, aos quais, segundo CAZETTA (2006, p. 52-53), "não há possibilidades de instituição ou adesão de planos de benefícios definidos ou mistos [...]", mas apenas "[...] planos puros de contribuição definida [...]", isto é, "[...] planos da espécie de caráter estritamente financeiro, cujo universo contratual veda-se garantia mínima de rentabilidade. Conforme o mesmo autor, nesse segmento de previdência fechada, os planos de benefícios são os modelos de benefícios definidos (os regulamentos estabelecem os benefícios e o regime de custeio para atribuição aos participantes. São planos contratados com os participantes, no qual o regime de custeio deve ser ajustado ao longo do período de capitalização) ou contribuições definidas (fixam-se as contribuições e a periodicidade de sua realização para o plano e os benefícios são apurados somente ao final do período de capitalização). (L. CAZETTA, 2006. p. 50-51).

(126) Estabelece o art. 16, da LC n. 109/2001, que os planos de benefícios devem ser, obrigatoriamente, oferecidos a todos os empregados dos patrocinadores ou associados dos instituidores. E de acordo com o art. 34, as entidades fechadas podem ser qualificadas da seguinte forma, além de outras que possam ser definidas pelo órgão regulador e fiscalizador: I – de acordo com os planos que administram: **a)** de *plano comum*, quando administram plano ou conjunto de planos acessíveis ao universo de participantes; e **b)** c*om multiplano*, quando administram plano ou conjunto de planos de benefícios para diversos grupos de participantes, com independência patrimonial; II – de acordo com seus patrocinadores ou instituidores: a) singulares, quando estiverem vinculadas a apenas um patrocinador ou instituidor; e b) multipatrocinadas, quando congregarem mais de um patrocinador ou instituidor (LC n. 109/2001, art. 34).

(127) No parágrafo único, art. 194 da CRFB/88 estão descritos os objetivos da Seguridade Social brasileira.

art. 194, destinados idealmente "a assegurar os direitos relativos à saúde, à previdência e à assistência social", (CRFB/1988, art. 184). Portanto, sob o manto da técnica formal, o SNSS está bem estruturado.

Quando se tratou de identificar *natureza jurídica do Regime de Previdência Privada Fechada* sob o aspecto *material da Constituição de 1988*, a tarefa foi desincumbida a partir da compreensão da natureza da entidade fechada de previdência privada, delimitada pelo contrato privado previdenciário, guiado pela finalidade econômica que se viabiliza por uma poupança ou seguro futuro, os planos de benefícios contratados.

Logo, essa natureza contratualista privada tem correspondência na livre iniciativa das partes contratantes. Por isso, sob o aspecto *material* e *ontológico* da proteção social previdenciária, não se configura, sob nenhum aspecto (nem supletivo, nem complementar), a natureza de previdência com "caráter complementar" ao Regime Geral ou Básico, a despeito da fixação *formal* na Constituição de 1988 (Art. 202) e na LC n. 109/2001 (Art. 1º).

Gerando, a previdência privada fechada, um *contrato previdenciário privado*, instruído pelo princípio da livre iniciativa, e sendo facultativo quanto à adesão aos planos de benefícios entre patrocinador (empresa) e a entidade fechada, seu *conteúdo finalístico é o contratualismo individual*, e, no máximo, *grupal determinado*.

Portanto, difere na *essência material* do conteúdo da proteção social (coletiva e difusa) do Regime Geral de Previdência, guiado pelo *princípio da solidariedade entre gerações e pelo princípio do solidarismo econômico*, este, devido ao caráter obrigatório e compulsório das contribuições previdenciárias.

Em face da "proteção social" engendrada formalmente à previdência privada, Moreau (2005, p. 33) observa que ela ocorre por um viés econômico, qual seja, a contratação de poupança e de seguro privado,

> A proteção dos indivíduos em face dos riscos sociais pode valer-se de duas técnicas, ambas, contudo, dependem do financiamento: a primeira é a proteção individual e a segunda é a proteção coletiva. A proteção individual significa a formação de uma poupança por aquele indivíduo que deseja proteger-se mediante certa renúncia do consumo atual com vistas a uma necessidade futura. [...] A proteção coletiva se dá pela mutualidade e pela estruturação de seguro privado, dividindo-se o financiamento entre todos membros do grupo. A proteção coletiva era praticada por meio de dois processos: a mutualidade e o seguro.

Quando se trata de poupança, a correspondência sinonímica "é o capital acumulado" (QUIROGA MOSQUERA, 1999. p. 263).

Esse específico *caráter* de poupança futura ou de capital acumulado permite afirmar que a *natureza jurídica do Regime de Previdência Privada é de natureza econômico-financeira*. Sendo a poupança um capital acumulado, seu modo de agir é delineado pelo mercado de capitais, que tem ambiência no art. 192 da CRFB/88. "O mercado financeiro e de capitais como realidade econômica cumpre a função de efetivar a mobilização em poupança nacional", escreve Mosquera (1999, p. 263).

Pois bem, no item "Constitucionalismo de 1988", ao norte, foi demonstrado que o constitucionalismo econômico da *Era* neoliberal esvazia o poder normativo da Constituição quando, em face desta, impõe a lógica do cálculo econômico para formatar políticas de proteção social e para controlar a produção legislativa. Naquela ocasião, foi afirmado também que a previdência privada fechada, a par de sua formatação e de sua finalidade, constituía instrumento de desconstrução do princípio do solidarismo social, dado o seu caráter liberal privatista.

Esse modelo privatista e individualista remonta ao ideário teórico de Ludwig von Mises (1831-1973). Sua ideia de *renda mínima futura*, em substituição ao Estado-providência, está vinculada aos planos de captação junto à iniciativa privada, argumentando que,

> Mesmo para quem tem apenas uma renda modesta, existe a possibilidade, por meio de poupança e de seguros, de prover-se para o caso de acidentes, doenças, velhices, educação dos filhos e manutenção de viúvas e órfãos. [...] É muito provável que os fundos das instituições de caridade teriam sido suficientes nos países capitalistas, se o intervencionismo não tivesse sabotado as instituições essenciais da economia. (1990, p. 843)

Em verdade, trata-se de uma síntese do mais puro pensamento econômico liberal oposto em face do solidarismo social e, ao mesmo tempo, adotado para implementar o valor liberal do protecionismo ultraindividualista.

O cálculo econômico e financeiro do liberalismo deve, na visão de Ludwig von Mises, cuidar de seus fundos de pensões (que no Brasil pós-Emenda Constitucional n. 20/98 atua diretamente nas previdências privadas fechada e aberta), dos casos de acidentes, doenças, velhices, educação dos filhos e da manutenção de viúvas e órfãos. Com efeito, por princípio do liberalismo, o Estado não deve se imiscuir nesses negócios.

As mudanças que a EC n. 20, de 15 de dezembro de 1998, introduzem à rede de previdência social, instituindo o Regime de Previdência Privada Fechada e Aberta, *afetam* as bases dos princípios do solidarismo social e do solidarismo econômico, típicos do Regime Geral de Previdência Social.

Com efeito, o Regime de Previdência Privada Fechada tem por base teórica o contratualismo neoliberal. Sendo facultativo e individualista, esse regime privado de previdência é concebido para garantir *apenas* o benefício contratado, conforme pode ser constatado no art. 202, p§§ 1º ao 6º[(128)].

No discurso da teoria neoliberal e do constitucionalismo mercantil, a previdência privada é "regime complementar" ao Regime Geral de Previdência Básica, mas autônomo em relação a este. Antes da EC n. 20/98, a proteção social previdenciária mantinha o ideário do solidarismo social mediante contribuição dos participantes dos planos de previdência social.

---

(128) CONSTITUIÇÃO DA REPÚBLICA FEDERATIVA DO BRASIL DE 1988. art. 202.

São bem opostas a natureza jurídica do Regime Geral de Previdência Social e do Regime Privado de Previdência Fechada. Aliás, esse tema é central para uma parte representativa da doutrina brasileira.

A base teórica do discurso intelectual, ideológico, político e econômico neoliberal — sob o qual é articulado o Regime de Previdência Privada Fechada e Aberta, na análise de Andreia Galvão (2006, p. 80) — é caracterizada por dois postulados fundamentais,

> **a apologia do livre mercado e as críticas à intervenção estatal**, oferecendo à burguesia novas frentes de acumulação de capital. Essas novas frentes se abrem mediante a adoção de medidas como a privatização de empresas estatais, a desregulamentação dos mercados (especialmente o mercado de trabalho e o financeiro), e a transferência de parcelas crescentes da prestação de serviços sociais — tais como a saúde, educação e **previdência social** — para o serviço privado. (grifo nosso)

Se bem observado, o regime previdenciário privado é o fruto dessa "apologia do livre mercado e as críticas à intervenção estatal", porque os contratos para aquisição de planos de benefícios privados traduzem a ideologia mercantil que o neoliberalismo econômico deseja, a capitalização das reservas técnicas para o pagamento dos planos contratados. Ou seja, os contratos dos benefícios previdenciários privados traduzem o contratualismo econômico, o que, verdadeiramente, é bem distinto, sob o *caráter material da Constituição*, do conteúdo de proteção social moldado pelo solidarismo social e pelo solidarismo econômico do Estado-providência.

Por exemplo, quando se trata de contratualismo econômico na previdência privada fechada, a doutrina de Luís Cazetta (2006, p. 113) também o identifica na configuração desse regime, quando o qualifica como uma "operação econômica correspondente à celebração e à execução de planos de previdência" — operação econômica que, segundo o mesmo autor, entre outros aspectos, impõe responsabilidades pelos desequilíbrios negativos "exclusivamente ao patrocinador e aos participantes proporcionalmente às contribuições que realizaram para a formação das correspondentes reservas".

É então o âmbito da realidade econômica que define a natureza do contrato previdenciário fechado, conforme sustenta Cazetta (2006, p. 114-115),

> é o contexto da realidade econômica (que corresponde a uma forma específica de riqueza tutelada em lei e disciplinada pelas partes em um contrato) que se deve extrair a natureza do contrato de previdência privada fechada, de forma a evidenciar suas características, seu conteúdo e o regime de execução das obrigações que dele decorrem.

Assim, é seguro afirmar que o contrato previdenciário privado, gerado no âmbito do Regime de Previdência Privada Fechada ou Aberta, *é marcado pelo risco econômico* — traço peculiar que, sob o *aspecto material* da Constituição, vem também comprovar que o regime de previdência privada não possui *simetria material complementar* ao Regime Geral de Previdência Básica. Neste, a cobertura ou proteção social não está jungida ao risco econômico da liberdade de mercado.

Se o objetivo dito "complementar" da igualmente dita "proteção social" da entidade fechada de previdência é de natureza mercantil, que oscila conforme as manifestações flutuantes[(129)] do mercado econômico, é lógico reconhecer que tal "proteção" não contribui à efetividade do direito social à previdência.

Essa mesma natureza mercantil neoliberal também na doutrina de José Ricardo C. Costa (2010, p. 44) coloca a "proteção social" em bases distintas da previdência pública, porque "é sedimentada no individualismo e na livre concorrência do mercado, sendo vedada a proteção do Estado em questões que digam respeito à proteção ao trabalho" [e ao seu consectário previdenciário, acrescentamos].

A previdência privada integra, assim, a lógica do neoliberalismo para o deslocamento da proteção social previdenciária do ambiente do Regime Geral de Previdência Social para o ambiente do Regime Privado contratualista liberal. O efeito finalístico disso é a desconstrução da proteção social previdenciária pública.

O princípio do solidarismo social (gerações economicamente ativas financiam a proteção previdenciária das gerações economicamente inativas, sucessivamente) vai assim sendo substituído pelo contratualismo individualista ou grupal dos planos de benefícios dos seguros privados.

Podemos assim então afirmar que, a par de sua natureza privatista, contratualista, individualista e econômico-financeira, a previdência privada configura-se como um braço do constitucionalismo neoliberal, engendrado que é pelo neoliberalismo hegemônico. Na ponta dessa *cadeia desconstrutiva* do solidarismo social, estão também a desconstrução dos empregos formais, os baixos salários, a baixa qualidade de vida dos trabalhadores e o aumento dos riscos sociais e os riscos do trabalho.

Portanto, sob o *aspecto material da Constituição*, o Regime Privado de Previdência possui natureza econômico-financeira neoliberal, da qual advém o contratualismo dos plenos de benefícios.

Como consequência de todo processo desconstrutivo do solidarismo social, o direito à previdência social perde efetividade, pois de um lado repousa o *minimismo* imposto ao Estado-providência pelo neoliberalismo, enquanto o contratualismo privado dos planos de benefícios da previdência privada não é capaz e nem suficiente, por si só, de implementar os ditames do bem-estar e da justiça sociais que a ordem social formalmente fixou como objetivo finalístico do Sistema Nacional de Seguridade Social.

A desconstrução do solidarismo social e do solidarismo econômico, inerentes ao Regime Geral de Previdência Social, corresponderá ao desmonte do sistema de proteção social do Regime Geral concebido à proteção dos trabalhadores contra os *riscos sociais* mais graves.

---

(129) Sobre a ambiguidade das manifestações econômicas, WEBER (2008, p. 21) assinala que: "[...] o âmbito das manifestações econômicas flutua e não pode ser determinado com exatidão e, por outro, os aspecto econômicos de um fenômeno que nem são apenas "economicamente condicionados", nem fonte de uma eficácia *puramente econômica*"..

Como observa Boaventura Santos (2008, p. 287), os *riscos sociais* são cada vez mais crescentes no ambiente neoliberal, mas ficam sem proteção, pois "os seguros são inacessíveis à grande maioria dos trabalhadores".

E as alterações no processo produtivo "paradoxalmente" — arremata o autor — "alimentam as novas indústrias e serviços", ao mesmo tempo em que "degradam a qualidade de vida dos cidadãos em geral [...], e tornam o trabalho mais duro, penoso e fragmentado [...]", enquanto a globalização hegemônica "não cria um mercado global de trabalho, mas os trabalhadores permanecem com baixo salário e abaixo do nível de pobreza[130] (BOAVENTURA SANTOS, 2008. p. 287).

De tudo o visto quanto a este item, podemos concluir, em contraposição à natureza do regime privado, que *o princípio da solidariedade entre gerações, típico do Estado-providência, é traço característico,* em última análise, *das relações de trabalho* (como gênero) e *das relações empregatícias* (como espécie), à medida que a proteção social engendrada no art. 194 da CRFB/88 é destinada aos trabalhadores-segurados, decorrente da relação empregatícia.

É precisamente os caráteres de igualdade de bem-estar geral e de justiça social almejados pelo solidarismo social do Regime Geral, em comparação ao individualismo, contratualismo e mercantilismo do Regime de Previdência Privado, que lhe confere uma *natureza mais elevada.*

Por isso mesmo, o direito à previdência social reclama uma efetividade real, cujo critério que se apresenta neste trabalho, nos casos de litígios de natureza trabalhista-previdenciária, é a competência material da Justiça do Trabalho, quando o direito derivar da relação de trabalho ou do contrato de trabalho.

A compreensão desse *critério jurídico-jurisdicional* passa obrigatoriamente pela especificação da relação jurídica de trabalho e pela relação jurídico-previdenciária — temas dos quais cuidaremos a seguir, sob as luzes dos princípios constitucionais que são comuns ao trabalho e à previdência.

(130) Para ler mais sobre o assunto, remeto a leitura ao item Gestão da desigualdade e da diferença e a crise (BOAVENTURA SANTOS, 2008. p. 285-295).

Capítulo II
Relação Jurídica de Trabalho e Relação Jurídico-Previdenciária

2.1. Princípios constitucionais comuns ao trabalho e à previdência nas relações de trabalho na ordem jurídica brasileira

Se podemos imaginar um regime jurisdicional adequado às relações jurídicas trabalhista-previdenciária, que seja capaz de apresentar a resposta segura ao nosso problema de investigação, esse regime é o de competência trabalhista, porque ele é marcadamente coerente ao princípio da primazia da realidade.

Pode parecer inaceitável, à doutrina neoliberal, a sujeição do consectário previdenciário inerente ao contrato de trabalho à jurisdição trabalhista, justamente porque ela entende que a característica estrutural do regime de previdência privada fechada está sujeita à jurisdição comum.

Mas deve ser evidente, e bem evidente para qualquer doutrina, que a definição de um regime de competência jurisdicional no Brasil às relações de trabalho, com seus decorrentes previdenciários, não pode fugir aos princípios comuns que permeiam a relação jurídica trabalhista-previdenciária.

Isso porque sempre devemos partir de um princípio de coerência constitucional que objetive um princípio de efetividade real e não apenas formal do princípio da proteção social brasileira.

Comprovaremos nossas assertivas no desenvolvimento desta tese. Por ora, e sob o comando dos princípios constitucionais *comuns* ao direito social ao trabalho e à previdência, aqui o objetivo é demonstrar que o direito social à previdência, independentemente do regime que o regule, possui *nexo ontológico* com a relação de trabalho ou com a relação empregatícia. Isso faz dele (direito social à previdência) objeto da relação jurídica de trabalho e da relação jurídico-previdenciária, apresentando-se adequado à competência material da Justiça Federal do Trabalho às causas de natureza trabalhista previdência como critério de sua efetividade.

O critério hermenêutico neoconstitucional é o meio adequado para explicar os princípios constitucionais que *unificam* os *fins sociais* do direito ao trabalho e o direito à previdência nas relações de trabalho no ordenamento constitucional brasileiro.

Parte-se da ideia de que o trabalho e a previdência, sob o aspecto ontológico, integram a mesma ordem das relações sociais.

Assim é que, na matriz orgânica trabalho humano, repousam as relações jurídicas de trabalho e as relações jurídicas previdenciárias, que não são independentes, antes são interdependentes no ambiente das relações de trabalho. Portanto, o nexo fático entre elas é o trabalho humano.

Formatados no âmbito do constitucionalismo de 1988 como direitos sociais, o trabalho e previdência social são erigidos por princípios fundamentais destinados ao exercício da cidadania, à garantia do respeito à dignidade da pessoa humana e para construir uma sociedade livre das desigualdades de toda espécie e natureza, justa na distribuição dos bens e riquezas, e solidária social e economicamente. Esses valores edificam a *base holística do cidadão*, destinatário prioritário e último dos direitos sociais que o Estado deve garantir.

Como espécies de direitos sociais, trabalho e previdência são unificados por princípios constitucionais fundamentais, *e.g.*, o princípio da primazia da dignidade humana como fundamento da República (Art. 1º, III) e como centralidade dos direitos fundamentais (Art. 1º, II), princípio do valor social do trabalho (Art. 1º, IV), princípio da prevalência dos direitos humanos (Art. 4º, II), princípio da proteção social como dever fundamental do Estado (Art. 194), princípio da inafastabilidade da jurisdição (Art. 5º, XXXV).

São, portanto, princípios[131] "explícitos reconhecidos no texto da Constituição" (GRAU, 2008b. p. 144). A propósito, Eros Grau (2008a, p. 23) pontua que "Os princípios constituem norma jurídica", sendo que a "A norma jurídica é gênero que alberga, como espécies, regras e princípios".

Tomados em sua fundamentalidade, esses princípios constitucionais "são normas de natureza estruturante ou com papel fundamental em decorrência de sua hierarquia superior" (EDIVALDO ALMEIDA, 2004. p. 450).

Sendo os princípios estruturantes normas constitucionais de hierarquia superior, eles constituem a própria "*ratio* de regras jurídicas desempenhando uma função normogenética fundamental" (EDIVALDO ALMEIDA, 2004. p. 251). No que tange ao trabalho e à previdência, a função normogenética dos princípios constitucionais comuns aos dois ramos correspondem "a diretrizes que inspiram o sentido das normas" (VIALARD *apud* A. SÜSSEKIND, 2010. p. 111) como valores supremos fundantes da ordem social.

Quando se trata de princípios constitucionais, conforme J. J. Canotilho (1987, p. 200-230), tem-se

> [...] **princípios constitucionais políticos conformadores** que explicitam as valorações políticas fundamentais do legislador constituinte; **Princípios jurídicos**

(131) EROS GRAU (2008b, p. 155), conceituando o Direito como sistema, afirma que este se compõe, além dos princípios explícitos, dos princípios implícitos (aqueles inferidos como resultado da análise de um ou mais preceitos constitucionais ou de uma lei ou conjunto de textos normativos da legislação infraconstitucional); princípios gerais do Direito (também implícitos, coletados no Direito pressuposto, qual o da vedação do enriquecimento sem causa).

fundamentais: princípios historicamente objetivados e progressivamente introduzido na concrecância jurídica geral e que encontram uma recepção expressa ou implícita na constituição; **Princípios constitucionais impositivos**: que subsumem-se todos os princípios que no âmbito da Constituição dirigente impõem aos órgãos do Estado, sobretudo ao legislador, a realização de fins e a execução de tarefas, tais como princípios diretivos fundamentais, "normas programáticas, definidoras de fins ou tarefas"; **princípios-garantia**: outros princípios que visam instituir directa e imediatamente uma garantia dos cidadãos. (grifo nosso)

A classificação é adequada ao papel fundamental, como afirma Barcha Correia (2009, p. 81): "[...] na construção de uma lógica de maior efetivação da proteção social" — lógica que se busca, aqui, "[...] na construção de uma hermenêutica própria dos direitos sociais"(132), mais especificadamente do direito previdenciário e do trabalho.

Na ordem dos princípios constitucionais impositivos — correspondentes aos princípios fundamentais na doutrina dworkiana(133) — para o objetivo da efetividade do direito social ao trabalho e à previdência, têm correspondência no constitucionalismo brasileiro de 1988, especificamente, os seguintes princípios: o princípio fundamental da cidadania, da primazia da dignidade humana, do valor social do trabalho, prevalência dos direitos humanos e o princípio da proteção social como obrigação fundamental do Estado.

E no sentido de *norma-diretriz*, encontra-se o objetivo fundamental da República — "construir uma sociedade livre, justa e solidária" — também objetivo comum que unifica o direito social ao trabalho e o direito social à previdência.

Inserem-se, no âmbito do princípio jurídico fundamental, os princípios constitucionais que permeiam as relações jurídicas de trabalho e as relações jurídicas previdenciárias, os princípios da inafastabilidade da jurisdição ou de acesso à justiça (Art. 5º, XXXV), e ao devido processo, seja na esfera administrativa ou judicial, com os corolários princípios da ampla defesa e do contraditório (Art. 5º, LV).

Edificado para a suprema tarefa do estabelecimento da igualdade de tratamento e não discriminação, o princípio da igualdade (CRFB/1988, art. 5º) permeia as relações entre o trabalho humano e o consectário previdenciário, à medida que coloca todos no mesmo pé de igualdade constitucional no âmbito das relações trabalhista-previdenciárias.

Admitida a relação empregatícia, nascem direitos e obrigações aos trabalhadores segurados. O princípio da legalidade constitucional (CRFB/1988, art. 5º, II) é a baliza que delineia, nas relações trabalhista-previdenciárias, as obrigações de fazer e de não fazer em face do ente público e do ente privado.

(132) BARCHA CORREIA, 2009, p. 81.

(133) Conforme EROS GRAU, R. DWORKIN considera norma-diretriz as pautas que estabelecem objetivos a serem alcançados, geralmente, referidos a alguns aspectos econômico, político ou social. E, de outro lado, considera princípios as pautas que devem ser observadas porque corresponde a um imperativo de justiça, de honestidade ou de outra dimensão moral (GRAU, 2008b. p. 156).

Ao lado dos princípios da igualdade e da legalidade constitucionais, o princípio do direito adquirido(134) (CRFB/1988, art. 5º, XXXVI) completa, assim pode ser dito, a base fundamental dos três princípios constitucionais que funcionam como guardiões dos direitos trabalhadores nas relações trabalhista-previdenciárias. De um contrato de trabalho, por exemplo, o trabalhador adquire direitos trabalhistas e previdenciários, que passam a integrar o seu patrimônio jurídico, como direito adquirido.

Segundo Martins (2008b, p. 47), direito adquirido

> é o que faz parte do patrimônio jurídico da pessoa, que implementou todas as condições para esse fim, podendo exercê-lo a qualquer momento. [...]. O direito já é do seu patrimônio jurídico, ainda que não integre o seu patrimônio, como na hipótese de aposentadoria não ter sido requerida, apesar de a pessoa já ter implementado todas as condições para esse fim.

Todos esses princípios *enfeixam* valores e normas que são vetores, **a**) sob o ponto de vista da relação orgânica entre o direito social ao trabalho e à previdência: (i) para alavancar os objetivos da justiça social (eliminação das desigualdades e promoção do bem) e (ii) para promover o bem-estar (distribuição dos bens e das riquezas, com eliminação das necessidades básicas); e, **b**) sob a perspectiva do princípio constitucional garantista: (i) para a segurança jurídico-constitucional do cidadão quanto a inviolabilidade desses princípios e (ii) para a efetividade dos direitos fundamentais, por exemplo, os benefícios previdenciários decorrentes da relação de emprego ou de trabalho.

Portanto, são normas e princípios que não apenas unificam o trabalho e a previdência como direito social, mas também orientam a função jurisdicional à garantia desses direitos, quando decorrem de uma relação de trabalho ou de uma relação de emprego. Isso significa que a tutela jurisdicional trabalhista, no âmbito dos direitos sociais, é orientada pelos princípios que constituem normas comuns ao trabalho e à previdência como direitos sociais.

A Conceituação clarifica que os princípios constitucionais que permeiam as relações jurídicas trabalhistas e previdenciárias "são normas-princípios ou verdadeiras normas fundamentais" porque "informam toda a ordem jurídica nacional" (GRAU, 2008b, p. 158).

É cediço então que, como um *feixe de normas-fundamentais*, esses princípios colocam no mesmo campo axiológico (do ser) e deontológico (dever ser) as relações jurídicas trabalhista-previdenciárias porque, primeiro, como valores supremos da República, o trabalho e a previdência são indispensáveis à construção da sociedade livre, justa e fraterna e, segundo, relações trabalhista-previdenciárias têm sua ambiência matriz nas relações de trabalho.

(134) A LINDB assim conceitua direito adquirido, no § 2º, art. 6º: "Consideram-se adquiridos assim os direitos que o seu titular, ou alguém por ele, possa exercer, como aqueles cujo começo do exercício tenha termo pré-fixo, ou condição preestabelecida inalterável, a arbítrio de outrem. Conforme doutrina de MARTINS (2008, p. 47), o direito adquirido pode ter dois enfoques: "(a) subjetivo, conforme GABBA, em que o direito é adquirido mesmo que não haja exercício, (b) objetivo, conforme PAULO ROUBIER, no sentido de que apenas no exercício do direito é que se pode falar que ele foi definitivamente adquirido".

Assim sendo, na perspectiva dos princípios constitucionais fundamentais, para o campo específico dos litígios de natureza trabalhista-previdenciária em face da previdência geral e da previdência privada fechada, o critério constitucional da competência material da Justiça do Trabalho é o fator judicial garantista da efetividade do direito social à previdência, quando o direito é oriundo da relação de trabalho.

Desses princípios constitucionais garantistas (ou normas-princípios ou normas fundamentais), que permeiam as relações jurídicas trabalhista-previdenciárias, são corolários, **a)** o princípio da proteção do emprego, que tem correspondência com o princípio da proteção do trabalhador em situação de desemprego voluntário (CRFB/1988, art. 201, III); **b)** o princípio da função social do contrato, cuja correspondência é o princípio da proteção social no âmbito da relação previdência; **c)** o princípio da dignidade da pessoa humana pelo fator trabalho, que guarda relação com o princípio da proteção do segurado em razão dos eventos de doença, invalidez, morte e idade avançada (Art. 201, II); **d)** o princípio da intangibilidade salarial, que tem relação com o princípio da irredutibilidade dos benefícios (Art. 201, § 2º).

Com efeito, acolhendo-se como certo que "os princípios impõem a otimização de um direito ou de um bem jurídico" (CANOTILHO, 2001. p. 1.215), é possível observar que essa ordem de princípios existe não só para configurar e permear as relações trabalhista-previdenciárias, mas essencialmente para — citando Rodrigues Pinto (1993, p. 24) — "inspirar, entender e suprir a ordem jurídica".

Por isso, compreendemos como Alonso Garcia que, ao âmbito do trabalho humano, os "princípios são linhas diretrizes ou postulados inspiradores do sentido das normas trabalhistas que configuram a regulamentação das relações de trabalho" (1960, p. 27).

Portanto, como faróis a iluminar a configuração das relações de trabalho, bem como as relações previdenciárias derivadas das relações jurídicas de trabalho, esses princípios são adequados porque orientam a interpretação e a aplicação da nossa tese.

Isso porque o caráter normativo dos princípios aplicáveis às situações de fato e de direito deduzem, como observa Ruprecht (1994, p. 9-10 *apud* SÜSSEKIND, 2010. p. 111), consequências imperativas às partes precisamente porque os princípios

> Têm o caráter de preceitos jurídicos que podem ser aplicados por autoridade judicial; têm o caráter normativo, pois se aplicam a situações de fato e de direito; orientam a interpretação da lei e solucionam situações de dúvidas ou não previstas; dão unidade e confiança à disciplina.

É o caso, por exemplo, de uma relação empregatícia (deduzida da primazia da realidade = situação fática), da qual nascem direitos trabalhistas e previdenciários ao trabalhador (situação de Direito).

Esse é o terreno da *relação jurídica tipicamente trabalhista* e da *relação previdenciária*, não em campos opostos, mas unificadas pelo tronco comum: o trabalho humano, tema que nos conduz às características específicas, à natureza jurídica típica da relação de trabalho e à relação previdenciária, para saber em que medida suas diferenças as tornam incompatíveis ou compatíveis com um regime de competência jurisdicional trabalhista-previdenciário.

2.1.1. *Da relação jurídica tipicamente trabalhista e da relação previdenciária: características e natureza jurídica*

Questão importante desta tese diz respeito à natureza da relação jurídica tipicamente trabalhista e da relação jurídica tipicamente previdenciária. Relação jurídica[135] é o elo que liga agentes capazes de contatar licitamente obrigações recíprocas, às quais se subordinam ou, como escreve Marly A. Cardone, "[...] é o vínculo que une duas ou mais pessoas em torno de um objeto, que pode ser um bem ou uma ação humana" (2011, p. 41).

Tomando-se como juridicamente correto afirmar que é da existência de uma relação jurídica que nascem direitos subjetivos às partes ligadas por ela, aqui a configuração da relação jurídica tipicamente trabalhista e da relação previdenciária é o divisor jurídico que demarcará o campo de abrangência da competência material da Justiça do Trabalho em face dos litígios trabalhista-previdenciários que envolvam o Regime Geral e o Regime de Previdência Privada Fechado.

Cabe destacar que, embora esses dois regimes jurídicos sejam estruturados juridicamente para atuação em campos distintos da proteção social, as relações jurídicas trabalhista-previdenciárias deles derivadas têm como raiz uma relação de trabalho ou a relação de emprego.

As prestações previdenciárias do Regime Geral são definidas, conforme pode ser observado na Lei n. 8.213/91, pelos *eventos, riscos ou contingências* relacionados aos trabalhadores filiados ao regime em razão da relação de trabalho ou da relação empregatícia. No âmbito do Regime Privado Fechado, o plano de benefício contratado, que deve ser obrigatoriamente oferecido a todos os trabalhadores pelos empregadores, também tem como *fato gerador* a relação jurídica de trabalho, da qual deriva, por exemplo, a relação de empregatícia.

Por outro modo, a relação de trabalho é o gênero do qual a relação empregatícia é espécie, as quais geram direitos trabalhistas e previdenciários.

É assim a doutrina de Süssekind (2010, p. 149), para quem

> A relação de trabalho integra o gênero do qual a relação de emprego é uma das espécies, pois abrange também outros contratos, como os casos de prestação de diversos serviços por trabalhadores autônomos, empreiteira de lavor, mandato para empreender determinada atividade em nome do mandante, representação comercial atribuída à pessoa física, contratos de transporte, de agenciamento e de corretagem.

---

(135) MARLY A. CARDONE explica que "a relação jurídica pode ser simples ou complexa, classificando-se nessa segunda categoria aqueles em que os sujeitos são ao mesmo tempo ativos e passivos ou quando são vários os direitos subjetivos atribuídos ao mesmo titular" (Cf. *Previdência Social e Contrato de Trabalho* — Relações. São Paulo: Saraiva, 2011. p. 41-42).

É esse "universo de relações jurídicas ou contratos de atividades"[136] (MASCARO NASCIMENTO, 2005. p. 25) que caracteriza a prestação do trabalho pessoal, da qual nasceu o vínculo jurídico entre o trabalhador e o empregado. Esse vínculo jurídico tipifica, pois, a relação jurídica trabalhista.

Aqui se inclui, então, a tradicional mas sempre atual percepção normativa a respeito do contrato individual de trabalho como um "acordo tácito ou expresso, correspondente à relação de emprego" (CLT, art. 442).

Tradicional e sempre atual porque não restringe o alcance da norma protetiva exclusivamente a um contrato formal, mas, fundando-se no princípio da primazia da realidade, a proteção jurídica estende-se às relações de emprego que se constituem na informalidade, porém com habitualidade e subordinação jurídica, pessoalidade, habitualidade e remuneração.

Assim sendo, é o vínculo jurídico que marca, distintivamente, a natureza jurídica da relação de emprego subordinada, sem olvidarmos, no entanto, de outros clássicos critérios já consolidados pela doutrina, *e.g.*, a dependência econômica, a dependência técnica ou hierárquica, a dependência social.

Essa perspectiva conceitual, para esta tarefa, é importante porque ajuda a compreender a natureza da relação jurídica tipicamente trabalhista. Ela deduz, por conseguinte, a prestação de serviços humano: (i) n*o âmbito de um contrato de trabalho subordinado (correspondente a uma relação de emprego)* e (ii) *no âmbito de uma relação de trabalho autônoma.*

Quando se trata de contrato individual de trabalho, a prestação de serviços é preponderantemente pessoal e dependente das ordens do empregador, gerando o vínculo jurídico obrigacional e sinalagmático entre o empregado e o empregador, pessoa física ou jurídica, obrigada a pagar os salários e demais obrigações ajustadas.

O contrato individual de trabalho possui, assim, natureza de negócio jurídico, cujos sujeitos são o empregador e o empregado. Na relação jurídica trabalhista, como pessoa jurídica ou natural, o empregador é o que contrata, dirige, ordena, remunera e usufrui os serviços do trabalhador. No âmbito da mesma relação jurídica trabalhista, o empregado é a pessoa física que, subordinadamente às ordens do empregador, presta serviços de natureza não eventual, mediante pagamento salarial, consoante define o art. 3º da CLT.

Como gênero, a relação de trabalho também pressupõe um vínculo jurídico entre sujeitos da relação jurídica. Mas essa — diferentemente do acordo tácito ou expresso correspondente à relação de emprego que implica subordinação — pode ser constituída como relação de trabalho autônoma.

Süssekind explica assim essa relação de trabalho geradora de direitos e obrigações aos empregadores e trabalhadores, a partir do vínculo jurídico que os une (2010, p. 150).

(136) AMAURI MASCARO NASCIMENTO (2005, p. 29) distingue relação de trabalho de contrato de trabalho (ou relação de emprego). Para ele, a relação de trabalho é gênero, da qual a relação de emprego é espécie.

A relação de trabalho corresponde ao vínculo jurídico, estipulado expressa ou tacitamente, entre um trabalhador e uma pessoa física ou jurídica, que o remunera pelos serviços prestados. Ele vincula duas pessoas, sendo que o sujeito da obrigação há de ser uma pessoa física, em relação a qual o contratante tem o direito subjetivo de exigir o trabalho ajustado.

No caso da relação jurídica de trabalho autônoma, "o trabalhador assume o risco da atividade profissional que exerce" (SÜSSEKIND, 2010, p. 150), inexistindo a subordinação jurídica típica da relação de emprego e/ou do contrato de trabalho subordinado.

Por isso, a relação de trabalho (como gênero) e a relação de emprego e/ou contrato de trabalho (como espécies) inserem-se no âmbito regulatório do Direito do Trabalho.

Ponto básico nesse item, para a aplicabilidade jurídica da nossa tese, é a relação trabalhista subordinada (tipificada na relação de emprego e/ou contrato de trabalho) correspondente ao vínculo jurídico trabalhista, celebrado de forma tácita ou de forma expressa "entre um trabalhador e uma pessoa física ou jurídica, que o remunera pelos serviços prestados", como alhures assinalado por Süssekind (2010, p. 150).

Ainda sob essa perspectiva, também é importante realçar que uma relação de trabalho tipicamente trabalhista de natureza subordinada pressupõe que ao empregador (a empresa, individual ou coletiva, ou pessoa física) são inerentes "todos os riscos da atividade econômica" (Art. 2º, da CLT).

Portanto, nas palavras de Javillier (1978, p. 50 *apud* SÜSSEKIND, 2010. p. 151), a subordinação é resultante da relação de produção [capitalista]. Isto é, a subordinação é reflexo do modo jurídico contratual numa determinada ordem econômica e social.

No magistério de Pedro Paulo Teixeira Manus (2009b, p. 20), da natureza jurídica do Direito do Trabalho decorre "[...] o passaporte para solucionar os problemas que surgem nas relações de trabalho".

Para o autor (2009b, p. 22), o Direito do Trabalho — sem olvidar das várias acepções acadêmicas[137] quanto à sua localização no direito público ou privado — possui

> [...] natureza jurídica de direito privado porque a própria norma constitucional atribui-lhe caráter privado e também pelo fato de [...] a relação empregado-empregador ser de natureza contratual, de origem civilista.

(137) Diversas são as teorias que procuram definir a natureza jurídica do Direito do Trabalho, conforme TEIXEIRA MANUS, citando AMAURI MASCARO NASCIMENTO. Pela teoria do direito público, a natureza jurídica do Direito do Trabalho é fundada na natureza administrativa de algumas normas, no caráter imperativo e estatuário de suas normas, em sentido geral. Pela teoria do direito privado, tem-se em consideração a origem do vínculo entre empregado e empregador, ideia haurida da locação de serviços do direito civil. Pela teoria do direito social, a natureza jurídica do Direito do Trabalho engloba todas as normas de proteção ao hipossuficiente. Já na teoria do direito misto, a natureza jurídica comporta tanto normas de direito público quanto de direito privado. Pela teoria do direito unitário, a natureza jurídica do direito do Trabalho corresponde à fusão do direito público com o privado, conforme definição de EVARISTO DE MORAES FILHO (MANUS, 2009b. p. 20-23).

Se "[...] o eixo central do Direito do Trabalho é o contrato de trabalho" (TEXEIRA MANUS, 2009b. p. 21), por decorrência, como também observa Manus (2009b, p. 21), "[...] a relação entre empregado e empregador é de natureza contratual".

Por esse sentido, a relação jurídica trabalhista projeta como marca substantiva a subordinação jurídica porque implica o poder de comando e de direção do empregador em relação ao empregado.

Contudo, não obstante a doutrina de Délio Maranhão (1976, p. 10-14), para quem a natureza jurídica do Direito do Trabalho é de caráter privado (porque o Direito do Trabalho é um direito privado já que a organização e a exploração das atividades econômicas são relativas às empresas), é possível apresentar um sentido complementar em face do que dispõem os art. 1º, III, e 179 da CFRB/88, o que pode contribuir a uma outra visão quanto à interpretação da natureza jurídica da relação empregatícia.

Esse sentido complementar configura a natureza socioeconômica entre empregado e empregador.

O exercício da atividade econômica pela empresa (CRFB/1988, art. 174) — na qual se instalam ou se estabelecem as relações jurídicas trabalhistas subordinadas — inclui, é verdade, a liberdade contratual limitada pelo princípio fundamental da valorização do trabalho humano (CRFB/1988, art. 170) e pelo princípio da dignidade da pessoa humana (CRFB/1988, Inciso III, art. 1º).

Em que pese a natureza contratualista do Direito do Trabalho, sem rejeitar a nova característica constitucional que lhe confere normas de ordem pública ao âmbito das relações jurídicas trabalhista-previdenciárias, orientadas essas relações, no âmbito processual, pelas normas processuais constitucionais-trabalhistas, normas-princípios no sentido conceitual de Eros Grau.

As normas-princípios são identificáveis, por exemplo: **a)** no princípio garantista ao exercício de qualquer trabalho, ofício ou profissão (Inciso XII, art. 5º, CRFB/1988); **b)** concernentes à razoável duração do processo e aos meios práticos que assegurem sua celeridade (CRFB/1988, Inciso LVXXVIII, art. 5º); **c)** relativos ao direito de ação ou garantia de amplo acesso ao Poder Judiciário (CRFB/1988, Inciso XXXV, art. 5º); **d)** referentes à intangibilidade e à inviolabilidade do direito adquirido, ao jurídico perfeito e à coisa julgada (CRFB/1988, Inciso XXXVI, art. 5º); **e)** concernentes ao direito de igualdade de direitos e obrigações (Art. 5º, *caput*, e inciso I, da CRFB/1988); **f)** relativo à legalidade contratual (CRFB/1988, Inciso, II, art. 5º), à inviolabilidade aos direitos de personalidade, relativos à dignidade da pessoa humana (CRFB/1988, Inciso X, art. 5º).

Portanto, quando se trata de normas processuais constitucionais, cumpre enfatizar que elas se destinam à jurisdição ou à competência judiciária.

A propósito, Ivo Dantas (2009, p. 106) explica que a jurisdição constitucional integra "o conceito genético de jurisdição", que é específico para "julgar as diversas espécies de processos constitucionais". A qualificação das normas processuais constitucionais às diversas espécies de processos constitucionais, naquilo que Dantas denomina por "Teoria do processo constitucional",[138] também expande seus efeitos ao processo infraconstitucional, *i.e.*, seu leque normativo alcança, por exemplo, as relações jurídicas trabalhistas e previdenciárias.

Por conseguinte, eis o sentido complementar ao nos referimos acima: é esta moldura constitucional (da matriz normas-princípios) que mitiga o caráter privatista e contratualista, de natureza econômica, da relação jurídica trabalhista.

As normas-princípios, como visto, enfeixam-se à efetividade dos direitos sociais, como é o caso específico do direito social à previdência.

É, pois, a força motriz das normas-princípios constitucionais de cunho processual que define a tipicidade da relação jurídica trabalhista e a tipicidade da relação jurídico-previdenciária e em que medida elas se completam ou se diferenciam. Tudo isso, por certo, é substancialmente relevante para delimitar a tese que adota a competência da Justiça do Trabalho às causas de natureza trabalhista-previdenciária que envolvam litígios no âmbito do Regime Geral e do Regime Privado Fechado.

Por esse sentido, ainda que a relação jurídica tipicamente trabalhista entre empregado e empregador tenha "contorno de direito privado" e uma "causa econômica" e, como tal, projete "efeitos no plano da Economia" (MANUS, 2009b. p. 23; 30), não representa o estabelecimento de unitária característica, visto que o ponto limite é o conteúdo cogente das normas-princípios constitucionais que edificam nova ordem jurídica constitucional brasileira.

Desse ponto de vista, queremos enfatizar que a natureza econômico-contratualista da relação jurídica trabalhista, configurada originariamente no art. 442 celetista, transcende para uma natureza socioeconômica, com a assunção dos direitos fundamentais.

Desse modo, quando a nova ordem constitucional, notadamente a partir da EC n. 45/2004[139], insere no âmbito da competência material da Justiça do Trabalho "as ações oriundas das relações de trabalho" (CRFB/1988, Inciso I, art. 114), a promulgação confere às relações jurídicas trabalhistas especial natureza social, à medida que, mesmo no contrato privado, a relação jurídica trabalhista se orienta, principalmente, pela "valorização da dignidade humana" (CRFB/1988, Inciso III, art. 1º) e pelos "valores sociais do trabalho" (CRFB/1988, Inciso IV, art. 1º).

As relações de trabalho recebem, a partir dessa emenda, o manto da proteção e da interpretação à luz dos princípios constitucionais, mediante o regime de competência trabalhista.

---

(138) IVO DANTAS (2009, p. 108) explica que a teoria do processo constitucional, em sentido estrito, compreende a análise de diversos tipos de ação de controle de constitucionalidade, mas também engloba a cada espécie de ação e efeitos que delas decorrem.

(139) A Emenda Constitucional n. 45 de 30 de dezembro de 2004, com relação à competência da JFT ao julgamento das ações referentes às relações de trabalho, dispõe no art. 114, I: "Art. 114. Compete à Justiça do Trabalho processar e julgar: I – as ações oriundas da relação de trabalho [...]".

Com isso, o caráter privado presente numa relação jurídica de trabalho deve ser sempre interpretado com bases nos valores sociais, nas normas e nos princípios constitucionais, dos quais é retirado o caráter imperativo ou de proteção ao trabalho humano em geral, bem como para a regulação da relação jurídica trabalhista-previdenciária, no âmbito do sistema jurídico previdenciário.

O sistema jurídico previdenciário deve ser compreendido como o conjunto das diversas relações jurídicas nele existentes.

Mattia Persiani (2009, p. 82-83), a propósito, escreve que

> O sistema jurídico previdenciário deve ser entendido como o conjunto das várias relações existentes entre os sujeitos que, de uma maneira ou de outra, participam da efetivação da tutela previdenciária, isto é, da relação existente entre o Estado e o instituto previdenciário, entre o Estado e o beneficiário das prestações previdenciárias, bem como da relação existente entre este último e o instituto previdenciário, e daquela que existe entre o instituto e o obrigado a pagar as contribuições previdenciárias.

Destaca também o mesmo autor (2009, p. 84) que,

> Entretanto, entre as várias relações existe uma na qual todo o sistema se baseia, porque é mediante ela que a tutela previdenciária encontra sua efetiva realização: é a realização entre o instituto e os indivíduos que têm direito às prestações previdenciárias.

O problema teórico da tese passa pela relação entre o beneficiário da prestação previdenciária (no caso, o trabalhador-segurado) e o instituto previdenciário (no caso, o Regime Geral e o Regime Privado Fechado).

Essa relação é marcada por uma relação jurídica. Assim, a natureza jurídico-previdenciária pode ser demarcada (i) p*ela relação tipicamente previdenciária* e (ii) *por uma relação previdenciária que tem como pressuposto uma relação de trabalho autônoma ou uma relação de emprego e/ou contrato de trabalho.*

Da primeira, aqui basta dizer que se trata de relação marcada pela natureza das ações que têm por objeto as prestações e as contribuições *não decorrentes* de um contrato de trabalho ou de uma relação de emprego. Portanto, nesses tipos de ações, *a relação jurídica tipicamente previdenciária* é distinguida por um vínculo sinalagmático entre as partes, mas decorre apenas da obrigação não vinculada ao contrato de trabalho e da obrigação de conceder os benefícios.

Trata-se, assim, de relação jurídica tipicamente previdenciária, por exemplo: a relação entre o órgão previdenciário e a empresa, nos casos de sonegação ou apropriação indébita previdenciária (Lei n. 9.983/2000, art. 168-A); a ação regressiva do INSS contra a empresa (Lei n. 8.213/91, art. 120); ou ainda entre segurado e órgão previdenciário, por exemplo: a ação entre o contribuinte individual ou facultativo e o INSS; os casos de aposentadoria por idade sem vinculação à relação de emprego e/ou ao contrato de trabalho; e a ação de benefício assistencial de prestação continuada.

As relações jurídicas entre esses agentes são estranhas à relação de emprego e/ou ao contrato de trabalho. Portanto, a relação de natureza tipicamente previdenciária não é critério de sustentação de nossa tese, visto que essa modalidade de relação previdenciária — por sua natureza — exclui a competência material da Justiça Federal do Trabalho em face do Regime Geral.

De outro lado, é ponto central à compreensão da construção de nossa tese a natureza da relação jurídico-previdenciária que tem como expressão a relação de trabalho ou um liame empregatício, nos seus aspectos materiais e jurídicos que fundamentam a competência material da Justiça do Trabalho.

Essa relação se estabelece, no caso do Regime Geral, entre os trabalhadores-segurados e o órgão previdenciário; e entre os patrocinadores (empresas) e os beneficiários (os trabalhadores), no caso do Regime Privado Fechado, quando a contratação dos planos de seguros previdenciários privados (benefícios definidos ou contribuições definidas) é atrelada ao contrato de trabalho — contrato que marca a correlação entre a relação jurídica trabalhista e a relação jurídico-previdenciária.

Portanto, se o direito às prestações previdenciárias do Regime Geral é definido a partir da relação de trabalho ou da relação empregatícia, para a cobertura aos eventos, riscos ou contingências dos trabalhadores filiados ao regime, podemos concluir que, *a priori*, esse tipo de matéria é afeto à competência trabalhista. E, se no âmbito do Regime Privado Fechado, o plano de benefício deve ser obrigatoriamente oferecido a todos os trabalhadores pelos empregadores, cujos contratos de trabalho estão vigentes, temos também como fato gerador a relação jurídica de trabalho.

Contudo, resta saber se, em face do Regime Geral, trata-se só da competência tributária para a execução das contribuições sociais decorrentes das próprias decisões judicias trabalhistas ou se também é relativa à filiação e ao cômputo das contribuições do período laboral. E se, em face do Regime Privado Fechado, o disposto no § 2º, art. 202, da EC n. 20/1998 tem prevalência diante da nova regra de competência trabalhista no art. 114, inciso I, VIII e IX da EC n. 45/2004.

Cuidaremos dessas questões, entretanto, no capítulo da competência material da Justiça do Trabalho, quando trataremos dos critérios fixadores da competência para as causas de natureza trabalhista-previdenciária que envolvam os regimes geral e privado fechado de previdência.

A próxima tarefa consiste em identificar as correlações entre a relação jurídica trabalhista e a relação jurídico-previdenciária — seja no âmbito do Regime Geral, seja no âmbito do Regime Privado Fechado — e se as correlações confirmam que os conflitos previdenciários derivados da relação de trabalho ou da relação empregatícia constituem-se em típica e específica matéria da competência material da Justiça do Trabalho.

2.1.2. *Correlações entre a relação jurídico-trabalhista e a relação previdenciária*

A doutrina(140), quando se vincula à interpretação positiva da Lei Complementar n. 108/2001 e da Lei Complementar n. 109/2001, costuma colocar em campos bem distintos a relação jurídica trabalhista e a relação jurídico-previdenciária(141).

Não fazendo correlação neoconstitucional entre ambas, a doutrina positivista acaba por configurar para a relação jurídica trabalhista-previdenciária uma natureza estritamente previdenciária, sem considerar que, por exemplo, a filiação obrigatória e compulsória do trabalhador ao Regime Geral de Previdência Social decorre, antes de qualquer outro fenômeno jurídico, por exemplo, da elementar configuração da relação de emprego.

Não desconhecemos a existência de teorias(142) que tomam o trabalho e a previdência como disciplinas autônomas. A Previdência Social tem princípios e regras próprias que fazem distinguir a relação jurídica puramente previdenciária da relação jurídica trabalhista. Contudo, em nosso entendimento, isso se aplica apenas aos casos em que a relação jurídica é demarcada por vínculos jurídicos não derivados e nem conexos à relação de emprego ou à relação de trabalho.

Para a tese de competência da Justiça do Trabalho às causas de natureza jurídica trabalhista-previdenciária, estamos construindo um caminho interpretativo diferente. Partimos da afirmação vigorosa de que a relação jurídica trabalhista e a relação jurídico-previdenciária têm um *núcleo atrativo comum, um nexo comum*, a relação de trabalho ou a relação empregatícia.

---

(140) A título exemplificativo, cita-se: BALERA (2006, p. 25-35): "O vínculo, no plano previdenciário, decorre do especial esquema de proteção criado pela Lei". Por sua vez, sobre o contrato previdenciário privado CAZETTA (2006, p. 120) afirma: "[...] conquanto constitua, de fato, elemento de alteração da forma pura de exceção ao princípio da vinculação exclusiva das partes contratantes *(res inter ditos acta)*, a que corresponde a estipulação em favor de terceiros, a condição de adesão ao regime contratual contributivo perante a entidade fechada não descaracteriza a gratuidade assumidas pelo patrocinador em benefício dos participantes". De seu lado, WÂNIA ALICE F. LIMA CAMPOS (2010, p. 61-64), sobre a previdência privada, destaca que esta possui natureza privada, com características voltadas para o âmbito individual, porque advém de natureza contratual, que admite a rescisão, possuindo um regime de capitalização. A respeito do Regime Geral, afirma que ele agrega todas as regras, normas e princípios de previdência de um trabalhador não vinculado ao regime próprio, sendo regido especialmente pelas leis n. 8.213/91 e n. 8.212/91.

(141) Quando se trata das relações entre a Previdência Social e o contrato de trabalho, MARLY A. CARDONE assim as distinguem: "I – Relações de gênese: aquelas ligadas à origem do seguro social, com sua história; II – relações de coexistência: aquelas que dizem respeito às ligações entre os sujeitos e os objetos do contrato de trabalho e aqueles da relação de previdência social, enquanto ambos estão se desenvolvendo no tempo; III – relações de extinção: aquelas repercussões que a morte de uma dessas relações jurídicas tem sobre a outra" (2011, p. 34-35).

(142) SÉRGIO PINTO MARTINS (2011, p. 9) descreve a Seguridade Social como gênero e a Previdência Social como espécie. Relata que a *teoria monista* entende que a Seguridade Social pertence ao Direito do Trabalho, sendo mero apêndice deste. Já a *teoria dualista* considera que há autonomia do Direito de Seguridade Social, diferenciando que esse ramo não se confunde com o Direito do Trabalho. Enfatiza que a Constituição de 1988, nos arts. 201 e 202, mostra que a Previdência Social está totalmente desvinculada do Direito do Trabalho, que teve suas determinações incluídas no Capítulo II (Dos Direitos Sociais) do Título II (Dos direitos e das garantias fundamentais), no art. 7º. Sem embargo à classificação, não nos interessa essa polêmica, tendo em vista que o problema teórico da tese prescinde dessa divisão, pois seu foco é a relação jurídica trabalhista com os consectários previdenciários. Portanto, por esse sentido, o Direito à previdência decorre da relação de trabalho ou da relação empregatícias, o que está longe de configurar-se, esse posicionamento, em concepção monista ou dualista.

Por esse específico sentido, compreendemos que a relação jurídico-previdenciária é um derivado da relação jurídica trabalhista. Isto é, nasce o Direito à percepção dos benefícios previdenciários porque, antes, preexiste uma prestação de serviço humano, sob a natureza de uma relação de trabalho ou de uma relação empregatícia.

A correlação entre ambas é marcada por uma *natureza especial ou atípica,* que não pode ser definida unicamente pelo vínculo estritamente previdenciário entre Instituto e o segurado, mas pela relação de trabalho ou pela configurada do contrato de trabalho subordinado.

Assim, essa questão tem *embrião no contrato de trabalho,* do qual nasce uma obrigação tributária[143] — recolher as contribuições previdenciárias decorrentes do contrato de trabalho. Como bem observa Teixeira Manus (2009, p. 29), "Envolvendo a existência de um contrato de trabalho, decorre o pagamento de tributo, e constata-se uma relação entre o Direito Tributário e o do Trabalho". Isso ocorre no âmbito do Regime Geral Básico.

No âmbito específico do Regime Privado Fechado, observemos bem o que afirma Cazetta (2006, p. 111): "A essência jurídica e o regime de sua execução são indissociáveis do fator econômico a que dizem respeito, que lhes informa o conteúdo e o alcance jurídico".

O fator econômico, inerente ao Regime de Previdência Fechada, também tem como pressuposto uma relação de trabalho ou uma relação empregatícia, à medida que os planos de benefícios devem ser *obrigatoriamente* oferecidos a todos os empregados dos patrocinadores (LC n. 109/2001, art. 16).

Juridicamente, portanto, é em razão da real existência de uma relação de emprego que os benefícios previdenciários são instituídos aos empregados pelas empresas (patrocinadores).

Por outras palavras, a relação empregatícia é a força atrativa que, juridicamente, obriga a empresa a oferecer os planos de benefícios a todos os seus empregados.

É por isso que, na forma do art. 31 da Lei Complementar n. 109/2001, por exemplo, as entidades fechadas[144] são acessíveis "aos empregados de uma empresa ou grupo de

(143) O Supremo Tribunal Federal, ao editar a súmula vinculante n. 8, conferiu às contribuições previdenciárias a natureza de tributo, visto que atrela o prazo da prescrição e da decadência para a cobrança de crédito tributário ao art. 174 do Código Tributário Nacional. (OJC, MORAIS, 2010, p. 61-74). Eis a súmula: "São inconstitucionais o parágrafo único do art. 5º do Decreto-lei n. 1.569/1977 e os arts. 45 e 46 da Lei n. 8.212/1991, que tratam de prescrição e decadência de crédito tributário". O art. 174 do CTN assim dispõe: "Art. 174. A ação para a cobrança do crédito tributário prescreve em cinco anos, contados da data da sua constituição definitiva".

(144) Note-se que, conforme o § 2º do art. 31 da LC n. 109/2001, as entidades de previdência fechada são constituídas e organizadas sob a forma de fundação ou sociedade civil, sem fins lucrativos. Disso se deduzia que não poderiam exercer atividade lucrativa, no sentido do empreendimento empresarial. Apesar disso, essas entidades previdenciárias realizavam operações financeiras no mercado de capitais "das reservas garantidoras dos planos de benefícios previdenciários [...] com o intuito de obter resultado positivo com vistas à cobertura das metas atuariais, de modo a manter o equilíbrio financeiro e atuarial de tais planos de benefícios" (*Comentários à Lei de Previdência Privada* – LC n. 109/2001, 2005. p. 207). Mas, o novo Código Civil extinguiu as sociedades sem fins lucrativos. Por não existir mais a sociedade civil sem fins lucrativos, a entidade de previdência fechada deve promover alteração estatutária para Associação, consoante o art. 44 e 53, do novo Código Civil. Na interpretação de FLÁVIO ARNS (2004), "Se a entidade que foi criada sob a forma de sociedade civil não alterar este registro, ainda que não tenha fins lucrativos, será considerada empresa".

empresas e aos servidores da União, dos Estados, do Distrito Federal e dos Municípios, entes denominados patrocinadores" (LC n. 109/2001, Inciso I, art. 31).

Com efeito, é correto afirmar que a relação jurídico-previdenciária no âmbito da entidade de previdência fechada(145) — que resulta na contratação dos planos de benefícios previdenciários — tem origem na relação de emprego e/ou no contrato de trabalho, no caso das empresas privadas. Portanto, os arts. 16 e 31 da LC n. 109/2001 dão o contorno jurídico da relação jurídica trabalhista-previdenciária aos contratos privados entre empregados-participantes e empresas-patrocinadoras.

No que diz respeito à relação jurídica do trabalhador com o Regime Geral, o pressuposto também é a configuração da relação de trabalho ou o vínculo empregatício.

Por certo que, nesse caso, a relação jurídico-previdenciária também comporta "normas jurídicas de vinculação" (FEIJÓ COIMBRA, 1996, p. 75) do trabalhador-segurado com o Regime Geral de Previdência Social. Mas em nosso entendimento não é essa "[...] vinculação abstrata do sujeito jurídico ao sistema previdenciário" que define a natureza jurídica da relação trabalhista-previdenciária. (VILELA, 2004. p. 115).

Compreendemos que a *vinculação jurídica* do trabalhador ao regime básico de previdência é *apenas uma consequência de sua filiação obrigatória*, a partir da qual passa a ser sujeito de direitos (a proteção previdenciária) e de obrigações (contribuir ao custeio do regime).

Parece lógico que, mesmo considerando a filiação obrigatória e a contribuição compulsória, a natureza jurídica da relação previdenciária entre trabalhador-segurado com o Regime Geral não é demarcada substancialmente pelo *aspecto formal* (abstrato) dessa vinculação, mas sim pelo *aspecto finalístico* ou *substancial* que a vinculação jurídica gera, *uma vez que o conteúdo finalístico é definido pelo aspecto material da Constituição*.

O *aspecto finalístico* da relação jurídico-previdenciária do trabalhador-segurado com o Regime Geral de Previdência Social *é a proteção social* diante dos riscos laborais que provocam a indigência social do trabalhador. Pelo sentido que estamos empregando, *a proteção social, com efeito, tem como pressuposto uma relação de trabalho ou relação empregatícia*, o que deduz, em última análise, que o trabalho humano é o fato jurídico previdenciário.

É precisamente no *trabalho humano*, enquanto *fato jurídico previdenciário*, que Berbel Vilela (2004, p. 118-119) relaciona o direito previdenciário com o trabalho. Observa o autor que

> O direito previdenciário gira em torno do trabalho. Todos os fatos jurídicos previdenciários, indistintamente, mantém relação direta ou indireta com o fenômeno do trabalho. Isso se dá porque o objeto da prestação previdenciária é

(145) Trata o art. 16, da Lei Complementar n. 109/2001, da obrigatoriedade quanto ao oferecimento dos planos de benefícios aos trabalhadores. "Art. 16. Os planos de benefícios devem ser, obrigatoriamente, oferecidos a todos os empregados dos patrocinadores ou associados dos instituidores". O art. 31, da mesma Lei, cuida da acessibilidade dos trabalhadores aos planos de benefícios administrados pelas entidades fechadas de previdência. Já o art. 32 disciplina a forma de administração e de execução dos planos de benefícios previdenciários. O art. 34 cuida da qualificação das entidades fechadas, conforme os planos de benefícios.

> a perda da capacidade laboral que, pela presunção normativa, leva o indivíduo à indigência e, por conseguinte, indignidade humana. [...]. A análise da filiação, da proteção, da cotização e da manutenção pressupõe a compreensão do fenômeno social do trabalho. O trabalho ao mesmo tempo em que enseja a filiação — fato jurídico filiatório — impõe, em certos casos, o dever de cotizar. [...] Vários são os fatos jurídicos previdenciários, todos, porém, direta ou indiretamente, vinculação com o fenômeno do trabalho, porque o direito previdenciário, forma de ação da seguridade social, tem como escopo a proteção, através da prevenção, da indigência social provocada pela perda da capacidade de trabalho.

Por outro lado, quando se trata de relação empregatícia, não há objeção quanto ao fato de que a obrigação jurídica da previdência básica para com o trabalhador-segurado nasce com a filiação deste.

Porém, vamos além disso. Analisamos a caracterização da natureza jurídica da relação previdenciária pelo conteúdo finalístico, que tem por pressuposto a contribuição obrigatória, a qual, antes, tem como matriz uma relação jurídica trabalhista no âmbito de um contrato de trabalho ou da relação de trabalho.

Portanto, no pressuposto geral da proteção social previdenciária, encontram-se os "princípios (jurídicos)"[(146)] que caracterizam a relação jurídico-previdenciária em específico. Por isso é que a relação jurídico-previdenciária conexa à relação jurídica trabalhista tem por forma de expressão (ou razão substantiva) a relação de emprego.

Desse modo, em última análise, é a relação jurídica trabalhista a modeladora da natureza da relação jurídico-previdenciária ante o vínculo entre trabalhador-segurado e o Regime Geral — relação que não apresenta natureza jurídica tipicamente previdenciária, mas natureza jurídica trabalhista-previdenciária, por forma de expressão, o contrato de trabalho ou a relação de trabalho.

Sob um viés econômico, mas que serve bem para a perspectiva de nossa abordagem, Grau (2008a, p. 61-62) explica esse tipo de relação jurídica como forma de expressão de um contrato.

> A relação jurídica — que tem como forma de expressão o contrato — compõe o direito pressuposto e nela 'está refletida a relação econômica'; o seu contrato 'é determinado pela própria relação econômica'. A relação jurídica, pois, já está na base econômica.

Essa acepção, ao interesse específico de nossa abordagem, feita pelo viés da relação jurídica trabalhista-previdenciária, pode ser assim adaptada e ampliada: a relação

(146) Expressão usada por EROS GRAU (2008, p. 43-44; 59-65), no livro *Direito Posto e Direito Pressuposto*. O autor estabelece diferença entre o direito posto e o direito pressuposto. Com relação àquele, refere-se ao direito positivado emanado do Estado. "O direito que o legislador não pode criar arbitrariamente." Nas relações sociais, localiza-se o direito pressuposto, assim ele preexiste ao direito posto. "O direito pressuposto condiciona a elaboração do direito posto (direito positivo), mas este modifica o direito pressuposto", afirma GRAU.

jurídica — que tem como forma de expressão um contrato de trabalho ou uma relação de trabalho — compõe o pressuposto do vínculo jurídico entre trabalhador-segurado e o Regime Geral de Previdência. Portanto, o contrato de trabalho, como espécie, ou a relação de trabalho, como gênero, são os pressupostos fáticos básicos que demarcam fática e juridicamente as relações típicas de trabalho e previdencial porque, como também observa Marly A. Cardone,

> **O contrato de trabalho é pressuposto fático para a existência da relação de previdência social** (2001, p. 37). [...] é o elemento a que a lei dá força propulsora da relação de seguro social ou, na expressão de LIONELLO R. LEVI(147), é o fato jurídico objetivo que provoca o surgimento daquela relação desde que se esteja analisando o segurado como empregado (2011, p. 42-54, grifo nosso).

Esse vínculo é determinado pela natureza da relação jurídica trabalhista-previdenciária. A relação jurídica trabalhista é, nesse sentido, o pressuposto da relação jurídico-previdenciária.

Por essa construção teórica, afirma-se que o vínculo jurídico existente entre o trabalhador-segurado e o Regime Geral dá-se a partir da sua filiação compulsória e obrigatória como consequência do contrato de trabalho.

Em suma, sob esse enfoque, afirma-se que a relação jurídica de natureza trabalhista-previdenciária — no âmbito do Regime Geral ou no âmbito do Regime Privado Fechado — é típica e específica da competência da Justiça Federal do Trabalho, quando definida pela natureza da matéria, como melhor se verá mais adiante.

Por enquanto, cumpre demonstrar o direito à previdência social decorrente da relação empregatícia, pois o esteio da tese da competência jurisdicional à matéria de natureza trabalhista-previdenciária é vinculado ao direito à previdência social, quando este é derivado da relação de emprego.

2.1.3. Previdência decorrente da relação empregatícia

Alhures, sustentamos que o neoliberalismo econômico provoca alterações no mundo do trabalho, pois, conforme Beck (1999, p. 16), "[...] o capitalismo [neoliberal] gera desemprego e não dependerá do trabalho" visto que a sua ideologia é "[...] desproporcionar um número cada vez maior de postos de trabalho e ao mesmo tempo fazer crescer a produção e o lucro [...]" (BECK, 1999, p. 25).

Também foi sustentado que o postulado do neoliberalismo econômico consiste na negação da teoria durkheiniana relativa à solidariedade social ou coletiva da divisão social

(147) Citado por MARLY A. CARDONE (I2011, p. 37 e 42), LIONELLO R. LEVI discorre sobre a teoria jurídica da previdência social, na obra *Linee di una teoria giuridica della previdenza sociale* (GIUFFRÈ, Milão, 1953. p. 47). No que se refere às relações entre o contrato de trabalho e a previdência social, o autor teoriza que a previdência social tem como pressuposto fático e jurídico o contrato de trabalho, o qual, por força de lei, faz surgir direitos e obrigações às partes previdenciárias às partes do contrato.

do trabalho. Isto é, o neoliberalismo opõe-se ao Estado social intervencionista e aos seus valores do bem-estar e da justiça social, ao mesmo tempo em que cultiva o individualismo, preconizando a ideia do bem-estar como resultado exitoso do enriquecimento individual.

Este conflito — entre os princípios sociais protecionistas e os neoliberais individualistas — produz consequência negativa tanto na aquisição como na efetividade dos direitos sociais fundamentais.

Isso ocorre porque os efeitos preponderantes do neoliberalismo econômico hegemônico se expandem ao campo normativo, precisamente quando pugnam pela desregulamentação[148] das normas de proteção ao trabalho, quando defendem o *miniísmo* estatal na proteção social previdenciária e quando defendem um modelo de competência judiciária que afaste a jurisdição trabalhista das causas de natureza trabalhista-previdenciária.

Como assinala Arnaldo Süssekind (2010, p. 54),

> Os neoliberais pregam a omissão do Estado, desregulamentando tanto quanto possível o Direito do Trabalho, a fim de que as condições de emprego sejam ditadas, basicamente, pelas leis de mercado. Já os defensores do Estado Social, esteados na doutrina social da Igreja ou na filosofia trabalhista, advogam a intervenção estatal nas relações de trabalho, na medida necessária à efetivação dos princípios formadores da justiça social e à preservação da dignidade humana.

É esse o ambiente neoliberal conflituoso em que se situam as novas relações jurídicas de trabalho e que também alcançam os direitos previdenciários.

Pois bem, se "o capitalismo gera desemprego e não dependerá do trabalho", de acordo com a análise de Beck, significa que o direito à proteção previdenciária básica decorrente da relação de emprego (modelo contratual do Estado social) está seriamente ameaçado.

Então, nesse particular, a condição de segurado do Regime Geral de previdência, com CTPS assinada, é afetada, uma vez que essa condição decorre de uma relação de emprego e/ou de um contrato de trabalho. Afetados seriam, também, os direitos trabalhistas e os direitos previdenciários decorrentes da relação jurídica trabalhista subordinada, não obstante sua previsão constitucional nos incisos I a V do art. 201 da CRFB/88.

Ante a existência de uma relação jurídica de trabalho, o Regime Geral exige a filiação obrigatória e a contribuição compulsória para que o trabalhador-segurado adquira o direito aos benefícios previdenciários: a proteção social em face de eventos como doença, invalidez, morte e idade avançada; a proteção à maternidade, especialmente à gestante; proteção ao trabalhador em situação de desemprego involuntário; o salário-família e auxílio-reclusão para os dependentes dos segurados de baixa renda; e a pensão por morte

(148) Para SÜSSEKIND (2010, p. 35), a desregulamentação e a flexibilização são distintas. Aquela, no seu entendimento, defende a extinção da maioria das normas de proteção ao trabalho, atribuindo às relações de mercado a definição das regras contratuais. Já a flexibilização implicaria, conforme o autor: a) o atendimento a peculiaridades regionais, empresariais ou profissionais; b) a implementação de nova tecnologia ou de novos métodos de trabalho; c) a preservação da saúde econômica da empresa e dos respectivos empregos.

do segurado, homem ou mulher, ao cônjuge ou companheiro e dependentes, observado o disposto no § 2º do art. 201 da Carta Magna de 1988.

Portanto, a cobertura desses eventos pela previdência básica está condicionada à filiação e à contribuição do trabalhador ao Regime Geral. E o pressuposto jurídico da vinculação ao Regime Geral é a relação de emprego e/ou o contrato de trabalho.

Mas, se gradativamente for eliminado o fato jurídico previdenciário, *i.e.*, o trabalho humano subordinado, o correlato é o esvaziamento da proteção previdenciária ao trabalhador pelo regime previdenciário básico.

Isso permite interpretar, por conseguinte, que o neoliberalismo econômico hegemônico procura destruir, em última análise, a relação jurídica trabalhista de natureza subordinada, isto é, o contrato de trabalho formalizado.

A desregulamentação do emprego formal(149), por sua vez, tem outra correspondência reflexa negativa, especificamente ao mundo do trabalho, esse processo de desregulamentação implementado pela globalização econômica, introduz na realidade brasileira o modelo do trabalho parassubordinado e o modelo da empresa enxuta.

Entre as novas modalidades de ocupação, citam-se "a expansão do telemarketing, das terceirizações, os assalariados/as do setor de serviços, todos crescentemente inseridos na lógica da acumulação e da empresa enxuta", conforme descreve Ricardo Antunes (2005).

A "empresa enxuta" — ainda conforme o mesmo autor (2005, p. 375-376) — integra a lógica da acumulação capitalista,

> [...] é a empresa moderna — *lean production* — a empresa que constrange, restringe, coíbe, limita o trabalho vivo, ampliando o maquinário técnico-científico, que Marx denominou de trabalho morto. E redesenha cada vez mais a planta produtiva, reduzindo a força de trabalho e ampliando a sua produtividade.

Se a realidade econômica neoliberal reduz o trabalho humano subordinado, impondo gradativamente um novo modelo de relação de trabalho marcado pela parassubordinação, e se cria o modelo da empresa moderna (*lean production*), é lógico afirmar que a tendência

(149) SÜSSEKIND (2010, p. 52) descreve que a crise resultante da globalização econômica, sob a égide das leis de mercado, tem características estruturais, já tendo acarretado 180 milhões de desempregados e 75 milhões de subempregados, isto é, 1/3 da população economicamente ativa mundial. De acordo ainda com a OIT, "Cerca de 180 milhões de pessoas no mundo estão numa situação de desemprego 'aberto' (procurando mas não achando), das quais bem mais de um terço são jovens de 15 a 24 anos". Constata, a OIT, que "Cerca de um terço da mão de obra no mundo está desempregada e subempregada ("desocupada" e "subocupada" na terminologia mais comum do IBGE)". Para a organização, "O aumento da economia informal traduz-se no aumento do subemprego e, em geral, na queda de produtividade e de remuneração que, por sua vez, geram um aumento de trabalhadores pobres". Os dados estatísticos do IBGE revelam uma profunda desigualdade na distribuição de renda no Brasil, o que revela como consequência também as profundas desigualdades socioeconômicas. Os dados são referentes aos anos de 2006 a 2008, período de intensificação das desregulamentações das leis trabalhistas. São dados referentes a pessoas de 10 ou mais anos de idade, ocupadas, por classe de rendimento do trabalho. Disponível em: <www.ibge.gov.br/home/estatistica>. Acesso em: 20 jun. 2013.

crescente é mudança no modelo de contratação. Logo, a tendência também será a substituição progressiva do contrato de trabalho subordinado pelo modelo de trabalho autônomo ou eventual, por meio de pessoa jurídica individual[150].

Nesse efeito cascata bem engendrado, os direitos previdenciários mínimos, inerentes à relação empregatícia no âmbito desse novo modelo de relação de trabalho, perdem a eficácia social.

Diante dessa realidade socioeconômica neoliberal[151] — de desconstrução dos empregos formais e de inefetividade de direitos sociais — impõe-se a necessidade de fixação de novos critérios de competência jurisdicional à tomada de decisões judiciais nas questões de natureza trabalhista, com seus reflexos previdenciários, no bojo do Estado nacional.

Essa é também a concepção de Martins Filho (2007, p. 3-4), para quem

> As mudanças nas relações de trabalho devem refletir na legislação e na jurisprudência, de modo que a criatividade do legislador e do julgador reencontre sempre o ponto de equilíbrio capaz de pacificar os conflitos trabalhistas [e seus derivados previdenciários, acrescento] latentes numa sociedade em rápida e contínua transformação. [...].

Compreendemos que o alcance legislativo, quanto à competência trabalhista, não deve ter em mente só a regulação dos conflitos trabalhistas típicos, mas também deve incluir nos conflitos decorrentes da relação de trabalho (como gênero) e do liame empregatício (como espécie) o caso específico do consectário previdenciário, a fim de adequá-la inclusive ao texto constitucional (Art. 114, incisos VIII e IX).

Essa tarefa, que não se limita à criação legislativa, também alcança a função criadora da jurisprudência[152], a partir da aplicação dos princípios constitucionais comuns ao

---

(150) Do ângulo da empresa, essa realidade contratual lhe é benéfica. Primeiro, porque a empresa minimiza custos trabalhistas e previdenciários, pois transfere ao prestador de serviços a obrigação de recolher as contribuições sociais (como contribuinte autônomo ou individual), se desejar obter a proteção previdenciária do Regime Geral. Segundo, porque, não havendo contrato de trabalho subordinado, não estará obrigada ao recolhimento compulsório ao Regime Geral, nem ao oferecimento de planos de benefícios privados ao referido prestador de serviços.

(151) O último relatório mundial da Organização Internacional do Trabalho (OIT) sobre *Salários 2012/2013*, divulgado em dezembro de 2012, identifica que, em vinte países nas Américas e na Europa, incluindo a Turquia e a África do Sul, foram implementados programas de compartilhamento de trabalho como forma de compartilhar trabalho e salvar empregos. O relatório constata que muitas empresas adotaram novas práticas laborais como resposta à crise econômica mundial, tais como: redução nos salários por hora, redução no número de horas trabalhadas, também com redução salarial como parte dos programas de compartilhamento de trabalho. Em contrapartida, embora a repartição do trabalho se traduza em uma redução proporcional dos salários, estes, com frequência, são complementados em parte pelo seguro-desemprego financiado pelo governo. "Em muitos países, a crise econômica mundial deu lugar à diminuição das horas de trabalho devido às reduções da quantidade de horas extras ou a um aumento do trabalho em tempo parcial involuntário assim como a um aumento da proporção de empregados em tempo parcial em relação aos empregados com jornada completa. Isto teve um impacto negativo sobre os salários", disse Patrick Belser, coautor do relatório. Disponível em: <http://www.oit.org.br>. Acesso em: 20 dez. 2013. *Cf.* item relacionado n.151. *Confira outra nota relacionada, n. 151.*

(152) Sem olvidar os diversos sentidos que a doutrina emprega à jurisprudência (por exemplo: jurisprudência como ciência jurídica, jurisprudência dos interesses, jurisprudência dos conceitos, jurisprudência egológica, jurisprudência como ciência normativa), toma-se, aqui, a acepção da jurisprudência como decisões judiciais "orientações

Direito do Trabalho, Processo do Trabalho e Direito Previdenciário, que são protetivos do trabalhador.

Por outras palavras, como observa Martins Filho (2007, p. 4),

> [...] a evolução do mundo do trabalho, com suas novas técnicas, métodos e instrumentos, impõe ao legislador, ao julgador e aos próprios atores sociais a necessidade de repensarem a normativa que sobre ele incide, sabendo distinguir entre os princípios permanentes e as regras transeuntes, entre o substancial e o acidental, de modo que transforme o Direito e o processo do trabalho sem desnaturá-lo, tornando-os instrumentos eficazes de pacificação social.

Em conclusão, defendemos que, mesmo em face da inegável evolução tecnológica do mundo do trabalho — que, de fato, não pode desestruturar o Direito e o Processo do Trabalho em seus objetivos e princípios protetivos —, também não pode excluir o direito à previdência decorrente da relação empregatícia. Antes, deve mantê-los como instrumentos eficazes de pacificação social, o que implica, no âmbito teórico e prático de nossa tese, o reconhecimento do regime de competência trabalhista para essas causas.

E por certo a regulação de direitos previdenciários decorrentes da relação empregatícia, no contexto do novo mundo do trabalho, especificamente no âmbito do Direito do Trabalho e do Processo do Trabalho, exige a eliminação da antinomia existente entre o art. 202, § 2º, da EC n. 20/1998 e o art. 114, I, VIII e IX, da EC n. 45/2004, a fim evitar cisão do princípio da unidade da jurisdição nas matérias de natureza trabalhista-previdenciária. Mas desse tema cuidaremos em outro momento.

A tarefa seguinte — visão acerca do regime atual de competência trabalhista no Direito comparado e no sistema constitucional brasileiro — é substancial para apresentarmos os fundamentos teóricos que sustentam a nossa teoria jurídica.

---

decisões" – os denominados enunciados ou súmulas. Nesse sentido, a jurisprudência tem por objetivo a unificação da jurisprudência (decisões reiteradas e consolidadas dos tribunais) acerca de relevantes temas jurídicos, com o fito de evitar interpretações e julgamentos díspares e contraditórios sobre matéria já consolidada pela jurisprudência, bem como colmatar as lacunas do sistema. A jurisprudência, por esse modo, está prenhe de um sentido teleológico: a produção da segurança jurídica por meio de julgados orientados por precedentes jurisprudenciais, o que me permite aduzir que a jurisprudência, como "Direito jurisprudencial" vem representar importante papel institucional e jurisdicional dos tribunais.

Capítulo III

Regimes de Competência Trabalhista-Previdenciária no Direito Comparado e no Brasil

A disciplina metodológica exige breves, mas indispensáveis, considerações acerca do sistema de competências no Direito comparado e no Brasil. O objetivo é compreender o regime jurídico do Direito comparado relativo à competência jurisdicional às causas trabalhista-previdenciária, bem como apresentar o panorama jurídico interno a partir do critério constitucional quanto à competência e saber para qual tipo de matéria cada regime é estruturado.

3.1. Regimes de competências no direito comparado

O regime atual de competência material configurado à Justiça do Trabalho no Brasil é imobilizado em face do Regime Privado Fechado, quando a interpretação é vinculada à regra do § 2º, art. 202, da EC n. 20/98 e do art. 68, da Lei n. 109/2001, o que traz prejuízo para a efetividade plena do direito fundamental à previdência social do trabalhador, quando esse direito é decorrente da relação empregatícia.

A configuração dessas regras para o regime privado compõe o espírito do constitucionalismo jurídico neoliberal — braço jurídico do neoliberalismo econômico —, motivo pelo qual o positivismo neoliberal defende a não sujeição do Regime Privado Fechado à jurisdição trabalhista brasileira.

A adequação da matéria de natureza trabalhista-previdenciária ao regime de competência da Justiça trabalhista brasileira é um *compromisso republicano* para o presente imediato com a cidadania para o futuro mediato, como critério de efetividade do direito fundamental à Previdência Social.

Em vários países, como pode ser observado no Direito comparado, o compromisso republicano adota a jurisdição social como critério solucionador dos conflitos trabalhistas-previdenciários, o que, em última análise, incumbe ao modelo de competência trabalhista o papel de estabilizar as relações trabalhistas e de garantir a efetividade dos direitos sociais dos trabalhadores.

A referência ao direito social comparado é importante porque ele — como assinala Otto Kaufmann (2004), citado por Tarcísio Corrêa Brito (2009, p. 199) — oferece questões científicas importantes ao campo do Direito do Trabalho e da Seguridade Social, em temas como o mundo do trabalho, a proteção social do trabalhador, a responsabilidade das empresas e dos governos, visto que

> o Direito comparado é, ao mesmo tempo, uma disciplina, uma ciência jurídica prática jurídica a nível internacional tendo como meta uma perspectiva funcional, que permite ao comparatista 'extrair a essência profunda seu significado e ver qual a solução que eles são susceptíveis de trazer a um problema ou a uma dada situação.

Com a finalidade de extrair a *essência* desses sistemas jurídicos, ainda que de forma sucinta, consideramos importante mostrar a configuração da competência às causas trabalhista-previdenciárias nos modelos jurisdicionais desses países.

Em países como Espanha, França e Chile, a jurisdição trabalhista inclui matérias relativas à Seguridade Social e, em outros, como no México, a competência é mista (jurisdicional e administrativa), mas vinculada ao Executivo e não ao Judiciário, como ocorre no Peru, onde a competência material é critério para distribuir competências aos demais órgãos da ordem jurisdicional trabalhista, incluindo os conflitos previdenciários decorrentes.

3.1.1. Na Europa

Na *Alemanha*, tal como no Brasil, não existe um Código do Trabalho, sendo exclusiva dos Tribunais do Trabalho a competência material para os conflitos entre empregados e empregadores individuais, além dos litígios de representação entre sindicatos e associações de trabalhadores, cuja regulação é feita pela lei dos Tribunais do Trabalho (*Arbeitsgerichtgesetz*), cabendo à Constituição (*Grundgesetz*) garantir a liberdade de associação, liberdade de profissão e proibição do trabalho forçado.

Com um sistema de jurisdição estruturado em três instâncias, a Justiça do Trabalho alemã é especializada e independente da jurisdição civil. Os Tribunais do Trabalho compõem a primeira instância, os Tribunais Estaduais do Trabalho são órgãos de segunda instância e o Tribunal Federal do Trabalho é órgão judiciário de cúpula.

Todos os tribunais — observados os graus de jurisdição — têm competência para as "questões que envolvam a relação de emprego, como o reconhecimento do vínculo empregatício, e demais normas e direitos dos trabalhadores, quando relacionados à relação de emprego" (PALO NETO, 2009. p. 14-15).

Naquele país, em razão do contrato de trabalho, trabalhadores e empregadores contribuem à previdência pública obrigatória. O sistema de previdência é misto, compondo-se de três regimes: o público-obrigatório, a previdência corporativa e a privada ou privada com incentivos públicos (a chamada *Riester-Rente*).

O trabalho e a previdência não estão elencados de forma direta e explícita como direitos fundamentais no art. 1 da Lei Fundamental (Constituição Alemã de 23 de maio de 1949)[153], porém são adotados como ferramentas sociais para os desenvolvimentos econômico e social, tanto que o direito ao trabalho, a proteção ao trabalho, o seguro social e o seguro de desemprego recebem tratamento específico na legislação concorrente (Art. 74 da Constituição Alemã). O trabalho e a previdência são direitos sociais previstos para a promoção e a melhoria das condições sociais.

Conflitos referentes à previdência são solucionados nos tribunais de Justiça Social, isto é, pelo Tribunal Federal Social.

Na *Espanha*, a competência para as causas trabalhista-previdenciárias é específica da Justiça do Trabalho, cuja jurisdição nacional é exclusiva e inclui as demandas contra o Estado e seus organismos autônomos.

A atividade jurisdicional é regulamentada pela Lei Orgânica n. 06/1985 (atualmente LOPJ, do Poder Judiciário). A Constituição espanhola também trata sobre a constituição, o funcionamento e a direção dos Juizados e Tribunais. A jurisdição civil é separada da jurisdição trabalhista, sendo esta adaptada "às exigências de celeridade dos processos sociais" (MONTOYA MEDINA, 2009, p. 150).

Depois de sucessivas alterações no processo laboral espanhol, a Lei Orgânica de Igualdade n. 3/2007 (para a Igualdade Efetiva de Mulheres e Homens) introduziu ao processo do trabalho, no âmbito da competência da Justiça do Trabalho, a Lei Geral de Seguridade Social.

Com o Decreto Legislativo n. 2/1995, aprova-se a Lei de Procedimento Laboral, alterada pela Lei n. 3/2007, que incorpora à Justiça do Trabalho a matéria que a jurisprudência já vinha decidindo acumular: a ação de danos e prejuízos com as que versem sobre a dispensa, ou resolução do contrato de trabalho, ou de vinculação dos direitos fundamentais, entre eles, o direito à previdência.

O sistema jurisdicional espanhol se caracteriza principalmente pela unidade, sendo a própria Constituição (Art. 117.5) que estabelece "o princípio de unidade jurisdicional", como "base da organização e funcionamento dos tribunais", razão pela qual a "jurisdição é única e se exerce em todo território nacional pelos Juizados e Tribunais" (Art. 3º, Lei Orgânica do Poder Judiciário) (MONTOYA MEDINA, 2009. p. 159).

Por isso que, no âmbito da jurisdição social, compete aos Juizados e Tribunais da Ordem Social conhecer "das demandas que se promovam no ramo social do Direito", por exemplo, "os conflitos individuais, coletivos, assim como das reclamações em matéria de Seguridade Social e contra o Estado" (MEDINA, 2009. p. 160-163, grifo nosso).

Medina (2009, p. 164) descreve que "o âmbito da jurisdição laboral é o mesmo do Direito do Trabalho e da Seguridade Social", conforme definido no art. 2, da Lei de Procedimento Laboral, o qual enumera dezoito questões litigiosas sobre as quais atua a jurisdição social.

---

(153) Embaixada da República Federativa da Alemanha no Brasil. Resumo em inglês sobre a segurança social na Alemanha. Disponível em: <www.brasil.diplo.de/contentblob>. Resumo em espanhol sobre a segurança social na Alemanha. Disponível em: <www.brasil.diplo.de/contentblob>. Acesso em: 10 jun. 2013.

Cabe aos Juizados e Tribunais do Trabalho, no exercício da jurisdição social, conhecer e julgar (MONTOYA MEDINA, 2009. p. 162-166): (i) os litígios entre empresários e trabalhadores derivados do contrato de trabalho; (ii) os litígios na esfera da Seguridade Social e da Proteção Social (Art. 2, alínea "*c*" e "*d*", da LPL); (iii) os litígios relacionados com as prestações próprias da demanda "Seguridade Social Complementar", isto é, "as derivadas de planos de pensões e de contratos de seguro, estabelecidas em contrato de trabalho, ou em convenção coletiva; e (iv) as reclamações dirigidas contra o Estado e seus organismos autônomos, quando sua responsabilidade derive da legislação laboral".

Conforme o Novo Código do Trabalho (NCT), a Justiça do Trabalho ou Justiça Social francesa integra em geral a jurisdição civil, mas, enquanto jurisdição especializada em matéria trabalhista-previdenciária, possui competência decorrente para executar suas próprias decisões, baseadas substancialmente nos princípios.

A Justiça laboral francesa incorpora o modelo Conselho *Prud'homme* como Justiça Social, com o princípio de jurisdição eletiva e paritária entre trabalhadores/empregadores. A Lei n. 30/1986 estendeu à Justiça Social a competência para resolver litígios relativos às convenções coletivas.

Correa Brito (2009, p. 267), dentre os aspectos procedimentais da Justiça do Trabalho francesa, destaca a competência decorrente para a execução dos próprios julgados. Segundo esse autor (2009, p. 207-210), o processo trabalhista francês é dirigido por dois princípios constitucionais: os princípios fundamentais reconhecidos pelas leis da República e os princípios políticos, econômicos e sociais. No catálogo dos princípios políticos, econômicos e sociais, são incluídas causas relativas ao direito do trabalhador de obter um emprego, ao direito de proteção social e ao de segurança material.

Por esse modelo de jurisdição social, compete à própria Justiça laboral executar suas decisões em matérias trabalhista-previdenciárias.

No âmbito da Justiça do Trabalho, está o Tribunal de questões de Seguridade Social com jurisdição especializada "para os conflitos de seguridade social", por exemplo, para "aposentadoria da seguridade social, invalidez, inaptidão ao trabalho, acidente de trabalho cotização, falta inescusável do empregador, infração à legislação" (CORREA BRITO, 2009. p. 223-224).

Ao órgão de cúpula do Judiciário francês — Corte de Cassação — compete a jurisdição única em todo o território francês.

Já em *Portugal*, não obstante exista um regime de relações de trabalho subordinado, não há registro na Carteira de Trabalho, mas "o contrato de trabalho deve ser celebrado por escrito entre o empregado e todos os empregadores". (OLIVEIRA; NAHAS, 2009. p. 341-342).

As regras do Código do Trabalho Português (1999), específicas da jurisdição do trabalho, são aplicáveis ao trabalhador subordinado da iniciativa privada e da pública. Pela Constituição portuguesa (Artigo 50 a 71, 213), os Tribunais do Trabalho constituem "*os chamados Tribunais Judiciais de Competência Especializada*" que integram a primeira instância ao lado dos Tribunais de Competências Específicas (Artigo 72 a 82) (OLIVEIRA; NAHAS, 2009. p. 348).

Ainda conforme a Constituição portuguesa, os Tribunais do Trabalho (ou Tribunais Judiciais de Competência Especializada) e os Tribunais de Competências Específicas são denominados *Tribunais Comuns*, com competências fixadas por lei. Os Tribunais do Trabalho têm competência delimitada *em razão da matéria*, já os Tribunais com Competência Específica, *em função do processo*.

Os conflitos relativos aos contratos de trabalho são da competência dos Tribunais dos Trabalhos, sendo que os "*empregadores beneficiários da prestação de trabalho são solidariamente responsáveis pelo cumprimento das obrigações que decorrem do contrato*" (OLIVEIRA; NAHAS, 2009. p. 343).

As obrigações que decorrem do contato são de naturezas trabalhistas e sociais (previdenciárias).

3.1.2. Na América Latina

Na *Argentina*, o Decreto-lei n. 32.347/44 estabeleceu um procedimento único para todas as causas laborais sujeitas à apreciação da Justiça do Trabalho com a Comissão de Conciliação e as de Arbitragem, dependentes da Secretaria de Trabalho e Previdência (ALVAREZ BANGUESES, 2009. p. 26). A Lei n. 18.345/69 define as hipóteses de competência em razão da matéria que legitima a intervenção da Justiça Nacional do Trabalho, especificamente, segundo BANGUESES (2009, p. 31), para as

> causas contenciosas em conflitos individuais de direito, por reclamações fundadas nos contratos de trabalho, convenções coletivas, laudos ou disposições legais ou regulamentos de Direito do trabalho; as causas entre trabalhadores e empregadores relativas a um contrato de trabalho, ainda que se fundarem em disposições de comum aplicáveis àquele.

A competência da Justiça Nacional do Trabalho argentina é também definida para os casos especiais, conforme BANGUESES (2009, p. 32), como

> as causas em que tenha influência decisiva a determinação de questões diretamente vinculadas com aspectos individuais ou coletivos do trabalho; as causas que versem sobre o governo e a administrações das associações profissionais; a execução dos créditos laborais.

Entre as causas que interessem ou versem sobre o governo, estão questões relativas ao regime de previdência, quanto às obrigações das contribuições sociais inadimplidas pelas empresas em razão dos serviços tomados ao trabalhador. Cuida-se, então, de competência decorrente às causas trabalhista-previdenciárias.

No *Chile*, a Justiça do Trabalho e Previdência surge como experiência dos Tribunais de Conciliação e Arbitragem e das Juntas de Conciliação, criados pela Lei n. 188/31.

Extinta com o golpe militar de 1980, foi restabelecida em 1986. O Código de Processo do Trabalho (2006) criou os Juizados de Cobrança das contribuições previdenciárias (GAMONAL CONTRERAS; GUID MOGGIA, 2009. p. 98).

Atribui-se ao processo do trabalho chileno a natureza de "processo do trabalho como instrumento de pactuação social"[(154)], pois é destinado a "materializar, no âmbito jurisdicional, as particularidades próprias do Direito do Trabalho, em especial seu caráter protetivo"[(155)]. O processo do trabalho chileno objetiva, conforme ainda os dois autores (2009, p. 100), "instituir uma tutela concreta dos direitos fundamentais no seio das relações de trabalho".

Segundo Contreras e Moggia (2009, p. 101), ao dispor sobre a jurisdição laboral, excetuando-se os casos sujeitos às regras especiais, o Código do Trabalho chileno tem aplicação geral, qualquer que seja a natureza da matéria, pois

> estabelece um procedimento de aplicação geral que regerá todas as questões, trâmites ou atos que não se encontrem submetidos a um regra especial diversa, qualquer que seja a sua natureza.

As matérias trabalhistas-previdenciárias são submetidas à jurisdição da Justiça do Trabalho, especificamente ao Juizado de Cobrança Trabalhista e Previdenciária.

O Código do Trabalho chileno "é um processo especial porque se aplica às matérias trabalhistas e previdenciárias", testemunham GAMONAL CONTRERAS e GUID MOGGIA (2009, p. 101, 121).

Carlos Buen Unna (2009, p. 225) destaca que, no ***México***, coexistem diversos regimes de trabalho, cada um com suas próprias regras processuais. No que diz respeito às relações de trabalho, a Constituição (Art. 123) especifica a relação entre trabalhador/empresa privada e trabalhador/Estado, quando este não realiza atividade própria dos poderes Executivo, Legislativo e do Judiciário. Além disso, as entidades federativas têm leis próprias para regular as relações entre trabalhadores e os municípios.

As causas trabalhistas e suas questões sociais derivadas, como a previdência, estão submetidas à jurisdição das Juntas de Conciliação e Arbitragem (JCA), criadas pela Constituição (Art. 123), para "solução de todos os conflitos entre o capital e o trabalho" (BUEN UNNA, 2009. p. 257), tanto os conflitos de natureza individual como os de natureza coletiva, jurídicos, econômicos e sociais. As regras processuais aplicáveis à subsunção dos litígios dessa natureza integram a Lei Federal do Trabalho, que possui "princípio tutelar em favor dos trabalhadores" (BUEN UNNA, 2009. p. 257).

As JCA — instituições tripartites, com representantes dos trabalhadores, empregadores e do governo — exercem funções jurisdicionais, como parte da administração pública, e não do poder Judiciário. A partir de 1924, as JCA são reconhecidas como tribunais por decisão da Suprema Corte de Justiça da Nação (UNNA, 2009. p. 261), mas

(154) GAMONAL CONTRERAS; GUID MOGGIA, 2009, p. 100. *In: Direito processual do trabalho comparado.*

(155) GAMONAL CONTRERAS; GUID MOGGIA, 2009, p. 100.

não perderam as funções administrativas, relativas a registro dos contratos coletivos e regulamento interno de trabalho.

Os julgamentos dos conflitos submetidos às JCA são orientados especialmente pelos valores e pelos princípios, pois dispõe a Lei Federal do Trabalho (Art. 841) que as juntas devem instruir suas decisões "apreciando os fatos em consciência, sem necessidade de sujeitar-se a regras ou fórmulas sobre a valoração das provas" (UNNA, 2009. p. 271).

Adotando os critérios de *competência em razão da matéria, em razão da quantia, em razão da função e da localidade*, a Ordem Jurisdicional Trabalhista **peruana** distribui a competência acerca dos conflitos trabalhistas e previdenciários entre os seus diversos órgãos de jurisdição trabalhista: ao Tribunal Constitucional e Social da Corte Suprema, às Salas Trabalhistas das Cortes Superiores, aos Juizados Especializados de Trabalho e aos Juizados de Paz Letrados.

A Lei Processual do Trabalho (LPT), no ***Peru***, regula o processo trabalhista peruano "como um meio de solução de conflitos jurídicos trabalhistas individuais e coletivos" (VIDAL SALAZAR, 2009. p. 305). A Justiça do Trabalho, que "funciona como um setor especializado da Justiça comum", é o órgão competente para solucionar os "conflitos derivados de relações trabalhistas" (SALAZAR, 2009. p. 304-305).

É pelo critério da competência em razão da matéria, isto é, "pelo modo de ser do litígio ou de acordo com a relação de direito material que dá lugar à causa" — conforme observa Vifal Salazar (2009, p. 305) —, que a Justiça do Trabalho peruana distribui a competência entre os órgãos da ordem jurisdicional trabalhista", bem como determina "os alcances da competência de ditos órgãos com relação a outros órgãos de outras ordens jurisdicionais" (SALAZAR, 2009. p. 305-306).

Assim é que, na ordem jurisdicional trabalhista peruana, a Lei Processual do Trabalho configurou a competência para os Tribunais do Trabalho aos conflitos trabalhistas *impróprios ou atípicos* — aqueles que derivam das relações trabalhistas, isto é, os conflitos individuais e coletivos entre trabalhador/empregador.

Compete aos Juizados de Paz Letrados a solução dos "conflitos referentes ao Sistema Privado de Pensões (que inclui a cobrança de contribuição previdenciária, retida pelo empregador", enquanto que se insere na competência aos Juizados Especializados do Trabalho "o litígio administrativo em matéria trabalhista e de seguridade social (o descumprimento de prestações previdenciárias e trabalhistas)" (SALAZAR, 2009. p. 307).

Com efeito, observadas as competências específicas de cada juizado, no sistema jurídico peruano, as causas trabalhista-previdenciárias são sujeitas à competência jurisdicional da Justiça do Trabalho.

No *Uruguai*, não há procedimento especial para a matéria trabalhista, mas existem sedes Judiciais com competência específica nessa matéria.

Naquele país, com a vigência do "*Panorama sinóptico del proceso laboral em Uruguay*" (GARMENDIA ARIGÓN, 2009. p. 365-366), a partir de 20.11.1989, o processo trabalhista uruguaio "perdeu sua especificidade e restou incorporado ao mesmo sistema processual geral" (GARMENDIA ARIGÓN, 2009, p. 367), isto é, ao Código de Processo Geral. Não há um processo laboral autônomo no Uruguai.

São inerentes do Processo Geral – cujas regras são aplicáveis a todas as matérias — os princípios da oralidade, da simplicidade, da imediatidade, do impulso de ofício e da celeridade. Atesta Arigón (2009, p. 368) que "mediante o Código Geral de Processo foi possível abreviar, agilizar e simplificar as demandas judiciais", mas a unificação causou atravancamento às demandas trabalhistas, conforme ressalva este autor (ARIGÓN, 2009. p. 368):

> [...], porém, não se logrou (em verdade não se considerou necessário fazê-lo) diferenciar daqueles o processo laboral que, sempre e em todo caso, clama por ser, todavia, mais breve, mais ágil e mais simples que os demais processos civis. [...] aqueles que na prática forense cotidiana operam na matéria laboral com o Código Geral de Processo sabem até que ponto [a unificação] resulta confrontado com realidades muito mais sombrias que as descritas na teoria, e que tem resultado, com frequência, que os julgamentos laborais terminem sendo mais lentos, prolongados, penosos e (até às vezes) de trâmite mais complexo e monótono que os próprios julgamentos civis.

Apesar da unificação processual no sistema judiciário uruguaio, existem sedes judiciárias com competência específica em matéria trabalhista.

A competência da Justiça do Trabalho uruguaia — composta pelos Tribunais de Apelação (competência em todo território nacional), pelas Sedes Laborais (na capital) e pelos Julgados Letrados (no interior) — é restrita aos conflitos individuais do trabalho (ARIGÓN, 2009. p. 371), por exemplo, a condenação do empregador ao pagamento de créditos de natureza salarial e a atualização para execução dos referidos créditos.

A Suprema Corte de Justiça uruguaia, no que tange à matéria trabalhista, julga "o recurso de cassação, o recurso de revisão e também competência originária em assuntos (trabalhistas) que sejam parte Estados Estrangeiros ou diplomáticos" (ARIGÓN, 2009. p. 371). Não se inclui na competência jurisdicional da Justiça do Trabalho uruguaia a matéria relativa aos conflitos previdenciários.

Em síntese, os diversos regimes jurídicos do Direito comparado apresentam sistemas que objetivam a unificação da jurisdição, evitando-se a repartição de competências para órgãos judiciais estranhos à matéria trabalhista-previdenciária.

Ainda pelo que foi investigado, na maioria desses sistemas jurídicos, a competência em razão da matéria é critério que vincula a competência decorrente da Justiça do Trabalho para resolver os conflitos previdenciários, inclusive os que envolvam o regime privado e questões relativas ao governo.

Para a efetividade dos direitos sociais, pareceram-nos ser corretamente adequados os regimes comparados que adotam os *princípios* como primazia à solução dos litígios trabalhistas e os demais deles derivados.

As experiências jurídicas comparadas, naquilo que ponderadamente podem servir de inspiração ao Brasil, são substancialmente válidas ao aperfeiçoamento do nosso regime de competência trabalhista-previdenciária.

3.2. Do sistema de competências judiciárias no Brasil

Um regime de competências judiciárias — delimitado pelo sistema constitucional no Estado de Direito — surge naturalmente da assunção do Estado no controle social como meio de pacificação dos conflitos sociais, controle este exercido pelo poder Judiciário, na tarefa específica de administrar a justiça. Logo, ao Judiciário é conferido o poder de jurisdição judiciária.

Na ordem jurídica brasileira, estruturada em valores, normas e princípios interdependentes numa totalidade sistêmica dinâmica, o *critério constitucional* define os *regimes de competências* para cada um dos ramos do Poder Judiciário, o qual, como regra, é constituído por dois subsistemas de justiça (ou de organização judiciária), o subsistema da Justiça da União e o subsistema das justiças comuns.

O primeiro subsistema é o ramo da Justiça brasileira que possui jurisdição federal e nele estão ambientadas a Justiça Federal comum, a Justiça Federal do Trabalho, a Justiça Eleitoral e a Justiça Federal Militar. O segundo subsistema é relativo às justiças estaduais, cuja competência para a organização é privativa e exclusiva de cada Estado da Federação, com regimes de competências definidos pelas Constituições estaduais, porém jungidos aos princípios fixados na Constituição Federal (CRFB/1988, art. 125).

O *modelo de jurisdição e de competências* brasileiro é *estruturalista* porque, por meio dos órgãos(156) que compõem o Poder Judiciário, a jurisdição é exercida conforme o sistema do duplo grau de jurisdição, tendo no ápice da estrutura piramidal o Supremo Tribunal Federal com jurisdição em todo o país.

Ainda para o âmbito da jurisdição e competência federal, a Emenda Constitucional n. 45/2004 ratificou aos Tribunais Superiores jurisdição em todo o território nacional (CRFB/1988, art. 92, § 2º), observados os regimes específicos de competências destinados para cada qual. Dada essa estrutura hierárquica, incumbe ao STF, na seara de suas competências, precipuamente a guarda da Constituição, isto é, sua competência jurisdicional é relativa à supremacia constitucional (CRFB/1988, art. 102) e à unificação da jurisprudência constitucional.

Essa tarefa é desempenhada pela construção da jurisprudência com efeito de repercussão geral (CRFB/1988, art. 102, § 3º), pela decisão definitiva nas ações diretas de inconstitucionalidade e nas declaratórias de constitucionalidade com eficácia contra todos e com efeito vinculante (CRFB/1988, art. 102, § 3º) ou por intermédio da edição de súmulas vinculantes mediante decisão de dois terços de seus membros, após reiteradas decisões sobre matéria constitucional (CRFB/1988, art. 1.023-A).

(156) CONSTITUIÇÃO DA REPÚBLICA FEDERATIVA DO BRASIL DE 1988. art. 92.

As demais competências especificadas e conferidas pela Constituição à Suprema Corte brasileira (originária ou em sede de recurso extraordinário) estão relacionadas nos incisos I a III, e parágrafos do art. 102, cabendo destacar a competência originária para processar e julgar os conflitos de competências entre o Superior Tribunal de Justiça e quaisquer tribunais, entre tribunais superiores, ou entre estes e qualquer outro tribunal (CRFB/1988, Inciso I, alínea O, art. 102).

São Tribunais Superiores, nesse regime de jurisdição federal, o Superior Tribunal de Justiça (com competências especificadas no art. 105, I a III); o Tribunal Superior do Trabalho (com competência para processar e julgar as ações oriundas da relação de trabalho e os demais conflitos desta decorrentes, conforme o art. 114 e incisos); o Tribunal Superior Eleitoral (com competências para matéria eleitoral, art. 109, CRFB/88) e o Superior Tribunal Militar (competência para processar e julgar os crimes militares definidos em Lei (Art. 124, parágrafo único, CRFB/88).

Com efeito, em sentido restrito, a Constituição Federal pátria delimita o modelo jurídico de jurisdição para o exercício das competências judiciárias.

É por isso que a Constituição, na visão de Canotilho (1998, p. 1.047), constitui-se num verdadeiro sistema interno (podemos denominar de ordem jurídica constitucional), estruturado em princípios fundamentais, o qual — dada a função circular do sistema — oferecerá os fundamentos para os subprincípios e as regras concretizadoras dos princípios constitucionais.

Ao estabelecer o regime de jurisdição para o exercício da competência jurisdicional, a Constituição da República Federativa do Brasil de 1988 cumpre suprema função jurídica e se apresenta como *elemento fundamental* de toda ordem jurídica[(157)].

É a natureza constitucional que define os *princípios constitucionais fundamentais* inerentes à jurisdição judiciária no Brasil[(158)], *e.g.*, *princípio da independência judiciária ou funcional*, baseado nos princípios da independência e harmonia dos poderes (CRFB/1988, art. 2º); *princípio do acesso à Justiça*, do qual é corolário o princípio da jurisdição provocada (CRFB/88, art. 5º, XXXV e CPC, art. 2º); *princípio da jurisdição exclusiva em matéria judicial ou princípio da autoridade da decisão judicial*, que orienta o agir dos poderes para o respeito e o acolhimento, por exemplo, da coisa julgada material como produto do exercício da competência judiciária (Art. 5º, XIX e XXXVI); *princípio da razoável duração do processo e princípio da celeridade processual* (Art. 5º, LXXVIII); e o *princípio da competência jurisdicional*, pelo qual ninguém poderá ser processado nem sentenciado, salvo por autoridade competente (CRFB/1988, art. 5º, LIII).

---

(157) FRANCIANE F. MARQUES (2009, p. 56-61), tratando sobre as funções e política da Constituição, sob a ótica da reafirmação da axiologia constitucional, **aponta o caráter normativo Supremo da Constituição como elemento fundamental da ordem jurídica e elemento de eficácia a todo ordenamento jurídico, daí decorrendo sua supremacia.** (grifo nosso)

(158) O sistema de jurisdição judiciária no Brasil comporta a jurisdição civil, a contenciosa e a voluntária (Art. 1º, do CPC). A contenciosa e a voluntária definem o modo pelo qual o magistrado deve atuar diante do conflito. A jurisdição civil (e também penal) é relativa ao objeto ou à matéria.

Todos esses princípios, somados aos outros de *natureza universal*[159], orientam o exercício das competências judiciárias no sistema jurídico brasileiro. Aplicam-se, não de forma subsidiária ou auxiliar, mas com preponderância ao processo judiciário do trabalho, visto que são basilares à especificação das competências trabalhistas.

Por conseguinte, em sentido amplo, o sistema constitucional brasileiro delimita os regimes de competências judiciárias precisamente para o objetivo de garantir a unidade da ordem interior do próprio sistema jurídico, por meio do exercício da jurisdição.

Quando a Constituição brasileira de 1988 fixa os regimes de competências para cada um dos ramos do Poder Judiciário, faz isso — guiada pelo princípio da manutenção da unidade da jurisdição — não apenas em direção à função pragmática da Justiça (estabilidade das relações jurídicas pela composição dos conflitos), mas, sobretudo, para a efetividade do ideário maior eleito a todos brasileiros e estrangeiros residentes no País, "sem distinção de qualquer natureza" (CRFB/1988, art. 5º), objetivando a construção de uma "sociedade justa, livre e fraterna" (CRFB/88, art. 3º, I), com ações voltadas à promoção da "dignidade da pessoa humana" (CRFB/1988, art. 1º, III).

Sob essa perspectiva teórica, a jurisdição[160] é um poder outorgado ao Judiciário para a implementação da Justiça social, que se concretiza pelo exercício das competências judiciárias específicas. Como assinalam Wambier; Talamini e Almeida (2008, p. 112), "jurisdição é a função do Estado, decorrente do exercício de sua soberania, de resolver conflitos".

Sob a perspectiva jurídica, jurisdição exprime a outorga constitucional que legitima e autoriza o Poder Judiciário à "atuação concreta da Lei" na expressão empregada por Giuseppe Chiovenda (1998, p. 8), cujo sentido é somado à função da "justa composição da lide", como descreve Francesco Carnelutti (1973, p. 43).

E competência é, na definição de José Afonso da Silva (1992, p. 419),

> a finalidade juridicamente atribuída a uma entidade, órgão ou agente do poder público para emitir decisões. Competências são diversas modalidades de poder de que se servem os órgãos ou entidades estatais para realizar suas funções.

Assim, a fixação de competência jurisdicional é uma exigência da ordem jurídica constitucional para a construção da sociedade justa, livre e fraterna (como ideário do bem-comum) e para a segurança e a estabilidade das relações jurídicas (como objetivo

(159) Na obra *O Livro da Competência*, ANTÔNIO LAMARCA (1979, p. 21-25) enumera diversos princípios inerentes à jurisdição: princípio da inércia da jurisdição, equivalente ao princípio da jurisdição provocada; princípio da jurisdição territorial, específica ao exercício da competência num determinado território; princípio da prestação jurisdicional, relativo ao princípio do acesso ao Judiciário; princípio da indelegabilidade de competência, salvo os casos previstos em Lei; princípio da investidura na Jurisdição, que no sistema brasileiro ocorre pelo concurso público de provas e títulos; princípio do juiz natural, relativo ao princípio da autoridade judiciária legítima ao pronunciamento judicial.

(160) Compreendida dentro do sistema jurídico brasileiro — este, haurido das raízes romano-canônica — jurisdição é a expressão de poder de soberania do Estado, que é exercida pelas funções executiva, legislativa e judiciária. No sentido específico da jurisdição judiciária — segundo DE PLÁCIDO SILVA (1993, p. 27) – jurisdição tem origem latina *(jurisdictio)* composta pelas palavras *jus e dicere*. Designa o poder jurisdicional aos magistrados, delimitando limites e extensão de seus poderes de julgar.

específico). Logo, o regime de competências judiciárias brasileiro é compreendido dentro de uma teoria de justiça justificada, na pós-modernidade, especialmente pelo princípio do amplo acesso ao Judiciário.

O amplo acesso à Justiça ocorre pelo livre direito de ação, que é — no âmbito do sistema constitucional de jurisdição brasileiro — um direito fundamental para o exercício da cidadania. É para o sentido da viabilidade do amplo acesso à Justiça que o modelo de jurisdição brasileiro é estruturado em competências em razão da matéria, em razão da pessoa, em razão do valor da causa, em razão da hierarquia e competência em razão do lugar. OBS. Deixar como redigido originalmente.

Essa estruturação viabiliza a prática judiciária à composição dos conflitos de qualquer natureza judicializados. Por esse sentido, a competência é exercida, conforme descrevem Wambier, Talamini e Almeida (2008, p. 112-113), como "atribuição do órgão jurisdicional e não do agente".

Definidos a todos os ramos do Poder Judiciário nacional, esses modos ou formas de competências especificam a maneira pela qual a jurisdição é exercida.

Para o âmbito da jurisdição da Justiça Federal do Trabalho, esse regime de competências também é definido, em *sentido amplo,* pela Constituição Federal de 1988, e, em *sentido restrito*, pela Consolidação das Leis do Trabalho[(161)] e pelo Regimento Interno do Tribunal Superior do Trabalho, órgão de cúpula do Judiciário Trabalhista brasileiro.

3.3. Regime atual de *competência trabalhista* no sistema constitucional brasileiro

Um regime de competência judiciária é definido, num *sentido funcional-estrutural*, para delimitar a jurisdição dos diversos órgãos judiciais que integram a estrutura do Poder Judiciário. Mas, em última análise, um regime de competência é concebido à estabilização das relações sociais porque sua função teleológica precípua é a paz social. Então, sob esse sentido, pode-se dizer que o regime de competência possui finalidade social de ordem pública, visto que é por intermédio dele que o Estado-Juiz é legitimado ao exercício de sua função de jurisdição.

O exercício da competência pelo Estado-Juiz visa à tutela judicial individual ou coletiva, ordenada pela Constituição. Como pontua Otto Bachof (2009, p. 11-17), o exercício da competência judicial, além de ser garantia de proteção judicial da própria Constituição, é meio de solução de problema jurídico-constitucional, quando se ocupa de problemas concretos que reclamam a intervenção do Poder Judiciário.

(161) Na CLT, o sistema de jurisdição e o regime de competência das Varas, dos Tribunais e do Tribunal superior do Trabalho estão definidos no Título VIII (Da Justiça do Trabalho), Capítulo II (Das Varas do Trabalho), seção II (da jurisdição e competência das Varas); no capítulo IV (Dos Tribunais Regionais do Trabalho), seção II (Da jurisdição e da competência) e no capítulo V (Do tribunal Superior do Trabalho), seções I a VIII, disciplinando a jurisdição e as competências. No Regimento Interno do TST, a jurisdição e a competência da Justiça do Trabalho estão disciplinadas no Título III, capítulos I e II, e seções I a VII.

Para a intervenção judicial que garanta a eficácia integradora da Constituição (a supremacia constitucional), a Carta Magna de 1988 estabeleceu as matérias próprias para cada um dos ramos do Poder Judiciário. Objetivando a solução das ações relativas às relações de trabalho e às demais controvérsias desta decorrente, a Carta Suprema de 1988 configurou o regime de competência trabalhista, a qual é exercida pelas clássicas modalidades: em razão da matéria, da pessoa, do valor, reunidas por Chiovenda (1998, p. 185 *apud* WAMBIER; TALAMINI; ALMEIDA, 2008. p. 116) como *critério objetivo,* porque se relacionam aos elementos externos da lide, e ainda às competências funcional e territorial.

Para o exercício dessas competências, a CRFB/88 fixa que "A lei disporá sobre a constituição, investidura, jurisdição, competência, garantias e condições de exercício dos órgãos da Justiça do Trabalho" (EC n. 24/1999, art. 133). Mas são a CLT e o Regimento Interno do Tribunal Superior do Trabalho (TST) que fixam as **técnicas** de competência para o exercício de sua jurisdição em todo o território nacional como instância suprema da Justiça trabalhista (CLT, art. 690 e art. 1º e 67 do RI/TST).

Ao TST são fixadas as competências: (i) territorial (em todo território nacional como instância suprema da jurisdição trabalhista no país); (ii) originária ou recursal ordinário ou extraordinário às demandas individuais e aos dissídios coletivos que excedam a jurisdição dos tribunais regionais, relativas à competência material; (iii) competência decorrente relativas ao cumprimento de suas próprias decisões, de laudos arbitrais e de convenções ou acordos coletivos, além de outras controvérsias decorrentes das relações de trabalho (EC n. 45/2004, art. 114 e art. 67 do RI do TST).

No exercício de qualquer uma dessas competências, o TST examina causas de natureza trabalhista-previdenciária.

No âmbito interno do TST — como critério de preservação da autonomia de competência das suas turmas e de conveniência de jurisdição por especialidade de matéria —, os processos de competência do Tribunal são distribuídos por classe, observada a competência e a composição dos órgãos judicantes, assim como a ordem cronológica do seu ingresso na Corte, concorrendo ao sorteio todos os ministros, excetuados os membros da direção[(162)].

Aos Tribunais Regionais também são fixados esses regimes de competências, mas circunscritos aos casos judiciais nos seus limites territoriais. Por isso que, pelo regime celetista, a competência dos Tribunais Regionais determina-se pela forma indicada no art. 651 e seus parágrafos e, nos casos de dissídio coletivo, pelo local onde este ocorrer (CLT, art. 677).

Da competência material ou natural — que já não se limita às questões trabalhistas entre empregadores e empregados como originariamente configurada pela Constituição de 1934 (Art. 122), nem apenas às relações individuais e coletivas de trabalho oriundas

(162) Art. 88 do Regimento Interno do Tribunal Superior do Trabalho. Disponível em: <www.tst.gov.br/>. Acesso em: 6 jun. 2013.

do trabalho humano subordinado como definiu a CLT (CLT, art. 1º) — abordaremos por ocasião da análise dos elementos à fixação da competência da JFT às causas trabalhista-previdenciárias.

A competência em razão da pessoa — definida pela qualificação jurídica da pessoa na relação processual —, restringindo-se ao âmbito de interesse de nossa tese, encontra-se a disciplina na última parte do inciso I, art. 109 da CRFB/88. OBS. Por favor, deixe como está.

Nesse dispositivo, às causas em face da "União, entidade autárquica ou empresa pública federal forem interessadas na condição de autoras, rés, assistentes ou oponentes", a Constituição fixou competência em razão da pessoa para três ramos da Justiça brasileira: para o ramo da Justiça Federal comum, a fixação consta na primeira parte do Inciso I do art. 109.

Para a Justiça do Trabalho e para a Justiça Eleitoral, a competência está delimitada na parte final do referido inciso, quando o constituinte exclui da competência dos juízes federais comuns as "causas sujeitas à justiça Eleitoral e à Justiça do Trabalho", que envolvam a "União, entidade autárquica ou empresa pública federal forem interessadas na condição de autoras, rés, assistentes ou oponentes".

Especificamente nas demandas de natureza trabalhista-previdenciária relativas à filiação e à contagem do tempo de serviço, a autarquia federal (INSS) possui direto interesse na lide, visto que o recolhimento compulsório e a execução judicial das contribuições sociais são matérias que adquirem natureza de ordem pública, qualificadas que são pela posição dessa autarquia federal na lide, seja como titular do crédito tributário (contribuições previdenciárias) quando assume a qualidade de autora, seja como reclamada (quanto integra a lide trabalhista na qualidade de terceira interessada).

O critério em razão da pessoa, na hipótese que estamos trabalhando, decorre pela exceção da *perpetuatio jurisdiotines*. Em face do critério relativo à natureza da matéria fixada no art. 114 da EC n. 45/2004, o critério em razão da pessoa cede lugar ao critério de competência em razão da matéria, pois no modelo atual de jurisdição trabalhista *a relação de trabalho é o núcleo preponderante* de fixação da competência, sendo irrelevante a qualificação jurídica da pessoa na relação processual.

O regime atual de competência da Justiça Federal do Trabalho, quanto ao critério relativo ao valor da causa, adota dois procedimentos na Seção II-A (Da Audiência de Julgamento), Capítulo III (Dos dissídios individuais) da CLT: (i) o procedimento sumaríssimo, regulamentado nos arts. 852-A até 852-H, que inclui os dissídios individuais cujo valor não exceda a 40 (quarenta) vezes o salário mínimo vigente na data do ajuizamento da reclamação; (ii) o procedimento ordinário que abrange todas as causas de qualquer natureza superior a 40 salários mínimos.

Do procedimento sumaríssimo estão excluídas quaisquer demandas em que é parte a Administração Pública direta, autárquica e fundacional (Parágrafo único, art. 852-A, CLT), ainda que na qualidade de litisconsorte, caso em que, extraordinariamente, a *ratione personae* (a qualificação jurídica do ente pública) modificará o rito da causa para o ordinário.

O regime de competência trabalhista também admite a convalidação do critério *ratione loci* (em razão do lugar ou competência territorial) independentemente da qualificação jurídica da parte na relação processual, por ser critério de competência relativa. Por acordo das partes, ou na omissão da parte interessada em arguir a exceção de incompetência, o Juízo da localidade passa a ser competente ao exame da causa.

Independentemente do valor da causa ou da qualidade jurídica da pessoa na lide, como regra geral, a competência das Varas do Trabalho para processar e julgar as causas oriundas das relações do trabalho e das controvérsias dela decorrentes "é determinada pela localidade onde o empregado, ou trabalhador, prestar serviços ao empregador, ainda que tenha sido contratado noutro local ou no estrangeiro" (CLT, art. 651).

Como decorrência do exercício competência em razão da matéria e da localidade, está situada a competência funcional da Justiça do Trabalho, visto que esse critério de repartição de jurisdição é definido pela função que o órgão jurisdicional exercerá no processo.

Assinalam Wambier, Talamini e Almeida (2008, p. 117) que "a competência funcional pode ser determinada a partir do objeto do próprio juízo, da hierarquia e das distintas fases do procedimento".

Fixada a partir do objeto, cada órgão jurisdicional (em momentos próprios) exerce a competência decorrente, atuando no processo para decidir questões judiciais que lhes são dirigidas.

São os casos, por exemplo, dos recursos (ordinário ou de Revista) que exercitam a competência funcional derivada dos Tribunais do Trabalho e do TST, respectivamente, quanto à matéria previdenciária decorrente das decisões proferidas.

Pela perspectiva da competência recursal — justificada no regime brasileiro de competências judiciárias pelo duplo grau de jurisdição (corolário da ampla defesa e do contrário em processos judiciais) —, os órgãos superiores de jurisdição trabalhista (Tribunais do Trabalho e TST) exercem a competência hierárquica.

Isso significa, como observa Cândido Dinamarco (1995, p. 200-204), que a competência hierárquica se manifesta para a determinação do juiz competente ao julgamento da causa, na determinação da competência recursal derivada ou para a fixação da competência funcional pela fase do procedimento.

Todos esses critérios de competências do atual modelo brasileiro são aplicáveis ao processo judiciário do trabalho[163], por conseguinte, são aptos ao exercício jurisdicional

(163) O Congresso Nacional pode acrescentar mais dois critérios definidores de competências. A Comissão Especial Mista do Congresso Nacional, que analisa a regulamentação da Reforma do Judiciário, poderá incluir à jurisdição trabalhista a *competência suplementar*, específica aos litígios que não configuram o vínculo de emprego, mas apenas a relação de trabalho e a *competência recursal* do TST, relativa aos recursos cabíveis àquela instância.

da Justiça do Trabalho nas ações relativas às relações de trabalho e suas controvérsias derivadas, como é o caso do conflito previdenciário.

3.4. Como o regime atual de competência trabalhista responde à causa trabalhista-previdenciária no Brasil

Para sabermos se o atual regime de competência trabalhista responde à efetividade do direito fundamental previdenciário, é preciso analisar duas fases: uma, a partir do Decreto-lei n. 5.452/1943, que aprova a Consolidação das Leis do Trabalho e, outra, a partir das Emendas Constitucionais n. 20/1998 e n. 45/2004.

A primeira fase, como de resto nos demais regimes de competências judiciárias no Brasil da época, tinha o exclusivo perfil de justiça distributiva. Na segunda fase, ela assume função jurisdicional mista (justiça distributiva e justiça social interventiva).

Na primeira fase, o núcleo da competência da Justiça do Trabalho era a limitada ao paradigma do trabalho subordinado.

Na segunda fase, o núcleo básico da competência reside nas relações de trabalho, nas demais controvérsias delas decorrentes e nos litígios derivados das próprias decisões trabalhistas.

Nessa fase, o perfil da competência trabalhista é marcado pelo enfrentamento teórico entre os ideários do constitucionalismo jurídico neoliberal e do neoconstitucionalismo social.

3.4.1. Primeira e segunda fases

Aprovada pelo Decreto-lei n. 5.452, de 1º de maio de 1943, a Consolidação das Leis do Trabalho é produto legislativo do segundo quartel do século XX, embora a Justiça do Trabalho tenha sido criada pela Constituição de 1934, conforme consta no art. 122 daquela Constituição.

O modelo teórico da CLT e a instituição da Justiça do Trabalho são específicos do Estado social, mas ainda baseados no positivismo jurídico.

Portanto, o conteúdo teórico que embasou o modelo de jurisdição e de competência era atrelado ao *modelo de Justiça distributiva positivista* que moldava o exercício da competência jurisdicional trabalhista na primazia da lei. Nesse sentido, por exemplo, dispunha o art. 8º da CLT que, na solução das causas, a Justiça do Trabalho utilizará "as disposições legais ou contratuais".

Era a nítida base teórica do positivismo jurídico que, com isso, deixava à condição supletiva os princípios: "na falta de disposições legais ou contratuais, decidirão, conforme o caso, pela jurisprudência, por analogia, por equidade e outros **princípios** e normas **gerais de direito**" (CLT, art. 8º, grifo nosso).

Notícia publicada no portal oficial do Tribunal Superior do Trabalho. Disponível em: <www.tst.gov.br>. Acesso em: 6 jun. 2013.

A doutrina de Correia Filgueira constata essa realidade, quando descreve que, no âmbito do positivismo jurídico, os princípios não são acolhidos como normas superiores, mas apenas como fonte subsidiária da lei, cuja interpretação e aplicação "exige vinculação dele à moldura do texto legal" (2007, p. 39):

> O positivismo jurídico não encara os princípios como normas superiores e fora do sistema positivado [...], senão como algo que corresponde à lei e integrante do mesmo conjunto normativo. [...]. Os princípios jurídicos continuam a ter relevo no ordenamento jurídico, não como fonte autônoma destes, mas sim, subsidiária da lei nas omissões do legislador, frente à sua incapacidade de prever e regrar todos os acontecimentos da vida social. O positivismo (em suas diversas tendências) não descarta de ponto os princípios jurídicos, entretanto, exige vinculação dele à moldura do texto legal interpretado ou aos fatos externos joeirados para interpretá-los. [...] Nessa condição subalterna, nunca prevalecerá sobre a lei, por mias injusta que seja considerada pelo exegeta, faz-se opção pela neutralidade valorativa da ciência jurídica.

Por certo que aquele modelo de competência definido pela primazia da lei não descarta (por todo) a aplicação dos princípios na solução das causas, mas nele os princípios são sempre supletivos ou complementares do sentido da lei.

Assim adotado pela teoria da Justiça distributiva – definida para justificar normas que estruturam os termos da "cooperação social" (BEAUCHAMP; CHILDRESS, 1994. p. 327)[164] — o modelo restrito de competência jurisdicional trabalhista, quando se limita (ou quando ainda se baseia) na primazia da lei sobre os princípios, não corresponde ao ideário de justiça social, alinhada não só à declaração, mas à efetividade dos direitos políticos e sociais fixados como direitos fundamentais na CRFB/1988.

Enquanto modelo desenhado pelo positivismo, o regime de competência judiciária da Justiça do Trabalho concebia a jurisdição trabalhista só para regular "as relações individuais e coletivas de trabalho **nela previstas**" (Art. 1º, grifo nosso). Tais relações eram específicas do trabalho subordinado, conforme delimitado pelos arts. 2º e 3º celetistas.

A competência judiciária definida à Justiça do Trabalho era, portanto, específica aos conflitos trabalhistas oriundos das relações empregatícias subordinadas e, fora dessa natureza de contrato individual, incluía apenas a competência para julgar "os dissídios resultantes de contrato de empreitada em que o empreiteiro seja operário ou artífice" (CLT, art. 652, inciso III).

Esse modelo excluía a competência da Justiça do Trabalho aos demais litígios decorrentes das relações de trabalho e seus derivados, como o litígio relativo às causas previdenciárias. Por conseguinte, *não correspondia amplamente à realização do ideal de justiça guiado pelo farol dos princípios*, no qual "[...] as decisões judiciais tornam efetivos os direitos políticos [*e sociais*, acrescentamos] existentes [...]" (DWORKIN, 2002. p. 136).

(164) Definem justiça distributiva como o critério de justiça que se perfaz como distribuição justa, equitativa e apropriada na sociedade. *In Principles of biomedical ethics.*

Assim, por exemplo, quando originariamente os direitos sociais fundamentais foram estabelecidos pela CRFB/1988, o modelo de competência trabalhista era o mesmo das suas origens. Isso representou pouca ou quase nenhuma correspondência positiva ao modelo com as funções vinculantes dos direitos fundamentais.

Por outras palavras, existe uma declaração formal dos direitos fundamentais na referida Constituição, mas o regime de competência trabalhista não é o adequado à concreção plena daqueles direitos sociais porque sua base interpretativa e aplicativa ainda é preponderantemente o da primazia da lei sobre os princípios.

Naquele modelo de competência trabalhista, o regime de competência permitia o *acesso formal* à Justiça, também com a qualidade de um direito fundamental (CRFB/1988, art. 5º XXXV), porém não se apresentava efetivo do ponto de vista dos direitos trabalhista-previdenciários.

É característico da *segunda fase* do modelo de competência jurisdicional trabalhista o embate teórico (que produz efeitos nas funções vinculantes dos direitos fundamentais) entre os postulados do constitucionalismo jurídico-positivista (braço legal do neoliberalismo econômico) e do constitucionalismo social, que exige a primazia dos princípios sobre a lei na interpretação e na aplicação judicial.

A compreensão desse embate, que produz sérios reflexos no regime de competência trabalhista, passa necessariamente pelas mudanças que a globalização econômica trouxe a partir da década de 1980.

O novo cenário socioeconômico apresenta conteúdos ressuscitados do liberalismo econômico, à moda smithiano e haeykiano, devendo a liberdade contratual liberal prevalecer nas relações socioeconômicas — opções que provocam sérias consequências à jurisdição trabalhista atual.

Andreia Galvão (2006, p. 79), a propósito, descreve que

> As ideias neoliberais se difundem no Brasil nos anos 80, numa conjuntura marcada pela crise do Estado desenvolvimentista. [...]. Apesar da década de 80 ser marcada, até seu término, pelo enfrentamento entre intervencionistas e neoliberais, as ideais neoliberais ganharam espaço crescente na mídia e na academia, obtendo a adesão de políticos burocratas e lideranças políticas. O embate entre intervencionistas e neoliberais terminou com a vitória desses últimos [...].

A "vitória" das ideias neoliberais produz reflexos no campo econômico, no campo da justiça social, na política e no direito. Luís Barroso (2004, p. 204) sintetiza com precisão esses efeitos, destacando que, no campo social, os problemas do cidadão são invisíveis ao Estado econômico.

> [...] No campo econômico e social, tem-se assistido ao avanço vertiginoso da ciência e da tecnologia, com a expansão dos domínios da informática e da rede mundial de computadores e com as promessas e questionamentos éticos

> da engenharia genética. A obsessão pela eficiência tem elevado a exigência de escolaridade, especialização e produtividade, acirrando a competição no mercado de trabalho e ampliando a exclusão social dos que não competitivos porque não podem ser. O Estado já não cuida de miudezas como pessoas, seus projetos e sonhos, e abandonou o discurso igualitário ou emancipatório. O desemprego, o subemprego e a informalidade tomam as ruas lugares tristes e inseguros.

No campo político, questiona-se o ideário da justiça social.

> Na política, consuma-se a desconstrução do Estado tradicional, duramente questionado na sua capacidade de agente de progresso e da justiça social. [...] o Estado passou a ser o guardião do lucro e da competitividade. (BARROSO, 2004. p. 204)

No âmbito do Direito, o neoliberalismo exige desconstitucionalização de direitos.

> No Direito, a temática já não é a liberdade individual e seus limites, como no Estado liberal; ou a não intervenção estatal e seus limites, como no *Welfare state*. [...] A própria lei caiu em desprestígio. [...] Fala-se em desconstitucionalização, delegificação, desregulamentação. (BARROSO, 2004. p. 204)

No campo específico do Direito, no qual repousa o arcabouço regulatório da competência judiciária trabalhista, o modelo vigente sucessivamente vem sendo alterado e apropriado pelo positivismo jurídico neoliberal para restringir direitos trabalhistas e previdenciários, bem como para afastar a jurisdição da Justiça do Trabalho nas causas de natureza trabalhista-previdenciária.

O enfrentamento nos campos econômico e social — entre os ideólogos do liberalismo e do intervencionismo do *Welfare State* — reflete drasticamente nas relações de trabalho, com a precarização do emprego e com a minimização dos direitos sociais inerentes às relações de trabalho e dos contratos individuais de trabalho.

Por isso que Andreia Galvão (2006, p. 78; 81) observa que

> as relações de trabalho, bem como as leis que a regem, têm mudando rapidamente em decorrência do neoliberalismo [...] As empresas têm tido uma autonomia cada vez maior para definir as condições de trabalho. [...] Os trabalhadores têm seus direitos rebaixados [...].

Celso Pastore, um dos ideólogos neoliberais no Brasil, defende mudanças nas relações de trabalho e a flexibilização dos direitos decorrentes. Pastore (1995, p. 94 *apud* GALVÃO, 2006. p. 73) assinala que "[...] uma economia mais aberta, mais tecnificada e mais competitiva requer mudanças nas relações de trabalho".

Mas como toda essa questão reflete no modelo atual de competência jurisdicional trabalhista? Há um embate entre os ideólogos da justiça social e os ideólogos do constitucionalismo jurídico neoliberal, refletindo diretamente no regime de competência da Justiça do Trabalho nas causas trabalhista-previdenciárias.

De um lado, o constitucionalismo social quer a sujeição da ordem econômica aos ditames da justiça social (CRFB/1988, art. 170 e 193), *o que exige um regime de competência com perfil de justiça social*, que tenha como base o primado do trabalho e os objetivos do bem-estar e da justiça sociais, o que requer um caráter interventivo também por força dos efeitos imediatos e vinculantes dos direitos fundamentais. Para isso, a EC n. 20/1998 e a EC n. 45/2004 ampliaram a competência da Justiça do Trabalho às matérias trabalhista-previdenciárias.A EC n. 20/1998, entretanto, é curiosamente dúbia no que tange à competência previdenciária da Justiça do Trabalho: primeiro, no art. 195, I, "*a*" e II, atribui-lhe competência tributária para executar as contribuições sociais devidas ao Regime Geral sobre as folhas de salários e demais rendimentos do trabalho pago ou creditado, a qualquer título, à pessoa física que preste serviços, mesmo sem vínculo empregatício (BRASIL. CRFB/1988, art. 195, "A"). Ao mesmo tempo, no § 2º, art. 202, exclui da competência trabalhista os litígios previdenciários contra o Regime Privado Fechado, mesmo que o direito decorra das relações empregatícias (CRFB/1988, art. 202, § 2º).

A Emenda Constitucional n. 45/2004 amplia a competência trabalhista para as ações relativas às relações de trabalho humano. De outro lado, *o legal arm* do neoliberalismo econômico adota medidas legislativas para desregulamentar as normas protetivas de caráter social do Direito do Trabalho, submetendo, desse modo, a regulação das relações sociais trabalhistas às regras liberalistas do mercado.

Com isso, e como efeito direto, o objetivo do constitucionalismo jurídico neoliberal é neutralizar a eficácia social e a eficácia jurídica da jurisdição social trabalhista, não obstante a ampliação de competência às relações de trabalho pela EC n. 45/2004.

Por meio de seu *legal arm*, indiretamente, o neoliberalismo econômico exerce em certa medida o controle da decisão judicial, isto é, a desregulamentação das normas trabalhistas é um dos mecanismos para neutralizar ou afastar a jurisdição trabalhista, por exemplo, das causas previdenciárias contra o Regime Privado Fechado.

É por isso que a prioridade do positivismo jurídico neoliberal é a blindagem econômica, com um discurso minimalista do Estado pelo qual este assume o papel apenas de ser o garantidor do lucro e da competitividade; e, ao mesmo tempo, o constitucionalismo econômico neoliberal trabalha a desconstitucionalização ou desregulamentação dos direitos sociais para fins de controle ideológico da decisão judicial.

Com efeito, a missão do *braço legal* do neoliberalismo econômico no Brasil é a formatação de normas jurídicas no âmbito da Constituição (CRFB/1988, *e.g.*, art. 202, § 2º) e no âmbito infraconstitucional (Lei n. 109/2001, art. 68), as quais possibilitam o controle da jurisdição trabalhista às causas trabalhista-previdenciárias.

A blindagem dos interesses econômicos e de grupos privados é a finalidade última do *legal arm*, para a defesa do capital.

Como descreve Correia Filgueira (2007, p. 125),

> A prática, outrora encampada pelo liberalismo e hoje pelo neoliberalismo, não é despretensiosa. Almeja blindar os interesses econômicos e de grupos

privados ou da parte mais forte na relação contratual. Segurança e certeza jurídica têm significado único: o capital envolvido e investido de contrato [**previdenciário**, *acrescentemos*] não sofrerá nenhum abalo por interferências externas do legislador ou do Judiciário [Justiça do Trabalho, acrescentamos]; o retorno lucrativo, não raro estratosférico, terá de vir, posto que implique a falência da contraparte'.

Andreia Galvão (2006, p. 83) observa também que as ideias neoliberais ganharam espaços na mídia, na academia e na economia nacional, mas também avançam no âmbito legislativo: "[...] alguns governos valem-se da lei para desregulamentar as relações de trabalho [...]".

Quando assim atua, o próprio Estado passa a ser o agente ameaçador dos direitos fundamentais, por isso há apenas um direito formal, mas não uma justiça social efetiva.

Não se trata de mera coincidência, o controle calculado na elaboração das leis pelo *braço legal* neoliberal no âmbito do sistema legislativo brasileiro (para alcançar o controle da competência judiciária trabalhista às causas de natureza trabalhista-previdenciária) guarda estrita origem no espírito do Estado moderno liberal, que também utilizava o método controlativo das leis para alcançar seus objetivos econômicos.

Por um sistema de leis de conteúdo neoliberal, ocorre o controle da jurisdição trabalhista às causas trabalhista-previdenciárias. Isso, na análise de Baldassare (2002, p. 58 *apud* GRAU, 2008b. p. 29), é substancial ao desenvolvimento dos modelos de mercado,

> [...] a exigência de um sistema de normas jurídicas uniformes e de um sistema de decisões políticas integrado em relação a determinado território é essencial para o funcionamento e desenvolvimento do mercado.

A finalidade disso tudo é, como escreve Eros Grau (2008b, p. 29), submeter a sociedade civil às leis do mercado econômico-financeiro, pois justifica o autor que

> O fato é que, o Terceiro Estado, a burguesia, apropriando-se do Estado e é a seu serviço que este põe o Direito, instrumentando a dominação da sociedade civil pelo mercado [...].

É o mesmo sentido da análise de Campuzano (2010, p. 62), para quem,

> O direito dos tempos atuais se vê desafiado pela ausência de um sistema amplo de garantias, sem os quais a eficiência das normas é dizimada ao se chocar com os imperativos do tipo técnico ou econômico que se opõe à força normativa dos preceitos jurídicos.

Concretamente, no âmbito do regime de competência da Justiça do Trabalho, a utilização da lei para desregulamentar as relações de trabalho vai muito além da visão periférica encoberta pelo formalismo positivista.

A regulação legislativa com os fundamentos teóricos do constitucionalismo positivista neoliberal (quanto à matéria relativa à competência trabalhista-previdenciária) representa, em última análise, o controle da jurisdição e decisão judicial. Por outras palavras, o modelo econômico neoliberal procura influenciar na elaboração das leis a fim de "afastar a Justiça do Trabalho dos conflitos de natureza econômica" (PASTORE, 1995. p. 94 *apud* GALVÃO, 2006. p. 73), com seus consectários trabalhista-previdenciários.

Por isso, o modelo atual de competência cunhado pelo constitucionalismo econômico neoliberal ou de livre mercado, no art. 202, § 2º, CRFB/88, para Justiça Federal do Trabalho em face do Regime Privado Fechado, tem como objetivo — para usar as palavras de Palo Neto (2009, p. 4) sobre situação similar — "a exclusão do 'risco para o sistema' econômico neoliberal".

Assim, quando o constitucionalismo neoliberal inscreve na CRFB/88 que "As contribuições do empregador, os benefícios e as condições contratuais previstas nos estatutos, regulamentos e planos de benefícios das entidades de previdência privada não integram o contrato de trabalho dos participantes [...]" (CRFB/1988, art. 202, § 2º), exclui da competência jurisdicional da JT as matérias de natureza trabalhista-previdenciária.

Desse modo, a competência definida à Justiça do Trabalho, pela ótica do positivismo jurídico neoliberal, corresponde à estrita racionalidade do discurso da globalização hegemônica capitalista, a livre iniciativa liberal, que não admite a interpretação e nem a aplicação das normas-princípios para a subsunção dos conflitos de natureza trabalhista--previdenciária.

O regime de competência jurisdicional adotado no § 2º, art. 202 da EC n. 30/1998 e no art. 68 da LC n. 109/2001, em nada se diferencia daquele velho modelo de justiça no sistema *laissez faire* (CAPELLETTI; GARTH, 2002. p. 9)(165), no qual a justiça onerosa e formalista submete tudo à racionalidade lucrativa do mercado, em nome da liberdade liberal, assim subtraindo das funções dos direitos fundamentais a eficácia vinculante contra terceiros e contra o próprio Estado.

Fruto do *legal arm* neoliberal, esses dispositivos – quando subtraem do regime de competência material e decorrente da Justiça do Trabalho — provocam uma *redução teleológica* (MARIA HELENA DINIZ, 2009b. p. 184-185)(166) das normas e dos princípios constitucionais comuns ao trabalho e à previdência.

Logo, está bem claro o objetivo finalístico do positivismo jurídico neoliberal na Constituição de 1988, inserto no art. 202, § 2º, da EC n. 20/1998: engessar a competência da Justiça Federal especializada do Trabalho apenas às causas entre empregado e empregador no velho regime fixado no art. 1º celetista, o que representa um retrocesso.

No confronto entre os ideários controlativos desse constitucionalismo neoliberal em face da competência da Justiça do Trabalho e os ideários da justiça social trabalhista

---

(165) Os autores descrevem que, no sistema jurídico *laissez faire*, só tinha acesso à Justiça e esta "só podia ser obtida por aqueles que pudessem enfrentar seus custos; aqueles que não pudessem fazê-lo eram considerados os únicos responsáveis por sua sorte".

(166) MARIA HELENA DINIZ explica a *redução teleológica* como sendo "uma limitação feita a uma norma e exigida pelo seu sentido, restrição essa que se apresenta como um paralelo não só da interpretação restritiva, como também argumentação analógica" (2009b, p. 184-185).

para efetividade do direito fundamental à previdência, conclui-se que é típico dessa segunda fase que

(i) quando o regime atual de competência trabalhista adota como conteúdo, para as suas decisões, exclusivamente as bases do constitucionalismo jurídico neoliberal, não traz correspondência ao ideário teleológico da função jurisdicional dos direitos sociais fundamentais;

(ii) o modelo de competência comum no art. 202, § 2º, da EC n. 20/1998 e no art. 68 da LC n. 109/2001 também não corresponde ao desafio da efetividade máxima do direito fundamental à previdência.

Ante essa difícil realidade, nossa tese desafia o dogma do positivismo jurídico neoliberal que subtrai a competência trabalhista-previdência às causas que envolvam os empregadores e o Regime Privado Fechado e que, por consequência, desestrutura a proteção previdenciária aos trabalhadores.

Capítulo IV
Competência Jurisdicional Trabalhista como Meio à Efetividade do Direito Social Fundamental à Previdência

A motivação central que nos desafia sobre a competência jurisdicional da Justiça trabalhista nas causas de exclusiva natureza trabalhista-previdenciária é a necessidade de assegurar efetividade do direito humano fundamental à previdência social.

No momento em que se observa a escalada do positivismo jurídico neoliberal no ordenamento jurídico brasileiro — *legal arm* do neoliberalismo econômico para formatar regime de competência trabalhista que não intervenha em conflitos trabalhista-previdenciários —, os direitos sociais fundamentais reclamam, de outro lado, uma resposta judicial adequada e eficaz que garanta a sua efetividade, o que vislumbramos com a exclusiva competência da Justiça Federal do Trabalho para essas causas.

Assim, quando nos propomos a essa tarefa, temos consciência dos grandes desafios a remover, especialmente na doutrina e na jurisprudência positivistas no Brasil, que ainda assentam suas convicções à tese de incompetência da Justiça do Trabalho em litígios previdenciários que envolvam o Regime Geral e o Regime Privado Fechado.

Os reflexos do pensamento jurídico positivista neoliberal no ordenamento jurídico brasileiro causam *problemas de ordem materia*l (a inefetividade da decisão judicial trabalhista à inclusão social previdenciária do trabalhador) e d*e ordem jurisdicional* (cisão do princípio da unidade da jurisdição).

Por tudo isso, é necessária a superação dos conflitos de competências entre os órgãos jurisdicionais, quando se cuida de matéria previdenciária decorrente da relação de trabalho (como gênero) ou do vínculo empregatício (como espécie) — questão relativa ao problema teórico de natureza jurisdicional — que foi investigado pelos seguintes motivos:

(i) a efetividade do direito fundamental à previdenciária social reclama a adequação jurídica do regime de competência jurisdicional às causas de natureza trabalhista-previdenciária — regime que seja célere (do ponto de vista da entrega definitiva da tutela requerida) e seguro (do ponto de vista da estabilidade das relações jurídicas trabalhista-previdenciárias);(ii) a decisão da Justiça do Trabalho no direito previdenciário tem sido sistematicamente ignorada, o que lhe retira a eficácia, devido à interpretação dogmática que sustenta a não atribuição de efeitos imediatos e automáticos da coisa julgada material trabalhista para fins previdenciários, como a inscrição no Regime Geral e a averbação do tempo de serviço.

Diante dessas questões, o constitucionalismo neoliberal (que configura o positivismo dogmático) deve ser superado, porque o positivismo do sistema "puro" de leis não é adequado para garantir a efetividade dos direitos sociais fundamentais.

O positivismo coloca os princípios constitucionais comuns ao trabalho e à previdência em posição subalterna à lei, não permitindo, assim, a interpretação teleológica quanto aos fins sociais da norma.

Por isso que, como alternativa ao positivismo dogmático, defendemos uma nova base teórica à fundamentação da decisão judicial trabalhista que defenda um regime exclusivo de competência trabalhista-previdenciária com raízes num sistema normativo-axiológico-principiológico.

Essa base teórica pode, então, ser identificada como dinâmica da decisão judicial trabalhista-previdenciária porque envolve os fatores normativo-axiológico-principiológicos da lei, como veremos mais adiante.

Daí que o problema teórico, necessariamente, partiu da investigação sobre o conteúdo valorativo conferido ao trabalho humano, com o seu consectário previdenciário, nos modelos econômicos e no constitucionalismo brasileiro.

A compreensão do trabalho e da previdência, enquanto direitos sociais fundamentais, em nossa tese, corresponde à construção axiológica do direito à previdência como um direito humano fundamental destinado à proteção da dignidade humana.

Assim, quando se adota a competência material da Justiça Federal do Trabalho como critério à efetividade do direito social à previdência, tivemos pela frente três desafios:

(i) a construção de um sentido único que traduza os conceitos de direitos humanos e direitos fundamentais para uma concepção do direito social à previdência como direito humano fundamental;

(ii) a investigação se ao direito humano fundamental à previdência na CRFB/88 existe correspondência jurisdicional trabalhista-previdenciária no mesmo texto constitucional, que seja adequado à efetividade do referido direito.

(iii) a apresentação de elementos ou fundamentos comprovadores da tese da competência da Justiça do Trabalho às causas de natureza jurídica trabalhista-previdenciária para além das teorias de justiça do Estado neoliberal econômico.

Nos dois capítulos a seguir nos dedicaremos a essas questões.

4.1. Direito à previdência como direito humano fundamental na Constituição de 1988

Parte da doutrinária[167] costuma distinguir o princípio da dignidade da pessoa humana dos direitos fundamentais.

(167) J. J. Canotilho (2003, p. 393) considera apropriada a distinção entre direito do homem e direito fundamental. Para o autor, os direitos fundamentais são os direitos do homem constitucionalizados, pois compõem o núcleo

Não cabe aqui tomar posição desta ou daquela corrente porque o nosso problema teórico é investigado sob a temática da efetividade do direito social à previdência como um direito humano fundamental. Nossa tese constrói um sentido consensual entre o direito social à previdência e a natureza de direito humano fundamental.

A tese é guiada pela *exegese teleológica* que relaciona o direito social fundamental à previdência com o valor supremo à edificação da dignidade da pessoa humana.

No âmbito do constitucionalismo social brasileiro de 1988, direito humano é gênero, do qual são espécies também os direitos sociais de segunda geração, nos quais está incluído o direito social à previdência, como tipo positivado. Significa dizer que, no núcleo *direitos humanos* (direito à vida, à liberdade, à segurança, à igualdade e à propriedade, art. 5º, CRFB/1988), está inserido o direito social à previdência como um direito relativo à vida. Então, em *sentido lato,* como espécie de direito humano, o direito social à previdência social é inerente à dignidade humana.

O conteúdo da dignidade humana, no âmbito normativo-constitucional pátrio, é a liberdade, tomada aqui no *sentido amplo* da libertação de todas as privações, restrições e necessidades humanas, tarefa que incumbe à previdência social (na ordem do SNSS) de promover o bem-estar humano e a justiça social. Por isso mesmo que, na acepção de Maria Garcia (2010, p. 300), "a dignidade humana corresponde à compreensão do ser humano na sua integridade física e psíquica, como autodeterminação consciente, garantida moral e juridicamente".

Sob o *prisma teleológico*, o conteúdo da dignidade humana é "dirigido às vidas das pessoas, à possibilidade e ao direito que as pessoas têm de viver uma vida digna" (RIZATTO NUNES, 2010, p. 54). Isto é, ainda conforme o mesmo autor, a qualidade da dignidade humana exige a incorporação de "uma qualidade social como limite à possibilidade de garantia" (NUNES, 2010, p. 55). A dignidade da pessoa humana é, assim, inscrita e garantida como um *princípio supremo e fundamental* ao ser humano.

---

básico de uma Constituição. Já os direitos humanos são reconhecidos a qualquer pessoa e são mais relativos à positivação na ordem internacional. SARLET (2010, p. 73) distingue os direitos fundamentais do princípio da dignidade da pessoa humana. Afirma o autor que "[...] o núcleo essencial dos direitos fundamentais sociais não pode, em nosso sentir, ser identificado (pelo menos em toda sua extensão) com o seu conteúdo em dignidade da pessoa humana e nem com a noção de um mínimo existencial. PENTEADO FILHO descreve que a evolução da proteção jurídica dos direitos humanos pode, em síntese apertada, ser compreendida pela visão das seguintes teorias: a teoria jusnaturalista, a teoria positivista e a teoria moralista. Na primeira, os direitos humanos são de ordem divina, não resultam da criação humana. Por isso, são direitos de ordem soberana, suprema, universal e imutável. Na segunda, os direitos humanos são resultado da criação positivada, do processo de criação legislativa. O Estado é o seu produtor. Na terceira, os direitos humanos são tidos como fruto ou resultado da consciência moral do povo (PENTEADO FILHO, 2006. p. 14-15). Tomando o "princípio da humanidade", haurido da afirmação segundo a qual o "ser humano deve sempre ser visto como um fim em si mesmo" (KANT, INMANUEL, 1995. p. 66), FERREIRA PES afirma que, nesse postulado, ainda é atual o conceito jurídico de ser humano, o qual deduz que: "a) o ser humano nunca pode ser um simples meio, nem tratado como um objeto; ele encerra sempre um fim de si mesmo, assumindo-se como sujeito da História e do Direito, pois é fundamento de todas as coisas; b) o ser humano nunca se pode degradar a si próprio em simples meio ou coisa, nem ser degradado por terceiro à categoria de coisa ou mero instrumento: o princípio da humanidade vincula o ser humano perante si próprio e perante todos os restantes ao seu respeito" (2010, p. 29).

O que credita a um direito a natureza fundamental é a sua universalidade protetiva a todos os seres humanos, enquanto sujeitos de direitos e obrigações na sociedade, bem como a sua indisponibilidade e irrevogabilidade, impondo ao Estado o dever de garanti-lo e de efetivá-lo.

Como define Luigi Ferrajoli (2007, p. 19),

> son derechos fundamentales todos aqueles derechos subjetivos que corresponden universalmente a todos los seres humanos em cuanto dotados del status de persona, de ciudadanos o personas con capacidadd de obrar [...].[168]

Sob essa perspectiva conceitual, os direitos fundamentais possuem bases axiológicas e normativas, quando definidos como expressão de direito subjetivo inerente à pessoa humana. Axiológicos quando revelam, em sua tipologia, "su carácter indisponibile, en tanto incumben de igual forma y medida a todos sus titulares"[169] (FERRAJOLI, 2007. p. 291-299). Isto é, por seu fundamento axiológico, a indisponibilidade dos direitos fundamentais existe para a valorização da dignidade humana.

No atual sistema constitucional brasileiro, os arts. 1º, III, e 6º que conferem ao direito à previdência o status de direito humano fundamental, visto que esse direito é ungido à categoria de "valor Supremo" ao lado de outros direitos sociais (por exemplo, o trabalho) e dos direitos à liberdade, à segurança, ao bem-estar, ao desenvolvimento, à igualdade e à justiça social, conforme também declarado solenemente no preâmbulo da Carta Magna de 1988.

Essa é a *dimensão axiológica* que orienta a ordem constitucional pátria para a concepção do direito social à previdência como direito humano fundamental.

Sob o *critério normativo-constitucional,* o art. 6º relaciona o direito social à previdência como um direito fundamental, à medida que se encontra ambientado na CRFB/88 no Título II (Dos direitos e garantias fundamentais), não obstante esteja catalogado no capítulo II (Dos direitos sociais).

Sobre a qualidade do direito social à previdência como direito humano, observa Balera (1988, p. 17) que "O constituinte coloca, pois, a proteção social como um dos direitos humanos, cuja garantia é a própria Lei Maior".

No mesmo sentido, Santos Júnior (2010, p. 23-24) afirma que "os direitos fundamentais são direitos humanos também" porque embora apresentem

> expressões distintas [...], os direitos humanos e os direitos fundamentais possuem íntimas relações [...] na medida em que grande parte das constituições [...] se inspirou na Declaração Universal dos Direitos Humanos [...], como ocorreu com a Constituição brasileira [...].

(168) Tradução literal: "São direitos fundamentais todos aqueles direitos subjetivos que correspondem universalmente a todos os seres humanos enquanto dotados de status de pessoa, de cidadãos, ou pessoas com capacidade de agir".

(169) Tradução lteral: "caráter de indisponibilidade, em igual forma e medida para todos os titulares".

Portanto, incluídos como direitos e garantias fundamentais na CRFB/88, os direitos sociais passam a ser o núcleo, não apenas *formal*, mas sobretudo *substancial ou material* da Constituição pátria, que é a dignidade da pessoa humana.

Assim como declarado nos textos de importantes documentos universais — por exemplo, na Declaração dos Direitos do Homem e do Cidadão (DDHC), de 1789, e na Declaração Universal dos Direitos Humanos (DUDH), de 1948, que reconhecem os direitos sociais para o desenvolvimento da personalidade humana —, a CRFB/88 também o faz, elegendo os direitos sociais como valores supremos para o bem-estar humano.

Pela DUDH, os direitos fundamentais são declarados como "indispensáveis à dignidade e ao desenvolvimento de personalidade" humana (Art. XXII e XXIII, DUDH/1948).(170)

A DDHC, primeira vez, universalizou a liberdade, a igualdade e a fraternidade como valores humanos fundamentais como consequência direta da revolução francesa. A DUDH, com maior leque de princípios e direitos fundamentais, estatuiu universalmente a responsabilidade de todos (povos e nações) quanto ao "reconhecimento da dignidade humana" e de "seus direitos iguais e inalienáveis" como "fundamento da liberdade, da justiça e da paz no mundo".(171)

Quando na ordem internacional se reconhece que "toda pessoa tem direito à segurança social e à realização [...] dos direitos econômicos, sociais e culturais" (Art. XXII, DUDH), isso significa — como descreve Ferrajoli (2007, p. 16-17)(172) — que os direitos fundamentais (*e.g.*, o direito social à previdência), além de valiosos à promoção da igualdade social, são essenciais para a proteção dos mais frágeis, como é o caso — regra geral — dos trabalhadores-segurados hipossuficientes.

Vivificada pelos direitos fundamentais, a dignidade da pessoa humana é princípio humanístico fundamental que universaliza o sentido protetivo de nossa ordem jurídica, visto que se constitui em baliza de igualização de tratamento humanístico aos brasileiros e aos estrangeiros residentes no país.

Também sob essa perspectiva geral, o direito à previdência é um direito humano fundamental na ordem jurídica brasileira, sendo por isso que recebe a *natureza de cláusula pétrea* que não admite retrocesso social e nem jurídico.

Então, podemos ainda afirmar que, no sentido jurídico, o direito social à previdência (CRFB/1988, art. 6º) é constitucionalizado com o status de direito humano fundamental

---

(170) Artigo XXIII – 1. Toda pessoa tem direito ao trabalho, à livre escolha de emprego, a condições justas e favoráveis de trabalho e à proteção contra o desemprego. 2. Toda pessoa, sem qualquer distinção, tem direito a igual remuneração por igual trabalho. 3. Toda pessoa que trabalhe tem direito a uma remuneração justa e satisfatória, que lhe assegure, assim como à sua família, uma existência compatível com a dignidade humana, e a que se acrescentarão, se necessário, outros meios de proteção social. 4. Toda pessoa tem direito a organizar sindicatos e neles ingressar para proteção de seus interesses.

(171) Preâmbulo da DECLARAÇÃO UNIVERSAL DOS DIREITOS HUMANOS (adotada e proclamada pela Resolução n. 217 da Assembleia Geral das Nações Unidas em 10 de dezembro de 1948).

(172) Tratando dos direitos fundamentais, FRERRAJOLI (2007, p. 16-17) afirma que eles são valiosos bem como contribuem à paz, à igualdade e ao asseguramento da democracia e, sobretudo, à proteção dos mais frágeis, bem como contribuem para minimizar as opressões física, política, cultual ou economicamente.

baseado no princípio fundamental da dignidade humana (CRFB/1988, art. 1º, III). Portanto, é o *status* de valor supremo — com a formatação de direito social fundamental (CRFB/1988, art. 6º, título II) para a finalidade da proteção social dos trabalhadores-segurados diante das contingências sociais e laborais — que confere ao direito à previdência o sentido teleológico da proteção social e jurídica à dignificação humana.

Com efeito, pela conjugação do princípio (da dignidade da pessoa humana) com o direito social fundamental (previdenciário) destinado à proteção humana (trabalhadores-segurados na ordem jurídica pátria), sob o ideário neoconstitucional, consideramos sem nenhum empirismo ser plenamente factível a presente concepção que dá sentido comum ao direito social à previdência como um direito humano fundamental.

Configurado dessa forma, a esse direito fundamental é atribuída a magna função de promover o bem-estar e a justiça sociais, objetivos da proteção social previdenciária no âmbito da seguridade social brasileira. Assim como a previdência social, em específico, os direitos fundamentais, em geral, também cumprem *funções vinculantes* não apenas dirigidas exclusivamente ao Estado, mas também aos particulares.

As *funções vinculantes* dos direitos sociais fundamentais têm repercussão direta na atividade jurisdicional. E também repercutem incisivamente nas relações jurídicas trabalhista-previdenciárias no âmbito do Regime Geral e do Regime Privado Fechado de Previdência, como veremos a seguir.

4.1.1. *A competência trabalhista e a função vinculante dos direitos fundamentais*

J. J. Canotilho (2003, p. 407-411), a propósito das funções dos direitos fundamentais, identifica quatro atribuições: (i) função de defesa ou liberdade; (ii) função de prestação social; (iii) função de prestação perante terceiros; (iv) função de não discriminação. A elas, outra doutrina[173] acrescenta a função de proibição do retrocesso.

Com adequação ao nosso tema, veremos como ocorre a sua correlação com a função jurisdicional.

Luigi Ferrajoli (2001, p. 9-13) atribui ao direito fundamental a natureza de *direito subjetivo*. Isto é, uma norma jurídica positiva constitucional que qualifica a pessoa ao seu exercício de forma igual ou sem discriminação em relação aos seus semelhantes, advindo daí o seu predicado ou caráter inalienável ou indisponível.

Assim, os direitos fundamentais "formam o fundamento e o parâmetro da igualdade" (FERRAJOLI, 2011. p. 15), concebidos pelo autor como "dimensão essencial da democracia" porque "constituem em expectativas negativas ou positivas, correspondem deveres (de prestações) ou proibições" (de lesões)" (FERRAJOLI, 2011. p. 16).

É por esse sentido — de deveres e de proibições — que pode ser compreendida *a função de defesa ou liberdade* inata dos direitos fundamentais.

---

(173) LUIGI FERRAJOLI, 2001. p. 9-13. E também INGO SARLET, 2010. p. 75.

A *função de defesa* "é relativa à pessoa humana, bem como sua proteção perante os poderes do Estado" (J.R. DE PAULA AMARAL, 2007. p. 43). Nesse sentido, Canotilho (2009, p. 90-93) explica que a *função de defesa* impõe ao Estado o dever de proteção dos direitos, das liberdades e das garantias fundamentais.

A *função de defesa* é relativa à garantia da ordem jurídica constitucional ao pleno exercício dos direitos sociais. Mas também significa que o cidadão fica diante do poder de proteção do Estado, isto é, o Estado cumpre a função de proteção perante terceiros, seja no âmbito dos órgãos públicos, seja na iniciativa privada ou ainda nas relações sociais individuais e coletivas.

A garantia, ou defesa, ou exigência de proteção pelo Estado representa que o legislador "deve 'mediar' a eficácia (eficácia imediata), garantindo a sua observância e respeito através da legislação civil (...)" (CANOTILHO, 2007. p. 91), mas também é dirigida ao âmbito das atividades privadas, com caráter vinculante, quanto à observância aos direitos fundamentais sociais, em sentido geral, e de respeito aos direitos subjetivos, em sentido restrito.

Nas palavras de Canotilho (2009, p. 94),

> Quem exerce os direitos fundamentais deve respeitar direitos fundamentais de outrem. Sobretudo, ninguém pode lesar ou direitos fundamentais de outrem em virtude de poder.

Por isso que, sob o aspecto da liberdade negativa, a função de defesa implica proibição negativa (aos poderes públicos e aos entes privados) quanto à não ingerência na esfera dos direitos individuais; e sob o aspecto da liberdade positiva, a ideia funcional requer dos poderes públicos não apenas a defesa, mas a efetividade dos direitos sociais fundamentais, como é o caso da *função de proteção social* inerente ao direito social à previdência.

A *função de prestação social* está diretamente relacionada com a eliminação das desigualdades sociais.

A proteção social é o objetivo maior da seguridade social brasileira. O direito social fundamental à previdência (assim como o direito social à saúde e à assistência social) é engendrado na ordem constitucional brasileira para implementar a proteção social.

A previdência como direito fundamental é um valor supremo da República Federativa brasileira. Como valor supremo, o preceito magno da proteção social previdenciária enquadra-se na qualidade de "princípio constitucional impositivo", para usar as palavras de Canotilho, (2007, p. 202), ou adquire o predicado de norma-princípio porque, como Eros Grau interpreta, "as normas-princípios são verdadeiras normas fundamentais"[(174)] (GRAU, 1988. p. 158 *apud* AFONSO DA SILVA, 2008. p. 107-108).

(174) AFONSO DA SILVA, ao denominar as **normas constitucionais de princípios**, faz distinção entre ***normas constitucionais de princípios*** e as ***normas constitucionais de princípios gerais*** (normas-princípios) e os ***princípios gerais de direitos constitucionais***. As **normas-princípios são as normas constitucionais de princípios gerais**,

A qualidade de norma-princípio é então a essência normativa que exige dos poderes públicos, como assinala Canotilho, "[...] realização de fins e a execução de tarefas" (1987, p. 201-203). A realização de fins, para o âmbito da previdência, é a consecução dos objetivos do bem-estar e da justiça sociais, com eliminação de todas as necessidades e da injustiça social, com a eliminação das desigualdades sociais.

É por isso que Canotilho (2009, p. 101) interpreta que "os direitos sociais implicam o dever de o Estado fornecer as prestações correlativas ao objeto destes direitos".

As prestações devem ser concretizadas por meio das tarefas ou dos serviços previdenciários que a Constituição ordena sejam efetivados: cobertura dos eventos de doença, invalidez, morte e idade avançada; proteção à maternidade, especialmente à gestante, proteção ao trabalhador em situação de desemprego involuntário; salário-família e auxílio-reclusão para os dependentes dos segurados de baixa renda; pensão por morte do segurado, homem ou mulher, ao cônjuge ou companheiro e dependentes.

Pela garantia e execução desses benefícios, a previdência social enquanto direito social fundamental cumpre, no âmbito da sociedade brasileira, a função de *prestação social* — *princípio geral* do qual, por uma eficácia plena e aplicabilidade imediata vinculante, também deduz a *função de defesa contra terceiros dos direitos fundamentais.*

Claus Canaris (2009, p. 27-30), abordando a natureza vinculante dos direitos fundamentais contra terceiros, indaga se o agente privado, bem como o legislador privado, estão "de todo em todo vinculados aos direitos fundamentais".

Para responder à questão, o autor parte da *natureza imediata e mediata* de vinculação dos direitos fundamentais, esclarecendo que a doutrina(175) já considerava a vinculação mediata em relação a terceiros e em relação ao legislador privado.

O que marca a *natureza imediata* dos direitos fundamentais é, na doutrina de Canaris (2009, p. 22), "o nível de direito imediatamente vigente", que cumpre função de "proibição de intervenção e imperativos de tutela", enquanto que a *natureza mediata* estaria vinculada à tese de direitos "como meras asserções programáticas". (CANARIS, 2009. p. 22).

Mas Canaris rejeita a teoria da *vinculação mediata* porque defende o princípio de que uma cláusula geral do direito privado deve ser interpretada "à luz dos direitos fundamentais" (CANARIS, 2009. p. 36). Para esse autor, "os direitos fundamentais vigoram imediatamente em face das normas de direito privado" e também vinculam terceiros, como é o caso "dos órgãos jurisdicionais" (CANARIS, 2009. p. 39). Justifica que a vinculação

---

com natureza de normas fundamentais porque informam toda a ordem jurídica nacional. EROS GRAU (2008b, p. 158-159) interpretando AFONSO DA SILVA (2008, p. 107-108) escreve que as **normas constitucionais de princípios** são de eficácia limitada e de aplicabilidade indireta. Isto é, dependem de legislação ou de outra providência. Já as **normas constitucionais de princípios gerais** e as **normas-princípios** são de eficácia plena e aplicabilidade imediata. De outro lado, os princípios gerais do direito constitucional formam tema de uma teoria geral do Direito Constitucional. (grifo nosso)

(175) Cf. GÜNTHER DÜRIG, In Maunz/Dürig/Herzog/Schol, 1994, art. 2, I, n. de margem 510, e KOPP, 2.ed. Festschrift f. Wilburg, 1975, p. 149, segundo CANARIS (2009, p. 28-29).

mediata "conduz [...], em última análise, a uma liberdade do direito privado em face dos direitos fundamentais" (CANARIS, 2009. p. 32).

O autor adota o *critério da supremacia* dos direitos fundamentais constitucionais em face dos direitos privados e dos interesses particulares para sustentar a tese de vinculação imediata dos direitos fundamentais.

Também assim consideramos, pois os direitos fundamentais na ordem constitucional brasileira são dotados de funções vinculantes precisamente pelo *status* constitucional de normas-princípios. E isso ocorre porque as normas-princípios são dotadas por um certo nível de eficácia, dependendo da sua natureza.

Quando se trata da eficácia das normas constitucionais em nosso sistema constitucional, Afonso da Silva distingue: *normas constitucionais de eficácia plena* e de *aplicabilidade imediata* (possuem normatividade suficiente para imediata aplicabilidade, isto é, não dependem de lei atributiva); *normas constitucionais de eficácia contida e aplicabilidade mediata* (possuem normatividade para regular as situações fáticas, mas são passíveis de restrições por leis integradoras do conteúdo, o que podem lhe reduzir a eficácia e a aplicabilidade), e *normas constitucionais de eficácia limitada ou reduzida* (não possuem normatividade suficiente para aplicabilidade imediata, necessitando da lei atributiva para complementar a regulamentação) (AFONSO DA SILVA, 1982. p. 254 *apud* BARROSO, 2004. p. 250).

O direito social fundamental à previdência social, por indispensável à concreção dos objetivos do bem-estar e da justiça sociais no Brasil, adquire o *status* norma-princípio, porque, assim como Eros Grau (2008a, p. 22), entendemos que "os princípios também são normas" e, nesse sentido, "as normas compreendem um gênero do qual são espécies, as regras e os princípios". As normas-princípios "são de eficácia plena e de aplicabilidade imediata" (GRAU, 2008b, p. 158).

Portanto, sustenta-se a *função de defesa contra terceiros do direito fundamental* (e.g., à previdência) sob o prisma da norma-princípio, tendo em vista o consagrado no § 1º, art. 5º da CRFB/88, o qual dispõe que "As normas definidoras dos direitos e garantias fundamentais têm aplicação imediata". É por isso que a eficácia imediata dessa norma constitucional cumpre função vinculante *contra terceiros*.

Esse dispositivo traz para o âmbito das relações públicas e privadas o efeito vinculante ou eficácia plena de aplicabilidade imediata da norma constitucional (no caso, o Direito à previdência social), fundamento pelo qual, secundando Canaris, também recusamos a tese de eficácia contida e de eficácia limitada dos direitos fundamentais.

Concretamente, como produz efeitos vinculantes imediatos ao Estado e aos particulares, a função do direito fundamental à previdência no âmbito das relações trabalhista-previdenciárias coloca-se como obstáculo à eventual subversão desse direito à estrita ordem privatista neoliberal, ao mesmo tempo em que cobra função jurisdicional positiva para a sua efetividade.

Isso significa que os direitos fundamentais também cumprem a *função de não discriminação ou de proibição de discriminação*, pois, balizados pela meta da igualdade de tratamento, os direitos fundamentais garantem, como interpreta Canotilho (2009, p. 254), "a igual possibilidade de inclusão num sistema social diferenciado".

Canotilho (2003, p. 410) descreve ainda que a *função de não discriminação* engloba todos os direitos fundamentais que *cumprem a função de proibir* qualquer espécie de discriminação que objetive impedir o exercício dos direitos, das liberdades e das garantias fundamentais.

No contexto específico do ordenamento jurídico constitucional brasileiro, o direito de não discriminação de qualquer natureza é corolário do direito fundamental da liberdade igual. O *caput* do art. 5º da CRFB/88 declara que brasileiros e estrangeiros residentes no país são iguais, sem discriminação de qualquer natureza.

Nesse sentido, os direitos fundamentais cumprem a função constitucional de proibir qualquer discriminação ou preconceito de origem, seja por crença religiosa ou por convicção filosófica ou política, seja por raça ou por opção sexual ou por idade. Ao mesmo tempo, a função da proibição de discriminação tem como correspondência jurídica a igualização de direitos e obrigações entre homens e mulheres nos termos da Constituição, além de cumprir a função de garantir a inviolabilidade do direito à vida, à liberdade, à igualdade, à segurança e à propriedade.

Essa função de proibição de discriminação, ou função de garantia de liberdade igual, significa, na lição de Canotilho (2009, p. 254-255), "a igualdade de inclusão", a qual "pressupõe justiça quanto às possibilidade iguais de acesso".

Sob essa perspectiva, o direito fundamental à previdência é, no âmbito do Sistema Nacional de Seguridade Social, um direito configurado à igualdade de inclusão social dos trabalhadores-segurados porque existe como possibilidade de acesso não discriminatório ao sistema.

Assevera também Canotilho (2009, p. 255) que

> Os direitos sociais e os princípios socialmente conformadores significam [...] a legitimação de medidas públicas destinadas a garantir a inclusão do indivíduo nos esquemas prestacionais dos sistemas sociais funcionalmente diferenciados.

Essas possibilidades de igual acesso, no que tange à previdência social como direito fundamental, referem-se à função de garantir iguais benefícios e serviços a todos os trabalhadores-segurados, como objetivo geral da proteção social brasileira.

Para cumprir esse objetivo, os direitos fundamentais também se apresentam como a *função de proibição de retrocesso*.

Com o caráter de normas-princípios ou princípio constitucional impositivo, o preceito magno da proteção social previdenciária volta-se para o Executivo, para o Legislativo e para o Judiciário, quanto à garantia de sua plena efetividade, não admitindo retrocesso, diminuição, nem omissão.

A cláusula de proibição de retrocesso ou eficácia vedativa do retrocesso inserta no § 4º, art. 60 da CRFB/88, dispõe que "Não será objeto de deliberação a proposta de emenda tendente a abolir: IV – os direitos e garantias individuais".

Sobre a cláusula ou princípio de proibição de retrocesso, Ingo Sarlet (2010, p. 75) explica que "o reconhecimento de proibição situa-se na esfera daquilo que se convencionou chamar de uma eficácia negativa das normas constitucionais".

Por eficácia negativa deve ser entendida a proibição que os direitos fundamentais, enquanto regras jurídicas de vinculação imediata, impõem ao Estado de não retrocesso em relação aos direitos sociais. A vinculação imediata dos direitos sociais cumpre função de eficácia negativa ao Estado e aos particulares, não podendo esses — seja pela via legislativa, seja pela via contratual — estabelecer leis ou contratos "que contravenham os efeitos pretendidos pela norma" (BARROSO, 2004. p. 378-379).

A ocorrência de leis ou de contratos com essa natureza, pelo conteúdo da eficácia negativa, pode torná-los inválidos. Por isso, nega-se, proíbe-se, veda-se ao Estado retroceder na sua função garantista para a efetividade dos direitos sociais, com produção de leis que contrariem tais direitos. OBS. Manter a redação originária.

O princípio da proteção social previdenciária não se constitui em mera norma-programática[(176)], mas se trata de princípio magno de eficácia plena e de aplicação imediata exatamente porque é uma norma-princípio.

Por essa natureza de norma-princípio — porque não só orienta, mas, sobretudo, obriga o Estado à sua efetividade —, nenhum modelo de competência jurisdicional está autorizado a desprezar a interpretação dos valores e dos princípios que formatam o direito social fundamental à previdência.

Tomando os princípios do neoconstitucionalismo social brasileiro, quando se trata de função de proibição de retrocesso, é a força vinculante do direito fundamental que impede tanto o legislador (seja por imposição de limites ou restrições) como o juiz (pela decisão judicial que o interpreta mal e acaba negando sua efetividade) de anular ou comprometer o gozo pleno desse direito humano fundamental.

Ao revés, a força da norma-princípio ou norma fundamental impõe principalmente ao Legislativo e ao Judiciário o desafio de "aperfeiçoar continuamente o seu conteúdo", como propaga e defende Norberto Bobbio (2004, p. 34).

Por outro modo de afirmar, a função de proibição do retrocesso (que se aplica ao direito à previdência social) impõe uma restrição ao legislador e ao juiz, quando se trata

---

(176) Na concepção de SARLET (2010, p. 75-76), normas constitucionais-programáticas são impositivas de programas, fins e tarefas, ou normas impositivas de legislação, apontando para a noção de proibição de atuação contrária às imposições constitucionais. Isto é, as normas-programáticas estão relacionadas com a vedação da supressão ou diminuição dos direitos de prestações sociais. Citando DWORKIN (1987, p. 22), EROS GRAU, na obra *A Ordem Econômica na Constituição de 1988* (2008, p. 156), relata que o autor norte-americano distingue diretriz dos princípios. Denomina de diretriz as *pautas* que estabelecem objetivos a serem alcançados na esfera econômica, política ou social. Princípios são as *pautas* que devem ser observadas porque a sua observância corresponde a um imperativo de justiça, de honestidade ou de uma outra dimensão moral. Como pautas, os princípios estabelecem um objetivo social.

de garantir a efetividade de direito dessa magnitude, porque, como enfatiza Dworkin (1995, p. 2-11), o

> "[...] sistema que estabelece direitos jurídicos individuais" — [e coletivos, acrescentamos] — "o legislador dominante [e em nenhuma hipótese o julgador, também acrescentamos] não tem o poder de anular ou comprometer.

A *função de proibição do retrocesso* exige, na contrapartida, a efetividade dos direitos sociais (*e.g.*, à previdência) e implica, como correspondência, instrumentos jurídico-processuais efetivos e mecanismos de atuação jurisdicional que legitimem "eficazmente decisões judiciais da ordem político-social", mas também e fundamentalmente — para evitar conflitos de competências — respeitem "as competências de atuação dos demais poderes sem comprometer a sua harmonia e a independência" (CADEMARTORRI; DUARTE, 2009. p. 30).

Um critério juridicamente seguro para o aperfeiçoamento e para garantir a efetividade do direito fundamental à previdência é a adequação de um regime de competência judiciária com iguais correspondências normativa, axiológica e principiológica. Compreendemos que esse pretendido regime de competência judiciária é o ambiente onde as correlações entre as funções vinculantes dos direitos fundamentais e a função jurisdicional mais enfatizam a importância da competência trabalhista às causas trabalhista-previdenciárias.

4.1.2. Correlação das funções vinculantes dos direitos fundamentais com a função jurisdicional

A principal motivação das funções vinculantes dos direitos fundamentais com a função jurisdicional é o imperativo positivo de colocar tais direitos no *plano de realidade, no plano de efeitos práticos na vida social real*, o que equivale à sua efetividade, isto é, o alcance da máxima realização desses direitos.

A efetividade, como destaca Barroso (2004, p. 246), "Está ligada ao fenômeno juridicização da Constituição, e ao reconhecimento e ao intercâmbio de sua força normativa". A correlação das funções vinculantes dos direitos fundamentais com a função jurisdicional, relativa à competência, é função que confere efetividade aos direitos fundamentais, bem como às normas jurídicas, nos casos concretos sujeitos aos órgãos do Poder Judiciário.

A questão da vinculação da função jurisdicional à concreção dos direitos fundamentais não decorre somente da imposição da lei, como norma singular, mas, sobretudo, da vinculação aos fins sociais a que a norma se destina, o que implica dizer que a vinculação jurisdicional ao problema da efetividade do direito à previdência social decorrente das relações de trabalho ou das relações empregatícias é um problema de competência exclusiva da Justiça Federal do Trabalho.

A função protetiva dos direitos fundamentais, especialmente do direito social à previdência (decorrente das relações de trabalho), vincula a Justiça do Trabalho porque esse órgão do Poder Judiciário brasileiro é, constitucionalmente, concebido com competência jurisdicional ao julgamento das ações relativas às relações de trabalho, para as demais controvérsias delas decorrentes, e aos litígios derivados de suas próprias decisões.

Esse critério constitucional de competência jurisdicional é também vinculante ao setor privado que mantém relações empregatícias e, com fundamento nestas, estabelece benefícios previdenciários privados aos seus trabalhadores.

Em si mesma, a questão doutrinária relativa à eficácia mediata dos direitos fundamentais em relação a terceiros, não obstante sua repercussão nas relações trabalhista-previdenciárias, não é determinante para definir a especialidade da competência sob a qual devem ser solucionados os conflitos trabalhista-previdenciários que ocorrem no âmbito do regime privado de previdência.

Contudo, se tomarmos como direção argumentativa o disposto no p§ 1º, art. 5º da CRFB/88, devemos reafirmar que a eficácia é imediata e vinculativa aos órgãos do Estado e aos particulares privados porque a norma constitucional, quando fixa os direitos fundamentais, não faz separação, quanto à sua vinculação, entre órgãos públicos ou agentes privados. Não há outro sentido, portanto, em face dessa norma-princípio, que não seja a da eficácia imediata dos direitos fundamentais também contra os sujeitos da ordem privada.

Isso implica que a função dos direitos fundamentais é vinculante e dirige-se imediatamente a todos (o Estado e os agentes privados) para que tais direitos saiam da abstração constitucional e ganhem a efetividade na vida correspondente das relações sociais.

Nas relações de trabalho, em específico, o direito fundamental (previdência social) na sua função de proibição (de não discriminação, de não retrocesso) quer garantias à sua efetividade. Logo, sendo um direito previdenciário derivado das relações de trabalho, um critério garantista dessa efetividade *é a fixação da competência da Justiça do Trabalho às causas de natureza trabalhista-previdenciária*. Nesse particular, esse direito fundamental cumpre função não de proibição de intervenção estatal, mas de permissão interventiva por força vinculante da relação de trabalho.

É, nessa medida, que a função dos direitos fundamentais se relaciona com a função jurisdicional, cuja tarefa, no sentido geral, é a pacificação dos conflitos sociais e, no sentido específico, o controle dos atos públicos ou particulares que subtraem a eficácia jurídica desses direitos. Portanto, *a função jurisdicional, nessa perspectiva, é a garantia jurídica para a efetividade social dos direitos fundamentais.*

A *correlação* das funções vinculantes dos direitos fundamentais com a função jurisdicional se concretiza no ambiente de um regime de competência jurisdicional apto a produzir a decisão judicial comprometida com a efetividade dos direitos sociais (*e.g.*, o trabalho e a previdência social).

O regime de competência jurisdicional, para corresponder à função vinculante dos direitos fundamentais, é modelado nos princípios processuais da celeridade e da simplificação do processo, mas também nos valores[177] e nos princípios constitucionais comuns ao trabalho e à previdência.

---

(177) Analisando a natureza axiológica da Constituição, ANDRÉ R. TAVARES (2001, p. 127-128) observa que "a quase totalidade dos sistemas constitucionais tem incorporado expressamente determinados valores, que passaram a permear todas as demais leis e atos normativos estatais", sendo que "o acolhimento de valores fez com que se desmistificasse a neutralidade axiológica da Constituição, que vinha sendo apontada pela doutrina".

Deve ser assim porque, tomados em sua interdependência sistêmica (circular e funcional), as normas, os valores e os princípios constitucionais comuns e inerentes ao trabalho humano à previdência social relacionam-se para conferir a "consistência e a unidade interna do sistema" (CANARIS, 2002. p. 150) jurídico-constitucional engendrado para dar efetividade aos direitos sociais.

Em última análise, a *correlação positiva* entre as funções vinculantes dos direitos fundamentais com a função jurisdicional também é critério de consistência e unidade interna do sistema jurídico-constitucional brasileiro porque a subversão desses direitos significará também subversão das normas, dos valores e dos princípios que conferem coesão ao sistema.

No caso mais específico da função jurisdicional garantista da efetividade desse direito fundamental, deve ser realizada por um exclusivo regime de competência trabalhista-previdenciária. Mas, para essa efetividade, a "abordagem avalorativa do direito" (BOBBIO, 2006. p. 131) não corresponde de forma produtiva e satisfatória.

Primeiro, porque o positivismo jurídico considera o direito unicamente como um fato destituído de valores e de princípios e, segundo, porque se utiliza do "formalismo como característica" de suas decisões e, por isso, válido e eficaz é o direito (e a correlata decisão judicial) que se baseia "em critérios que concorrem unicamente à sua estrutura formal" (BOBBIO, 2006. p. 131-141).

Esse *engessamento formal do positivismo* é incompatível com um regime de competência jurisdicional que precisa também dos valores e dos princípios para cumprir a função garantista da máxima efetividade dos direitos sociais.

Um regime de competência jurisdicional adequado para esse tipo de função precisa ser relativo à Justiça do Trabalho (a Justiça social por vocacionalidade e por ser um tribunal para a justiça social), que é, sem desfavor ou sem desmerecer os demais ramos do Judiciário brasileiro, o mais dinâmico e o mais processualmente habilitado, dada a sua especialidade, assim como é a natureza especial da matéria trabalhista-previdenciária.

Mas, por certo, também devemos considerar que esse desejado regime de competência jurisdicional, ante os problemas jurídicos que lhes são contrários, não prescinde dos princípios neoconstitucionais para sua permanente sustentação.

4.2. A competência, os problemas jurídicos e o método de interpretação da tese

De forma específica, nossa tarefa neste capítulo é a apresentação de elementos teóricos e jurídicos à comprovação da *competência material* da Justiça do Trabalho às causas de natureza trabalhista-previdenciária como meio à efetividade do direito humano fundamental à previdência.

De início, cabe uma advertência: quando defendemos os efeitos imediatos automáticos da decisão judicial trabalhista no Direito Previdenciário como critério de eficácia jurídica e social do direito fundamental à previdência, não é nossa pretensão defender a decisão judicial trabalhista como última "regra de reconhecimento" das normas, à moda do sistema de Hart (2009)(178).

De outro lado, nossa construção teórica — quando adota a competência trabalhista para a efetividade máxima do direito fundamental à previdência — não estabelece hierarquia entre a jurisprudência e a lei (como faz HART, com a prevalência da jurisprudência sobre a norma), mas compreende que a decisão judicial pode exercer função social criadora quando interpreta e aplica adequadamente o Direito (com seus valores, normas e princípio) para os fins sociais mais elevados da coletividade, correspondentes na nossa tese à efetividade do direito social previdenciário decorrente da relação de trabalho.

A tese defende que um exclusivo regime de competência jurisdicional trabalhista-previdenciário, iluminado pela dinâmica neoconstitucional, é necessário porque: (i) evita a cisão do princípio da unidade da jurisdição (elimina disputas intestinas entre órgãos jurisdicionais quanto à distribuição de competências); (ii) representa estabilidade jurídica às relações sociais (haverá respeito e acolhimento à coisa julgada material trabalhista pelo órgão previdenciário geral e privado); (iii) exige procedimentos processuais regidos por princípios que priorizem a celeridade, a economia processual, a não onerosidade, a simplificação processual e a cumulação objetiva de pedidos numa só ação, o que atende ao princípio constitucional da razoável duração do processo e não prejudica outros princípios constitucionais fundamentais como o contraditório e a ampla defesa, corolários do devido processo legal.

Comprovamos essas assertivas nos itens a seguir, tarefa que, como ponto de partida, indica a necessidade de fazermos referências aos atuais *obstáculos jurídicos* que são opostos à fixação da competência da Justiça do Trabalho às causas trabalhista-previdenciárias.

4.2.1. Questões jurídicas atuais contrárias à fixação da competência da Justiça do Trabalho à causa trabalhista-previdenciária

Não é pacífica a questão da fixação da competência exclusiva da Justiça do Trabalho para processar e julgar os conflitos previdenciários decorrentes das relações de trabalho no âmbito do Regime Geral e do Regime Privado Fechado de Previdência.

A resistência está baseada no núcleo forte do neoliberalismo econômico, o constitucionalismo jurídico neoliberal, cuja tarefa é aprovar leis que vão subsidiar a doutrina

(178) Na construção de HART, a decisão judicial (pela jurisprudência) confere, por último, o reconhecimento ou a validade à aplicabilidade das regras primária e secundária, a fim de que produzam a eficácia jurídica e social diante dos casos concretos submetidos ao exame do poder Judiciário. Para HART, a mera existência formal da lei — contrariamente a HANS KELSEN — é insuficiente para o reconhecimento de sua coercibilidade normativa. No sistema jurídico (britânico) analisado por HART (2009, p. 183-199), os fundamentos de reconhecimento e de validade jurídica da norma dependem da decisão judicial (jurisprudência do Tribunal) como última palavra ou regra de reconhecimento das normas primárias e das normas secundárias. HART (2009, p. 202-237) compreende que o Direito é um meio de controle social — controle que é exercido por meio das normas primárias de obrigação e as normas secundárias de reconhecimento, modificação e julgamento. Ainda conforme o autor, a tomada da decisão judicial (jurisprudência) como última norma de reconhecimento — tanto os indivíduos como as autoridades públicas — dispõe de critérios válidos para a identificação das normas primárias de obrigação como válidas (HART, 2009, p. 130).

positivista e até mesmo a interpretação jurisprudencial, excludentes dessa competência trabalhista nessa matéria.

A concepção teórica neoliberal sujeita princípios constitucionais sociais às normas puras, contrariando toda a inspiração teleológica da Constituição Federal de 1988 quanto à efetividade dos direitos sociais fundamentais. Essa concepção, como assinala Ricardo L. Lorenzetti, é típica do mercado econômico, para o qual a desregulação dos direitos sociais é necessária.

Segundo Lorenzetti (2008, p. 187), a concepção neoliberal, ante os direitos sociais,

> sustenta que o direito tem uma importância menor, de facilitação e não regulatória; que a desregulação é necessária a fim de superar a rigidez e que só o mercado tem aptidão para atribuir bens e direitos.

Logo, a sujeição do direito à economia e dos princípios à lei constituem um problema jurídico ou obstáculo à fixação da *competência* da Justiça do Trabalho ao julgamento dos conflitos previdenciários derivados das relações de trabalho ou das relações empregatícias.

Isso está na lógica do neoliberalismo econômico mundial que, para alcançar seus objetivos, opera com apoio em norma juspositivista edificada para orientar a decisão judicial aos seus interesses finalísticos.

Mas, a rigor, essa questão brasileira é consequência de um problema jurídico de ordem mundial, interpretado por Niklas Luhmann (1985, p. 154) como a

> crescente discrepância entre o sistema da sociedade que aspira a uma unidade global e o direito positivo pelo outro lado, que é estatuído com vigência dentro de limites territoriais de jurisdição.

Por outras palavras, o sistema neoliberal — para manter sua hegemonia mundial — considera discrepante sua sujeição aos regimes jurídicos parciais referentes ao Estado nacional.

Por isso quer também uma *unidade global* de critérios jurídicos ao tratamento das questões jurídicas, por exemplo, de natureza trabalhista-previdenciária. Para isso, por intermédio do seu *legal arm*, trabalha legislativamente para aprovação de leis que conduzam à interpretação do contratualismo privado de livre iniciativa nas relações jurídicas trabalhista-previdenciárias.

É esse o modelo teórico do neoliberalismo jurídico que se volta contra a fixação da competência jurisdicional da Justiça do Trabalho para julgar os conflitos previdenciários das relações de trabalho.

Na prática, o neoliberalismo econômico muda o conteúdo teórico da proteção social quando coloca o primado da ordem social (o trabalho humano e os seus consectários do bem-estar e da justiça sociais) em posição subalterna em relação à liberdade de mercado. O postulado teórico individualista neoliberal corresponde à negativa do princípio do solidarismo social.

Quando assim engendra toda sua operação, provoca no âmbito jurisdicional o inquietante problema da inefetividade das decisões judiciais ante o direito social fundamental previdenciário. O engessamento da interpretação judicial trabalhista pelo exclusivo conteúdo do positivismo concebido pelo neoliberalismo jurídico retira a eficácia jurídica e social da Justiça trabalhista ante a sua função social de garantir a efetividade dos direitos sociais.

Em última análise, isso significa a recusa aos efeitos imediatos e automáticos da eficácia da coisa julgada trabalhista no Direito previdenciário. Daí ocorrerá outro problema reflexo contrário à competência da Justiça do Trabalho, nessa matéria, o evidente desrespeito à autoridade "moral da constituição" (PEREIRA COUTINHO, 2009. p. 271)(179).

Por outro modo de dizer, mas com apoio em Sarlet(180), a recusa aos efeitos automáticos da coisa julgada material trabalhista(181) no Direito previdenciário "[...] coloca em xeque tanto os sistemas de proteção social quanto os correlatos direitos humanos e fundamentais", como é o caso específico do direito social à previdência (SARLET, 2010. p. 71).

Então, esse é um típico problema do positivismo jurídico que igualmente se apresenta contrário à compreensão teleológica da fixação da competência da Justiça do Trabalho para os litígios previdenciários decorrentes das relações de trabalho. Alf Ross traduz o apego positivista à falta de conhecimento da realidade social, "Quem conheça somente as normas pouco conhece da realidade social correspondente" (ROSS, 2007. p. 44).

Não obstante, é importante dizer que a globalização hegemônica, ainda que pretenda a *unidade jurídica global*, não poderá impedir e nem anular as diferenças do Estado nacional, pois são elas que caracterizam cada Estado territorial, seu povo, seu costume, suas instituições e seu ordenamento jurídico.

Nas *diferenças sociais*, assinala Boaventura Santos (2008, p. 283-294), os Estados nacionais podem resistir às imposições do neoliberalismo, "a diferença tem poder social para negar todas as demais ou para declarar incompatíveis e, portanto, intransmissíveis"(182), pois se trata de "critérios abstratos de normalização".

---

(179) O autor analisa o problema da erosão temporal da normatividade constitucional, ante a falta de autoridade moral da Constituição quando a sua normatividade é violada. *Cf.* COUTINHO, Luís Pedro Pereira. *A autoridade moral da Constituição. Da Fundamentação da Validade do Direito Constitucional.* Coimbra Editora, 2009.

(180) I. W. SARLET (2010, p. 71-79) laborou a referida reflexão não especificamente no contexto da competência jurisdicional da Justiça do Trabalho, mas ao abordar as possibilidades de uma tutela jurídico-constitucional dos direitos sociais em face dos impactos dos processos sociais, econômicos e políticos, que influenciam as reformas legislativas. Contudo, consideramos essa reflexão adequada ao nosso objetivo, visto que também — quando o autor se refere à *tutela jurídico-constitucional* ainda que não especifique o órgão judicial — está também refletindo sobre os regimes de competências jurisdicionais no sistema jurídico brasileiro.

(181) No artigo intitulado *"Causas previdenciárias e a erosão da coisa julgada material trabalhista. Uma análise sob o enfoque dos valores, das regras e dos princípios"*, analiso o problema da erosão à coisa julgada material trabalhista ante a sistemática recusa do órgão previdenciário às sentenças judiciais para efeitos de averbação do tempo de serviço. *Cf.* MORAIS, Océlio J. C., 2011. p. 285-300).

(182) De acordo com BOAVENTURA SANTOS (2008, p. 283), a gestão moderna e capitalista da desigualdade e da exclusão é um processo político multidimensional, que pode assumir duas formas: o universalismo diferencialista, que opera pela absolutização das diferenças; e o universalismo antidiferencialista, que consiste na negação das diferenças. Acrescenta que "A teoria política liberal — o máximo de consciência teórica da modernidade — sempre privilegiou, como dispositivo ideológico, o universalismo antidiferencialista [...]; que "opera pela negação das diferenças", a qual [...] opera segundo a norma da homogeneização que só permite comparações simples [...]" (BOAVENTURA SANTOS, 2008. p. 283-284).

Então, na força social da *diferença* — mesmo no contexto da globalização hegemônica —, compreendemos que também repousa uma possibilidade para sustentação da exclusiva competência da Justiça do Trabalho às causas de natureza jurídica trabalhista-previdenciária.

Em *termos gerais*, isso representará a preservação da autonomia do Estado brasileiro à fixação de seus modelos jurídicos de intervenção judicial. Em *termos restritos*, significará a adequação do regime de competência decorrente à Justiça trabalhista.

Assim, temos a convicção de que a competência jurisdicional exclusiva da Justiça trabalhista às causas de natureza trabalhista-previdenciária em face dos regimes Geral e Privado Fechado corresponde ao preciso anseio constitucional da efetividade do princípio da razoável duração do processo e da celeridade processual (Art. 5º, LXXVIII), pois, segundo lição de Pedro Paulo Manus (2009b, p. 5), a natureza da matéria,

> a celeridade e a simplificação do processo coadunam-se perfeitamente com a segurança jurídica e obediência aos princípios constitucionais ao devido processo legal e ao contraditório e da ampla defesa, assegurados pelo art. 5º, LIV e LV, da Constituição federal.

A competência da Justiça do Trabalho às causas de natureza trabalhista-previdenciária compreende o Direito como norma positivada aberta aos valores, e a função interpretativa da decisão judicial deve ser sempre orientada pelos princípios.

Por isso deve ser compreendida em um modelo jurídico instruído pelos princípios constitucionais que, como descreve Julios Campuzano, são concebidos para a garantia dos direitos sociais e à sua realização em termos práticos.

Nas palavras desse autor (2010, p. 64),

> A formação de um sistema adequado para a plena materialização das normas constitucionais quebra os esquemas de uma dogmática jurídica estritamente vinculada ao Estado-nação, cuja superação resulta agora em uma necessidade inafastável. A garantia dos direitos, sua realização em termos práticos, requer a implementação de novos modelos jurídicos de acordo com as exigências da interdependência na era da globalização. Busca-se novo saber jurídico capaz de estimular a demanda pela universalidade dos princípios constitucionais e de articular uma resposta eficaz à da crescente perda de capacidade normativa dos ordenamentos jurídicos estatais.

Com a convicção de que os princípios constitucionais devem orientar a adequação do regime de competência trabalhista aos conflitos previdenciários derivados das relações de trabalho, suas *bases de sustentação* podem ser compreendidas:

Do ponto de vista jurídico, a competência trabalhista-trabalhista reclama ordenadamente elementos jurídicos dinâmicos, adequados e capazes de oferecer segurança jurídica às relações trabalhista-previdenciárias, para orientar decisões judiciais como critério de efetividade do direito humano fundamental à previdência social decorrente das relações de trabalho ou das relações de emprego.

Do ponto de vista axiológico, essa modalidade de competência da Justiça trabalhista deve corresponder ao espírito de seu tempo, com suas raízes nos princípios da primazia da realidade, da exclusividade da jurisdição e da unidade de jurisdição.

O regime de competência material da Justiça trabalhista, adequado ao espírito de seu tempo, deve ser definido pela categoria ou natureza da matéria. Isto é, a relação de trabalho (como gênero) e a relação de emprego (como espécie), baseadas na primazia da realidade, e não subalternas ao aspecto formal da lei, devem sempre ser o critério supremo para definir a competência da JT ao julgamento das causas de exclusiva natureza trabalhista-previdenciária:

Do ponto de vista processual, esse novo critério de competência da Justiça do Trabalho deve corresponder a um procedimento judicial célere, adequado e eficaz à natureza especial das ações deduzidas, por exemplo, as causas de natureza trabalhista-previdenciária.

Do ponto de vista da concepção hermenêutica principiológica, o novo critério de competência trabalhista, adequado à plena realização das normas *e* princípios constitucionais, não se prende ao modelo dogmático, antes tem a tarefa de colocar o modelo normativo para dar efetividade dos direitos sociais.

Do ponto de vista dos efeitos automáticos da decisão judicial trabalhista no direito previdenciário, a fixação da competência exclusiva da Justiça Federal do Trabalho vai além da mera competência tributária específica para executar as contribuições sociais devidas ao INSS, alcançando também a competência para as questões de filiação ao regime e à averbação do tempo de serviço.

Mas essas *bases de sustentação*, quando se referem à interpretação e à aplicação judicial desse critério de competência, rejeitam o método dogmático do positivismo jurídico e exigem o método sistemático-teleológico, como se verá a seguir.

4.2.2. Método de interpretação à superação dos obstáculos jurídicos

No Brasil, o regime atual de competência trabalhista está formatado constitucionalmente para as ações oriundas das relações de trabalho e para as demais controvérsias delas decorrentes ou derivadas.

Ao exercício dessa competência, em face das causas de natureza trabalhista-previdenciária, preponderantemente tem sido utilizado o positivismo jurídico como critério metodológico de subsunção dos litígios dessa natureza — critério que, por sua característica, submete os valores e os princípios constitucionais comuns ao trabalho e à previdência à primazia da lei, além de excluir da competência material da JT a matéria que envolve o Regime Geral e o regime privado de previdência.

Para a segurança da tese, apresentamos como matriz interpretativa o neoconstitucionalismo jurídico-social porque confere primazia aos valores e aos princípios constitucionais em relação ao positivismo jurídico.

A eleição dessa matriz permite concluir com segurança que a nossa tese é juridicamente sustentável, à medida que os valores e os princípios constitucionais conferem o suporte à interpretação da linguagem jurídica e à configuração mais adequada do regime de competência para solucionar o conflito de natureza trabalhista-previdenciária.

A matriz neoconstitucional — utilizando-se principalmente das interpretações sistemática e teleológica — coloca os valores e os princípios como esteios da Constituição, nas quais as normas (as leis) devem ser interpretadas e aplicadas nos casos concretos que envolvam o Regime Privado e o Regime Geral de Previdência, quando o litígio tiver por base a relação de trabalho ou uma relação de emprego.

Isso porque, como observa Thaís Novaes Cavalcanti (2010, p. 395), "Os princípios são a ponte de ligação entre os valores sociais e a normatividade constitucional". E os valores, na interpretação de Franciane F. Marques (2009) — com a qual concordamos — são esteios constitucionais que identificam o texto constitucional e que marcam e identificam a natureza do regime de competência jurisdicional, no caso específico da nossa abordagem.

Nas palavras da autora (2009, p. 28),

> Traduzidos na linguagem jurídica como esteios do sistema constitucional, os valores revelam-se importantes pontos de referências para a reafirmação do compromisso pactuado entre a sociedade e suas instituições e representam [...] verdadeiras declarações que autentificam o Estado constitucional, identificam a legitimidade do texto constitucional e mostram uma relação direta entre a axiologia e as funções de uma constituição.

A interpretação neoconstitucional, por sua capacidade aglutinadora dos valores, das normas e dos princípios, sempre alinhará os diversos métodos interpretativos (gramatical, histórico, positivismo jurídico ou lógico-formal, teleológico ou principiológico e sistemático[(183)]) para o sentido da *eficácia material e formal* da Constituição, bem como

(183) O método hermenêutico gramatical, conforme KARL LARENZ (1966, p. 256 *apud* BARROSO (2004, p. 127), *"consiste na compreensão do sentido possível das palavras, servindo esse sentido como limite da própria interpretação"*. BALERA (2009, p. 167-171), escrevendo sobre "*A interpretação do Direito Previdenciário",* trata sobre os métodos gramatical, histórico, teleológico, lógico e sistemático. A mesma enunciação é feita por BARROSO (2004, p. 126-149). Além desses métodos, FERRAZ JÚNIOR (2008, p. 251-365) acrescenta os métodos hermenêuticos sociológico, evolutivo e axiológico. BALERA (2009, p. 166) assim define os métodos interpretativos do Direito Previdenciário: no método histórico, "o intérprete confere especial solicitude ao curso dos sucessos históricos que levaram à construtura do [referido] instituto", no método gramatical, a tarefa do intérprete "consiste na descoberta do sentido literal da expressão utilizada da norma". Acrescenta este autor que, à disciplina da seguridade social, "o método histórico reafirma a identificação da clara constante que a Lei Magna atual consagra como valor social" (BALERA, 2009, p. 167). Ainda na descrição do mesmo autor, no método lógico, "o estudioso só examina a norma jurídica e as conexões de validade entre normas", isto é, só se preocupa com as conexões formais de validade entre as leis; e, no método teleológico, o intérprete vai indagar "a respeito da finalidade da ordenação das normativa", ou seja, a investigação do intérprete inclui os valores e os princípios (p. 168-169). Para BARROSO (2004, p. 136-147), a interpretação sistemática é estrutural, coordenada para a compreensão da unidade interna e externa da Constituição, já para BALERA (2009, p. 172), congrega todos os métodos exegéticos para a configuração do sistema jurídico. FERRAZ JÚNIOR (2009, p. 252) compreende que os métodos hermenêuticos "são, na verdade, regras técnicas que visam à obtenção de um resultado", pois "com elas procuram-se orientações para o problema da decibilidade dos conflitos". Segundo ainda FERRAZ JÚNIOR (2009, p. 261), o método sociológico e o histórico são distinguíveis em consideração da estrutura momentânea da situação ou sua gênese no tempo, mas sendo, na prática, difícil sustentar distinção entre os dois métodos. Acrescenta que, por esse motivo, às vezes surge a ideia de

para a *eficácia social e jurídica* de qualquer regime de competência jurisdicional, pois é por meio do exercício da jurisdição que, como assinala Eros Grau (2008b, p. 316), "[...] o Poder Judiciário é tangido pelo dever de promover a exequibilidade (efetividade) do direito ou garanta constitucional".

Tomada a eficácia social no sentido do resultado que produz à coletividade pela aplicação da norma (pelo exercício da competência jurisdicional) caso a caso — como faz Afonso da Silva (2008)[(184)] —, temos aqui *dois sentidos* que se relacionam diretamente com o método de interpretação adequado da nossa teoria de competência material da JT às causas de natureza previdenciária-trabalhista: *o primeiro*, a aplicação da norma (no caso da subsunção de um conflito de natureza trabalhista-previdenciária, por exemplo), deve ser obrigatoriamente inspirado nos "fins sociais a que se dirige e às exigências do bem-comum" (Art. 5º do LINDB).

Por esse sentido, ter-se-á a interpretação teleológica ou principiológica orientando a norma e a jurisdição trabalhista para a efetividade jurídica da proteção social que se busca alcançar pela efetividade do direito fundamental à previdência. Com efeito, sob essa inspiração teleológica, os fins sociais a que a lei se dirige é a proteção social, uma exigência do bem-comum.

O *segundo sentido* está relacionado à natureza do direito que a aplicação da norma pelo exercício da competência trabalhista-previdenciária (inspirada pelos valores e princípios) procura efetivar. Como explica Grau (2008b, p. 317), se "o direito ou a garantia for" constitucionalmente "dotados de aplicação imediata, a aplicação da norma que os defina supõe decisão pronta para sua exequibilidade (efetividade)".

Concebido o direito social à previdência como direito fundamental, na ótica de nossa tese, a definição da competência jurisdicional da Justiça Federal do Trabalho às causas de natureza jurídica trabalhista-previdenciária, ainda sob o método de interpretação teleológica, assegura o imediato exercício desse Direito, visto que "As normas definidoras dos direitos e garantias fundamentais têm aplicação imediata", consoante o § 1º, art. 5º da CRFB/88.

Portanto, será a correta adequação do regime de competência trabalhista-previdenciária que confere a *eficácia jurídica* da decisão judicial trabalhista nas causas dessa natureza, isso porque — como bem assinalado por Grau (2008b, p. 318)

> a eficácia jurídica designa a qualidade de produzir, em maior ou menor grau, efeitos jurídicos, ao regular, desde logo, as situações, as relações e comportamentos nela indicados.

---

uma interpretação histórico-evolutiva. Mas um critério distintivo, de acordo ainda com FERRAZ JÚNIOR (2008, p. 266), é a averiguação das condições específicas do tempo em que incide a norma, sem desconhecer a sua gênese sociológica. Nesse sentido, a interpretação histórica e sociológica cuidará de descreve em condições históricas e atuais, as qualidades da norma (evolução e a sua gênese). Pelo método teleológico, o autor compreende que, ao intérprete, sempre será possível atribuir um propósito às normas, mas também está relacionada à interpretação axiológica porque, pelos dois métodos, ativa-se a participação do intérprete na configuração do sentido da norma.

(184) Examinando a eficácia social e a eficácia jurídica, AFONSO DA SILVA (2008, 65-66 *apud* GRAU, 2008b, p. 318) escreve que a "eficácia social efetiva conduta acorde com a prevista pela norma; refere-se ao fato de que a norma é realmente obedecida e aplicada", enquanto "a eficácia jurídica da norma designa a qualidade, em maior ou menor grau, efeitos jurídicos". Afirma ainda o autor que "uma pode ter eficácia jurídica sem ser socialmente eficaz".

Para o interesse de comprovação de nossa tese, se considerados e tomados isoladamente, não serão adequados os métodos gramatical, histórico e o positivismo lógico-formal. Nesse sentido, a restrição crítica que se faz ao método histórico é porque, ao se preocupar apenas com o êxito ou com a falta de êxito que configura um determinado regime de jurisdição no curso evolução da histórica, deixa de considerar outros critérios também importantes para definição de competências judiciárias.

Inadequado também será o método gramatical se, e quando, tomado na forma daquela interpretação montesquieniana ("os juízes são apenas a boca que pronuncia as palavras da lei") (MONTESQUIEU, 2005, Livro V, Capítulo VIII), pois de tal método decorrerá apenas a literalidade formal da lei.

Quando a concepção da atividade judiciária for tipicamente positivista, tão somente compreendida e exercida "com a aplicação de regras preexistentes" (BOBBIO, 2006. p. 98) — prescindindo da natureza da causa de pedir imediata ou da origem do conflito como costuma ser o método adotado pelo positivismo jurídico —, não terá funcionalidade à interpretação dinâmica da competência jurisdicional da JT às ações de natureza trabalhista-previdenciária.

Por ser avalorativo, porque só se preocupa com o *aspecto formal* (do modo de conformação de regime de competência), o positivismo jurídico, por si só, não é suficiente para melhor interpretar a competência da JT no Regime Geral e no Regime Privado Fechado de Previdência. O positivismo jurídico tem na *lógica (formal) jurídica* o seu braço principal na tarefa interpretativa da norma enquanto definidora de regime de uma competência.

À lógica jurídica só interessa "verificar quais as normas que em vigor que incidem sobre tal ou qual categoria de fatos". Identificada qual norma jurídica que está vigendo, a lógica jurídica quer saber apenas se "é válida e se tem vigência para todo o ordenamento" (LOURIVAL VILANOVA, 2005. p. 62). Portanto, não é própria de sua natureza saber se a lei deve ser interpretada para uma finalidade social, nem se a lei deve configurar este ou aquele tipo de regime de competência jurisdicional.

O positivismo jurídico — quando recorre às categorias da lógica formal(185) — leva em conta apenas que a lei (tal como existe) deve ser interpretada e aplicada em cada litígio, no âmbito de determinado regime de competência. O método juspositivista (ou dogmatismo jurídico) e o seu braço principal (a lógica formal jurídica) não se preocupam com a efetividade do direito real, mas com o direito formal(186).

(185) De acordo com LOURIVAL VILANOVA (2005, p. 57), o formalismo lógico esvazia a linguagem de qualquer comprometimento com os objetos individuais, pois consiste num sistema de símbolos com significações "tipos ou categorias de significações" (VILANOVA, 2005, p. 48). Na seara da interpretação do direito (de um regime de competência formatado pela norma), a lógica jurídica é a metodologia utilizada pelo operador do direito. Por esse método, o operador do direito, nas palavras de VILANOVA (2005, p. 62), "tem um fim específico: verificar quais as normas em vigor que incidem sobre tal ou qual categoria de fatos. Com a ajuda da experiência e da ciência jurídica (em sentido estrito), não procura as causas históricas, ou antropológicas, ou sociológicas, ou racionais, que intervêm na criação de regras do direito. Sem tais fatores reais, e ideais, não surgiriam, nem se desfariam tais regras, mas o propósito jurídico-dogmático é verificar se a norma existe. E existir a norma, significa se é válida, se tem vigência por ter sido posta por processo previsto no ordenamento".

(186) BOBBIO (2006, p. 135-139) esclarece que a principal característica do positivismo jurídico é a abordagem avalorativa do direito porque seu esforço é transformar o estudo do direito numa verdadeira e adequada ciência, que

Por esses motivos, tomado de forma isolada, não corresponde ao melhor método que pensamos para interpretar a teoria dinâmica da competência material da JT às causas trabalhista-previdenciárias.

Tendo-se por centralidade os valores, as normas e os princípios processuais constitucionais que permeiam as relações jurídicas trabalhista-previdenciárias, compreendemos que o método mais adequado à sustentação do nosso problema teórico é o sistemático. Não porque exclua ou elimine os demais métodos interpretativos, mas pelo fato de resumir e compreender "todas as modalidades de exegese", visto que nenhum dos métodos "é instrumentalmente excludente e todos se agregam ao labor exegético elementos aptos à concepção integral do fenômeno jurídico" (BALERA, 2010. p. 172-173).

Como interpreta Barroso (2004, p. 136), o método sistemático permite "a visão estrutural, a perspectiva de todo o sistema", pois "através dela (da interpretação sistemática) o intérprete situa o dispositivo a ser interpretado dentro do contexto normativo geral e particular, estabelecendo as conexões internas que enlaçam as instituições e as normas jurídicas".

A interpretação sistemática orienta o magistrado trabalhista na tarefa criativa da decisão judicial adequadamente no regime que compreenda a competência trabalhista-previdenciária, do que dependerão a eficácia social e a eficácia jurídica de suas decisões em face do direito social à previdência.

Em conclusão, o método sistemático-teleológico é o adequado para interpretar os *critérios* — os quais apresentamos a seguir como ápice de nosso estudo — que consideramos definidores da competência material da Justiça trabalhista ao processamento e julgamento das demandas de natureza trabalhista-previdenciária que repercutam no âmbito do Regime Geral e do Regime Privado Fechado de Previdência.

4.3. Elementos comprobatórios à competência da justiça do trabalho à causa de natureza trabalhista-previdenciária

O neoliberalismo precisa de um sistema de leis que dê primazia à livre iniciativa e de um regime de competência judiciária que ampare sua lógica econômica. Quando se trata das questões previdenciárias em torno da previdência privada, não interessa ao neoliberalismo econômico a fixação da competência material da Justiça do Trabalho para processar e julgar as ações que envolvem questões previdenciárias do Regime Privado Fechado, mesmo quando a demanda for originada da relação de trabalho ou da relação empregatícia.

Um regime de competência trabalhista, que inclua matéria de natureza trabalhista-previdenciária, é clara e sistematicamente recusado com o objetivo de imunizar ou

---

tivesse as mesmas características das ciências físico-matemáticas, naturais e sociais. Por isso que, na explicação de BOBBIO (2006, p. 144-146), o positivismo jurídico representa o Direito como fato pronto e acabado, destituído de valor, sendo por isso que o positivismo interpreta e aplica o Direito formal, sem se preocupar se existe um direito real. É nesse sentido que o formalismo é uma característica da interpretação e da definição do positivismo jurídico.

blindar o Regime Privado Fechado de Previdência — tudo sob o discurso ideológico em defesa do *miniísmo* estatal e da liberdade econômica capitalista.

Não obstante, essa preocupante realidade precisa ser questionada e mudada, se o país verdadeiramente tem compromisso em promover o bem-estar e a justiça sociais por meio da Seguridade Social e, em específico, por intermédio da Previdência. Unidos ao compromisso cívico de garantir o pleno exercício dos valores supremos da Nação é que nos lançamos ao desafio desse estudo.

Então, a partir de agora, nossa tarefa consiste em apresentar os *critérios à fixação da teoria da competência material da Justiça Federal do Trabalho às causas trabalhista-previdenciárias*, objetivando a efetividade do direito humano fundamental à previdência, tendo como referência as decisões judiciais trabalhistas com trânsito em julgado.

Os elementos que consideramos coerentes e adequados à comprovação da nossa tese são os *elementos natureza material, normativo constitucional, fático-jurídico em conexão com a função social do contrato, normativo infraconstitucional em conexão com a competência decorrente, convencional previsto em Acordo Coletivo de Trabalho (ACT) e em Convenção Coletiva de Trabalho (CCT), e o elemento contratual previsto em regulamento empresarial.*

4.3.1. *Elemento* natureza da matéria *em conexão com o normativo constitucional*

A fixação da competência material da Justiça Federal do Trabalho para processar e julgar as ações que envolvem o Regime Geral e o Regime Privado Fechado de Previdência pelo *elemento* ou *critério da natureza da matéria* tem como núcleo fundamental a relação de trabalho, como gênero, ou ainda uma relação empregatícia, como espécie daquela. Não se inclui, nessa tarefa, a contratação estatutária regulada pelo Regime Jurídico Único[(187)], tampouco os contratos de trabalho de natureza jurídico-administrativa que envolvam o servidor público e a administração pública, tendo em vista o julgamento do STF na ADIN n. 3.395/DF[(188)].

De início, vamos apoiar nossa reflexão em Canotilho (1998) porque consideramos sua concepção temporal e teoricamente adequada à nossa tese. Para esse autor, são os princípios de natureza material, procedimental e formal da Constituição que oferecem as respostas adequadas quanto ao conteúdo, à extensão e à forma da atividade jurisdicional.

---

(187) O regime estatutário é específico aos servidores públicos civis da União, dos Estados, dos Municípios, das autarquias, inclusive em regime especial, e das fundações públicas federais, estaduais e municipais. A Lei n. 8.112, de 11 de fevereiro de 1990, instituiu o RJU dos servidores públicos civis da União. Conforme a CRFB/88, cabe aos Estados e aos Municípios a instituição dos seus respectivos regimes estatutários. Sendo, portanto, relação de trabalho regulada por estatuto jurídico do servidor público, a *competência* ao julgamento das ações judiciais é das justiças estaduais (quando envolvam no litígio o servidor público civil, o Estado ou Município, suas autarquias, inclusive as em regime especial, e as fundações), e da Justiça Federal comum (quando o litígio se estabelece em face da União, das autarquias, inclusive as em regime especial, e das fundações públicas federais.

(188) Na ADIN 3595/DF, ajuizada pela Associação dos Juízes Federais em face do inciso I, do art. 114 da EC n. 45/2004, o Supremo Tribunal Federal excluiu da competência material da Justiça Federal do Trabalho a competência para "apreciação [...] de causas que [...] sejam instauradas entre o Poder Público e seus servidores, a ele vinculados por típica relação de ordem estatutária ou de caráter jurídico-administrativo". Presidência da República, Casa Civil. Subchefia de assuntos jurídicos. Disponível em: <www.stf.jus.br>. Acesso em: 2 abr. 2013.

Nas palavras do autor (1998, p. 237),

> É, fundamentalmente, um princípio constitutivo, de natureza material, procedimental e formal (a doutrina alemã se refere a material — *verfahrenmassiges Formprinzip)* que visa dar resposta ao problema do conteúdo, extensão e modo de proceder a atividade do estado.

No art. 114, incisos VIII e IX, da CRFB/88, encontramos a resposta ao problema do conteúdo e extensão da competência material da Justiça do Trabalho. Portanto, nesse artigo se encontra a *chave-mestra* para a sustentação de nosso problema teórico porque nele constam — para usar a criação de Canotilho — *princípios* de *natureza material, procedimental e formal* delimitando o seu exato núcleo básico, a sua abrangência e as circunstâncias em que devem ser aplicados para a fixação de um critério de competência material que oriente a decisão judicial às causas trabalhista-previdenciárias.

Dispõe o art. 114, nos incisos I, VIII e IX (CRFB/1988):

> Art. 114. Compete à Justiça do Trabalho processar e julgar: (Redação dada pela Emenda Constitucional n. 45, de 2004): I – as ações oriundas da relação de trabalho, [...]; (Incluído pela Emenda Constitucional n. 45, DE 2004); VIII - a execução, de ofício, das contribuições sociais previstas no art. 195, I, *a*, e II, e seus acréscimos legais, decorrentes das sentenças que proferir; (Incluído pela Emenda Constitucional n. 45, de 2004); IX – outras controvérsias decorrentes da relação de trabalho, na forma da lei. (Incluído pela Emenda Constitucional n. 45, de 2004).

Nesse dispositivo constitucional, o princípio de *natureza material* corresponde ao tipo da matéria que gerou primitivamente o conflito – no caso, as relações de trabalho (Inciso I). Portanto, das "relações de trabalho", como *núcleo básico* da competência material da Justiça trabalhista, decorre o princípio de natureza material que define, em nossa construção teórica, a competência da Justiça laboral às causas de natureza trabalhista-previdenciária.

O princípio de *natureza procedimental* é relativo às normas de processo e das garantias processuais das partes, dispondo sobre a competência e o funcionamento do órgão jurisdicional, normatizado no art. 96, I, alínea *a, in verbis* (CRFB/1988):

> Art. 96. Compete privativamente: I - aos tribunais: a) eleger seus órgãos diretivos e elaborar seus regimentos internos, com observância das normas de processo e das garantias processuais das partes, dispondo sobre a competência e o funcionamento dos respectivos órgãos jurisdicionais e administrativos.

Esse dispositivo deve ser compreendido em seu *conteúdo, extensão e quanto à maneira de proceder do órgão jurisdicional* em conformidade com o art. 114, I, VIII e IX, pelo modo de interpretação sistemática.

Já o princípio de *natureza formal* é o princípio relativo ao princípio do juiz natural ou da autoridade legítima ao processamento e ao julgamento das causas decorrentes da relação de trabalho (inciso I, art. 114) e às demais "controvérsias decorrentes da relação de trabalho" (Inciso IX, art. 114).

O leque constitucional ("outras controvérsias decorrentes da relação de trabalho") *inclui o litígio previdenciário* em face do regime Geral e do Regime Privado Fechado porque a expressão "na forma da lei", neste caso, não pede complemento para a competência da Justiça do Trabalho ao exame dos conflitos oriundas das relações de trabalho e suas controvérsias derivadas, na medida em que a própria norma constitucional já é completa para esse agir jurisdicional.

A expressão "na forma da lei" não é uma cláusula restritiva, mas aberta porque se dirige para o sentido da ampliação da competência material (em face de outras controvérsias oriundas das relações de trabalho que a Constituição não previu e que a lei ainda não tenha disciplinado), e jamais para a restrição ou exclusão da competência da Justiça do Trabalho às causas trabalhista-previdenciárias. Concretamente, dessa cláusula aberta resulta, no contexto da hermenêutica constitucional sistemático-teleológica adequada à nossa tese, a ampliação da jurisdição constitucional da JT às causas de natureza trabalhista-previdenciária.

Portanto, a jurisdição constitucional nesse dispositivo atribuída à JT abriga o conteúdo das relações de trabalho em sentido amplo e as demais controvérsias dela correntes, delas derivadas. Aqui o Direito constitucional material faz adequação da competência da Justiça trabalhista ao denominado "princípio da correção funcional"(189).

Tanto é assim que a Constituição deixou bem definida a regra principal da competência material (ações decorrentes das relações de trabalho) e a regra específica no inciso VII ("a execução, de ofício, das contribuições sociais previstas no art. 195, I, '*a*' e II, e seus acréscimos legais, decorrentes das sentenças que proferir").

Ao atribuir competência material à JT para as *ações executórias* das contribuições previdenciárias, o constituinte adotou o critério de natureza material (a relação de trabalho), sem limitar a competência aos estritos casos decorrentes da clássica e direta relação subordinada entre empregador e empregado (empresa individual, ou coletiva, e da entidade a ela equiparada). Mas a estendeu para executar as contribuições sociais dos "demais rendimentos do trabalho, pagos ou creditados, a qualquer título, à pessoa física que preste serviços, mesmo sem vínculo empregatício" (Inciso I, "*a*", art. 185).

Isto é, a competência material, também definida para a execução das contribuições sociais "dos demais segurados da previdência social" (Inciso II, art. 195, com redação dada pela EC n. 20/1998), compreendendo como segurados obrigatórios a pessoa física que presta serviços com ou sem relação empregatícia(190).

A relação processual que se estabelece, no âmbito dessa competência, envolve obrigações de ordem pública: o direito social (individual) do trabalhador, ou da pessoa física prestadora de serviços sem vínculo empregatício; a obrigação de ordem pública imposta ao empregador (pessoa jurídica ou física), ou ao tomador de serviços para recolher as

(189) PETER HÄBERLE, na obra *Hermenêutica Constitucional*, explica que, "se a interpretação constitucional está submetida ao princípio da 'correção funcional', então o órgão que interpreta com base em uma competência específica deve fazê-lo de maneira diversa de outro órgão, dotado de outras competências" (1977/2002, p. 53-64).

(190) As Leis n. 8.212/91 (Art. 12) e n. 8.213/91 (Art. 11) definem os segurados obrigatórios da previdência social que estão compulsoriamente sujeitos à jurisdição de competência da Justiça Federal do Trabalho, quando a execução judicial das suas contribuições decorrer de vínculo empregatício ou da relação de trabalho.

contribuições sociais; e a Previdência Social (por intermédio de sua autarquia federal, o Instituto Nacional do Seguro Social — INSS).

Como conceber a competência restritiva para execução *ex-officio* das contribuições sociais decorrentes das relações de emprego e das relações de trabalho para o custeio da Previdência Social (como questão tributária), mas ao mesmo tempo recusar os efeitos imediatos e automáticos da mesma decisão judicial no direito previdenciário (isto é, para a questão social — o reconhecimento da filiação ao Regime Geral e ao cômputo das contribuições no tempo de serviço)?

Uma interpretação restritiva apenas à competência tributária[191] é insustentável do ponto de vista sistemático-teleológico, isso para não nos apressarmos em apontar a possível existência de *antinomias própria e teleológica* entre normas do mesmo nível e escalão constitucional.

A interpretação restritiva somente é possível na concepção do positivismo jurídico porque submete os valores e os princípios informadores da competência material da JFT (às causas de natureza trabalhista-previdenciária) ao constitucionalismo mercantil que subjuga o interesse social.

Portanto, a restrição da competência não é a intenção teleológica do legislador da EC n. 45/2004 que fixou a competência material da JT para causas executórias das contribuições sociais. É o interesse de ordem pública que legitima, enquanto critério normativo constitucional, a competência trabalhista para as causas de natureza trabalhista-previdenciária, envolvendo o Regime Geral e o Regime Privado Fechado de Previdência.

O princípio de natureza material insculpido no art. 114, IX, da EC n. 45/2004, relativo à competência material da Justiça Federal do Trabalho às causas oriundas das relações de trabalho, é uma verdadeira norma-princípio, porque é um princípio constitucional de ordem pública impositivo, não se compreendo como mera cláusula de reserva.

Carla T. M. Romar (2009, p. 33) já adotava a compreensão de que

> [...] parece que esta 'cláusula de reserva' não será necessária. Justificava-se a inserção dessa cláusula no texto constitucional anterior à Emenda n. 45, porque, até então, a competência da Justiça do Trabalho era para conciliar e julgar litígios entre trabalhadores e empregadores. Desse modo, a previsão de que essa competência poderia ser ampliada para abarcar 'outras controvérsias decorrentes da relação de trabalho, na forma da lei', não se justificava como era necessária. No entanto, como a lei não contém palavras inúteis, o entendimento que parece mais correto, porque calcado na razoabilidade, é no sentido de que a Emenda Constitucional n. 45/2004 teve a intenção de, através deste dispositivo, **deixar as portas abertas para a entrada no âmbito da competência material**

---

(191) A natureza de tributo (federal) das contribuições sociais — já o dissemos — foi ratificada pela Súmula Vinculante n. 8 do STF. Na CRFB/88, tal natureza tributária pode ser interpretada pela sistêmica relação entre os arts. 195 (financiamento da seguridade social), 145, §1º (individualidade da capacidade contributiva), 194. V (equidade na forma do custeio), e art. 12 da EC n. 20/1998 (custeio da seguridade social e dos diversos regimes previdenciários).

da Justiça do Trabalho de outras espécies de ações, sempre na forma da lei. (grifo nosso)

A *cláusula de reserva* apenas é justificável quando as normas constitucionais de "eficácia limitada e aplicabilidade indireta" reclamam complementação (GRAU 2008b, p. 158). Não é o caso da competência material da Justiça Federal do Trabalho às "relações de trabalho e às outras controvérsias decorrentes da relação de trabalho". Isto é, contrariamente ao que pensa uma parte da doutrina brasileira(192), a competência às causas de natureza trabalhista-previdenciária não depende de nova lei atributiva de competência a essa matéria, visto que o seu núcleo básico é a relação de trabalho.

Como sublinha Pamplona Filho (2008, p. 48),

> Se a ação for oriunda diretamente da prestação do trabalho, por pessoa física, discutindo-se o conteúdo desse labor [...] não haverá mais necessidade de norma infraconstitucional autorizadora para que se reconheça a competência da Justiça do Trabalho.

Cumpre ainda enfatizar que os incisos I e IX do art. 114 da EC n. 45/2004 consagram dois outros importantes princípios basilares à fixação da competência material da JT às causas de natureza trabalhista-previdenciária: (i) *o princípio da competência específica*, no inciso I, que corresponde ao princípio de natureza material na lição de Canotilho; (ii) o *princípio da competência derivada*, no inciso IX, que inclui, nessa mesma ordem de competência material, as demais controvérsias decorrentes da relação de trabalho.

Nesse particular, a jurisprudência da Suprema Corte converge à nossa teorização, quando, no julgamento do AI n. 713.670 – AgR, ao interpretar o IX, art. 114 ("outras controvérsias decorrentes da relação de trabalho, na forma da lei"), decidiu que

> (...) O inciso IX do art. 114 da CF apenas outorgou ao legislador ordinário a faculdade de submeter à competência da Justiça laboral outras controvérsias, além daquelas taxativamente estabelecidas nos incisos anteriores, desde que decorrentes da relação de trabalho. O texto constitucional não o obrigou a fazê-lo, deixando ao seu alvedrio a avaliação das hipóteses em que se afigure conveniente o julgamento pela Justiça do Trabalho, à luz das peculiaridades das situações que pretende regrar. (...)(193).

---

(192) Entretanto, parte da doutrina e parte da jurisprudência brasileira ainda se inclinam à interpretação quanto à necessidade de lei específica que venha ampliar a competência para a previdência básica e à previdência privada fechada. Nesse sentido, cita-se NASCIMENTO (2005, p. 36), para quem a expressão "outras controvérsias decorrentes da relação de trabalho, na forma da lei", poderá o legislador, a seu critério, ampliar, ainda mais, a competência do Judiciário Trabalhista, por exemplo, no futuro, para a previdência complementar ou oficial" BALERA (2008, p. 55-76) enfatiza os aspectos da contratualidade e da facultatividade do negócio jurídico previdenciário para afastar a competência da Justiça do Trabalho em face do Regime Privado Fechado. Obs. Correção feita.

(193) Embora o julgamento seja relativo à definição da competência jurisdicional para processar e julgar a execução dos créditos trabalhistas no caso de empresa em fase de recuperação judicial, é adequado à sustentação de nossa tese porque a subsunção do caso foi à luz do Inciso IX, art. 114 da Constituição de 1988, com redação pela EC n. 45/2004. O relator foi o ministro **Ricardo Lewandowski**, com julgamento em 28.5.2009, Plenário, *DJE* de 28.8.2009, com caráter de repercussão geral, tomando como precedente o AI n. 621.155-AgR, de relatoria do ministro **Joaquim Barbosa**, com julgamento em 26.6.2012, Segunda Turma, *DJE* de 13.8.2012. Disponível em: STF <http://www.stf.jus.br/portal/>. Acesso em: 4 mar. 2013.

Por conseguinte, não será o fato de a previdenciária possuir institutos próprios — como assinala a doutrina (SUSSEKIND, 2010)(194) — que vai torná-la estranha ou excluída da competência material da Justiça Federal do Trabalho, pois a *competência* às causas previdenciárias será *definida pela natureza da origem do conflito*. Isso significa que, por força da normativa e dos princípios constitucionais, se o conflito decorrer de uma relação de trabalho ou de uma relação de emprego, a matéria trabalhista-previdenciária estará incluída na competência da JT.

Em casos dessa natureza, a imperatividade normativa da Constituição — interpretada e aplicada à luz dos valores e dos princípios constitucionais adequados à natureza da relação jurídica trabalhista-previdenciária — está bem delineada na norma referida.

Por força da autoridade moral da Constituição (portanto, um valor assentado na própria normatividade do art. 114, inciso IX, da EC n. 45/2004), a EC n. 20/1998 (Art. 202, § 2º), quando exclui a competência da JT, desafia conflituosamente todo esse plexo de valores e princípios contidos na Emenda Constitucional posterior, exigindo um critério solucionador de tal antinomia de natureza própria e teleológica(195).

No que é compatível com a nossa tese, essa questão antinômica presente entre o § 2º, art. 202 (EC n. 20/1998) e o inciso IX, art. 114 (EC n. 45/2004).

Assim dispõe a precitada norma constitucional:

> § 2º As contribuições do empregador, os benefícios e as condições contratuais previstas nos estatutos, regulamentos e planos de benefícios das entidades de previdência privada **não integram o contrato de trabalho dos participantes**, assim como, à exceção dos benefícios concedidos, não integram a remuneração dos participantes, nos termos da lei (EC n. 20/1998, art. 202, § 2º, grifo nosso).

De outro lado, recordemos o que estabelece o art. 114, inciso IX, da EC n. 45/2004:

> Art. 114. Compete à Justiça do Trabalho processar e julgar: (Redação dada pela Emenda Constitucional n. 45, de 2004): I – as ações oriundas da relação de trabalho, [...]; IX – outras controvérsias decorrentes da relação de trabalho, na forma da lei (EC n. 45/2004).

---

(194) Para SÜSSEKIND (2010, p. 98), a previdência social, ou a seguridade social que a engloba, tornou-se disciplina autônoma, com princípios doutrinários, instituições e regras jurídicas próprias, apesar das opiniões em contrário.

(195) FERRAZ JÚNIOR (2008a, p. 14) define antinomia jurídica, do ***tipo real***, sendo "a oposição que ocorre entre duas normas contraditórias (total ou parcialmente) emanadas de autoridades competentes num mesmo âmbito normativo, que colocam o sujeito numa posição insustentável pela ausência ou inconsistência de critérios aptos a permitir-lhe uma saída no quadro de um ordenamento dado". Isto é, considera que ocorre antinomia real quando não há, no ordenamento, regras normativas de solução; enquanto será **antinomia aparente** aquela para a qual existam *critérios normativos* solucionador. Cf. *Introdução ao Estudo do Direito* (FERRAZ JÚNIOR, 2008b. p. 179). Explicando as **antinomias real** e aparente, MARIA HELENA DINIZ (2009a, p. 25) escreve que haverá **antinomia aparente** se os critérios para solucioná-la forem normas integrantes do ordenamento jurídico. E será **antinomia real** se não houver na ordem jurídica qualquer critério normativo para sua solução, sendo, então, imprescindível para sua eliminação a edição de uma nova. Sobre o conflito de normas do mesmo padrão e escalão constitucional, FERRAZ JÚNIOR (2008b, p. 180) explica que "Chamam-se **antinomias próprias** aquelas que ocorrem por motivos formais (por exemplo, uma norma permite o que outra proíbe), e **são impróprias** as que se dão em virtude do conteúdo material das normas. [...] Nas **antinomias impróprias**, o conflito é mais entre o comando estabelecido e a consciência do aplicador, aproximando-se a noção de antinomia imprópria da noção de lacunas políticas ou de *lege ferenda*". (grifo nosso)

No § 2º, art. 202, a *regra é de proibição e de limitação* direcionada exclusivamente à Justiça do Trabalho para não julgar as causas de natureza jurídica trabalhista-previdenciária. Isso ocorre porque o constitucionalismo econômico neoliberal não considera, nesse caso, os princípios comuns às relações jurídicas trabalhista-previdenciárias.

Já na Emenda Constituição posterior (EC n. 45/2004, art. 114, incisos I e IX), temos *regra de permissão e de ampliação* da competência material da Justiça Federal do Trabalho às causas oriundas das relações de trabalho e às demais controvérsias daquelas decorrentes.

O legislador permitiu que na competência às causas trabalhista-previdenciárias fosse incluída ao sistema de jurisdição trabalhista pelo conteúdo da matéria (ou princípio de natureza material, ou princípio da competência específica) a relação de trabalho, sendo irrelevante a natureza da própria lide. Isto é, a competência material está fixada independentemente se a lide envolve um contrato previdenciário privado, desde que o conflito que envolva o contrato previdenciário tenha por origem uma relação de trabalho ou uma relação empregatícia.

A prevalecer a posição que defende a incompetência da Justiça Federal do Trabalho para ações que englobem Regime Privado de Previdência (mesmo que o conflito tenha origem na relação de trabalho ou de emprego), com base no § 2º, art. 202 e no art. 68 da LC n. 109/2001, ocorrerá aquilo que Ferraz Júnior (2008b, p. 180) denomina de "antinomia teleológica", *i.e.*, a incompatibilidade entre os fins propostos pela EC n. 45/2004 e os meios propostos pela EC n. 20/1998 para a consecução daquela finalidade.

Os fins almejados da EC n. 45/2004 são, juridicamente, incluir na seara do regime de competência material trabalhista toda e qualquer causa oriunda da relação de trabalho humano e seus conflitos derivados. O meio proposto para a obtenção desse objetivo, pelo § 2º, art. 202 da EC n. 20/1998, é o regime de competência jurisdicional da Justiça Federal comum ou da Justiça comum estadual, conforme o caso.

É disso que decorrem as antinomias própria e teleológica entre as retrocidas normas constitucionais em face do regime de competência da Justiça Federal do Trabalho. Essa antinomia pode ser solucionada por meio da aplicação do *princípio da primazia* da norma constitucional posterior (no caso, a EC n. 45/2004) em face da norma constitucional anterior (EC n. 20/1998), a qual corresponde ao critério universal *lex posterior derrogat legis priori.*[(196)]

Portanto, a *norma constitucional anterior* (Art. 202, § 2º, da EC n. 20/1998, que inspirou o art. 68 da LC n. 109/2001), tendo em vista a *norma constitucional posterior* (EC n. 45/2004, art. 114, IX), *não pode prevalecer* como critério constitucional para excluir a competência material da JT nas causas de natureza trabalhista-previdenciária que envolvem o Regime Privado Fechado de Previdência.

Não se trata de concepção empírica ou especulativa — é importante ressaltar — mas de concepção sustentada em critério normativo constitucional (iluminado especialmente

(196) O critério universal *lex posterior derrogat legis priori.*, explicado por Maria Helena Diniz (2009a, p. 35) como o conflito entre "duas normas do mesmo nível ou escalão, a última prevalece sobre a anterior".

pelos princípios da natureza material e da natureza procedimental) adequado ao espírito real da Constituição, aqui, relativo à fixação da competência material da Justiça trabalhista, pois, como já observava Lassale (2000, p. 33),

> onde a Constituição escrita não corresponder à real, irrompe inevitavelmente um conflito que é impossível evitar e no qual, mais dia menos dia, a Constituição escrita, a folha de papel, sucumbirá necessariamente, perante a Constituição real, a da verdadeira força vital do país.

Por outro modo de interpretação, quando a Constituição não corresponde à realidade das relações de trabalho, impõe imensas dificuldades para a efetividade dos direitos consectários do trabalho e da previdência.

Bobbio, a propósito, já advertia que "Os direitos sociais são mais difíceis de proteger do que os direitos de liberdade" [(197)].

Uma das causas dessa dificuldade está, em nosso país, no profundo fosso entre os objetivos formais da proteção social e as medidas que são adotadas à efetividade desses direitos a partir do modelo de *civil law of the civil jurisdiction* em detrimento da *labor law of the jurisdiction social*, notadamente quando se trata de ações decorrentes das relações de trabalho com repercussão previdenciária em face dos regimes Geral e Privado Fechado de Previdência Privada. Se os direitos sociais (trabalho e previdência, em espécie) são "um produto jurídico do Estado social ou do *Welfare*"[(198)], como interpreta Cappelletti (1989, p. 22), sua concretização, sua efetividade exige "para sua gradual realização a intervenção e prolongada no tempo pelo Estado" (1989, p. 22). Obs. "prologada" é como usa o autor citado.

É, portanto, o conteúdo protetivo dos direitos ao trabalho e à previdência, na ordem constitucional brasileira, que cobra o alinhamento de todos os órgãos do Estado à concretude desses direitos, como forma de combate às mazelas sociais provocadas pelas políticas econômicas neoliberais.

A Justiça do Trabalho é, por vocacionalidade social, o ramo do Poder Judiciário para essa finalidade adequado para cumprir essa função, no âmbito da qual o papel do juiz é de profunda responsabilidade social, porque, como apregoa Cappelletti,

> Diante de tais direitos, o papel do juiz não pode, absolutamente, limitar-se a decidir de maneira estática (...), ao contrário, constitui frequente responsabilidade do juiz decidir se determinada atividade do Estado, mesmo que largamente discricional — ou a inércia ou em qual dado comportamento dos órgãos públicos —, está *alinhada* com os programas prescritos, frequentemente de maneira um tanto vaga, pela legislação social e pelos direitos sociais[(199)].

(197) Cf. BOBBIO. *A era dos direitos*, 2004, p. 60.

(198) Cf. CAPPELLETTI. *Juízes irresponsáveis?* Porto Alegre: Sérgio Antônio Fabris, 1989. p. 22.

(199) *Op. cit.*, 1989, p. 22.

Adequando-se tal assertiva ao campo de nossa tese, significando que ao Poder Judiciário é atribuído o poder-dever-responsabilidade de garantir, em sede de suas decisões, o alinhamento dos objetivos prescritos na Constituição de 1988 e na legislação social quanto aos direitos sociais. E quando se cuida de legislação social para implementação dos direitos de natureza trabalhista-previdenciária, no caso brasileiro, a referência nuclear é a Consolidação das Leis do Trabalho (CLT), portanto, inerente a *jurisdiction social* da Justiça laboral.

Desse modo, sob o viés dessa teorização, não se inclui no poder discrecional do Poder Executivo, nem do Poder Legislativo brasileiro atribuir a *civil law jurisdiction of civil* competência à Justiça comum, quando a matéria é relativa às relações de trabalho ou decorrente do contrato de trabalho, porque: a) é inconstitucional diante do disposto no art. 114, I e IX da Constituição de 1988; b) o disposto no § 2º, art. 202 da mesma Constituição não exclui da jurisdição trabalhista as ações em face do regime privado de previdência.

A propósito, o presidente da Suprema Corte brasileira, ministro Joaquim Barbosa, no julgamento dos REs ns. 586.453 e 583.050, interpreta que não é possível

> segregar o contrato de previdência privada complementar das relações de direito de trabalho eventualmente existentes entre o indivíduo e o patrocinador, com repercussão no que tange à fixação da Justiça Comum como a competente para o julgamento dos conflitos decorrentes desse tipo de ajustes(200).

O presidente do Supremo também refutou a tese de inaplicabilidade do § 2º, art. 202 da Constituição de 1988 à jurisdição trabalhista para os conflitos trabalhista--previdenciários:

> Refuto a tese de que o art. 202, § 2º, poderia amparar a conclusão de que a Justiça do Trabalho não seria mais competente para decidir as ações que envolvem o pleito de complementação da aposentaria.(201)

Com efeito, qualquer interpretação centrada exclusivamente no positivismo jurídico neoliberal ÿ para ignorar ou colocar em posição inferior os princípios constitucionais relativos à fixação da competência material da JT às causas trabalhista-previdenciárias — não corresponderá ao verdadeiro espírito normativo-teleológico da Emenda Constitucional n. 45/4004, destinado ao sistema jurisdicional brasileiro.

Isso porque, como alerta Bonavides (2001, p. 256),

> A proclamação da normatividade dos princípios em novas formulações conceituais [...], no constitucionalismo contemporâneo, corroboram essa tendência irreversível que conduz à valoração e eficácia dos princípios como norma-chave de todo o sistema jurídico; normas das quais se retirou o conteúdo inócuo de programaticidade, mediante o qual se costumava neutralizar a eficácia das constituições em seus valores referenciais, em seus objetivos básicos e em seus princípios cardeais.

(200) Disponível em: <http://www.stf.jus.br/portal/constituicao/artigo.asp#ctx1>. Acesso em: 4 mar. 2013.

(201) Disponível em: <http://www.stf.jus.br/portal/constituicao/artigo.asp#ctx1>. Acesso em: 4 mar. 2013.

Então, é oportuno recordar com Claus Canaris, secundado por Eros Grau (2008a, p. 22), que "um sistema supõe ordenação e unidade (ordenação interna e unidade de sentido". Por isso que cada sistema dinâmico e aberto — como é o caso do sistema constitucional brasileiro — possui "uma ordem teleológica de princípios" (CANARIS, 2002. p. 77).

Daí porque os princípios possuem a capacidade aglutinadora à interpretação do sistema, como observa Grau (2008a, p. 22), "a conexão aglutinadora das normas que compõem o sistema jurídico — daí sua unidade — se encontra nos princípios gerais do direito (de cada direito)", isso porque, ainda na dicção de Grau (2009, p. 23), mas em outra obra, "os princípios constituem norma jurídica".

A norma — se tomada fora do conglobamento sistêmico — por si só não é adequada e nem suficiente para corresponder, no caso específico de nossa tese, à efetividade do direito humano fundamental à previdência.

Sob o ângulo sistemático-teleológico, a compreensão da nossa tese passa necessariamente pela interpretação do sistema constitucional como um todo (definindo pelos valores, pelas normas e princípios o regime de competência trabalhista-previdenciária) pois, ainda na descrição de Grau (2008a, p. 23), "cada norma é parte de um todo, de modo que não podemos conhecer a norma sem conhecer o sistema, o todo no qual se integra".

A consistência interna do regime de competência trabalhista-previdenciária repousa na "norma-chave" do sistema de constitucional — a valorização e a eficácia dos valores e dos princípios que inspiram as normas aos fins sociais a que se dirigem.

Com efeito, a interpretação do § 2º, art. 202, do art. 109 da CRFB/88, e do art. 68 da LC n. 109/2001 deve ser orientada pelo sistema de valores, normas e princípios que constituem a norma do art. 114, inciso VIII e IX, da EC n. 45/2004, fixadora da competência da Justiça Federal do Trabalho às causas de natureza trabalhista-previdenciária.

Assim deve ser porque, conforme a principiologia de Grau (2009, p. 54),

> A força dos princípios é tal que [...] novos princípios incorporados pela ordem jurídica importam que a inúmeras regras contempladas por essa ordem jurídica seja retirada a vigência.

Isso ocorreu para a formação do regime de competência trabalhista previdenciária em causas que envolvem o Regime Privado e o Regime Geral de Previdência no Brasil.

4.3.2. Elemento fático-jurídico *em conexão com a função social do contrato*

Quando se trata de *critério fático-jurídico*, para a fixação da competência material da Justiça Federal do Trabalho às causas de natureza trabalhista-previdenciária, exige-se a comprovação do *nexo causal entre a matéria principal* (relação de trabalho ou relação de emprego) e *a matéria derivada* (consectário previdenciário).

O *critério fático-jurídico* requer obrigatoriamente a existência de contrato de previdência privada decorrente da relação de trabalho ou da relação empregatícia, mas ambas orientadas pelo princípio da função social do contrato — não no sentido econômico-liberal da pactuação limitada pela extensão do mercado — mas segundo a leitura teleológica do direito social fundamental ao trabalho e do primado social do trabalho, os quais devem ser tomados pela ordem socioeconômica como balizas éticas para inspirar e moldar o conteúdo social da contratualidade nas relações jurídicas trabalhista-previdenciárias.

O *critério fático-jurídico* exige, para saber se a relação jurídica entre as partes decorre da relação de trabalho ou de uma relação empregatícia, a investigação da matéria fática-probatória, à luz do princípio da *primazia da realidade*.

O princípio da primazia da realidade é equivalente ao princípio da verdade real. Os dois prevalecem em quaisquer circunstâncias em face do princípio formal na solução do conflito judicializado. São princípios indispensáveis à superação da dicotomia positivista entre a concepção da relação jurídica formal e a realidade fática, entre o contrato previdenciário e o contrato de trabalho.

Segundo Rodrigues Pinto (2006, p. 24), uma vez configurado o divórcio entre a *formal* concepção jurídica do contrato e a *realidade* que emana da relação fática, deve

> pressupor-se sua aplicação [do princípio da primazia da realidade] nos confrontos que exijam considerar, entre a concepção jurídica da relação e a realidade do fato da execução, o favorecimento do empregado.

A fixação da competência material da Justiça do Trabalho às causas de natureza trabalhista-previdenciária pelo *critério fático-jurídico* deve ser iluminada pelo princípio da primazia da realidade na investigação da relação de trabalho ou de emprego, da qual derivará o consectário previdenciário. Desse modo, o critério fático-jurídico é jungido ao princípio da verdade real, e não ao princípio formal.

Assim, quando a lei fixa que "As contribuições do empregador, os benefícios e as condições contratuais previstos nos estatutos, regulamentos e planos de benefícios das entidades de previdência complementar não integram o contrato de trabalho dos participantes" (Lei n. 109/2001, art. 66), porque o contrato previdenciário é de índole facultativa e adesista, esse dogmatismo jurídico deve ser mitigado pela teleologia do contrato de trabalho.

Afinal, como ensina Süssekind (2010, p. 212-213), os direitos e as obrigações nascem, persistem e extinguem-se em razão do funcionamento da empresa.

No âmbito da CLT, essa é a regra do art. 2º e do § 2º, que leva à fixação da *subjetivação da empresa* diante de *todas* as obrigações contratuais advindas do contrato de trabalho. Significa que *a imputação da responsabilidade à empresa*, quanto aos direitos previdenciários derivados de uma relação de trabalho ou relação de emprego, *é sempre objetiva* porque, uma vez configurada a relação empregatícia, assume os riscos da atividade econômica visto a atividade empresarial que lhe é inerente.

Logo, parece-nos claro que a assunção de responsabilidade por direitos trabalhistas (e previdenciários que decorram da relação de trabalho ou da relação empregatícia), juridicamente, é justificada porque o contrato de trabalho é o negócio jurídico entabulado pelo empregador ao qual estão jungidas as partes (empregador e empregado).

Isso ocorre porque, conforme assinala Moraes Filho (1960, p. 131), "não há como negar que o contrato de trabalho insere-se diretamente na empresa, ou no estabelecimento, com mais precisão". Sendo este também o fundamento em que Süssekind (2010, p. 231) se baseia para afirmar que "os direitos e obrigações advindos do contrato de trabalho nascem em função dela [empresa, acrescentamos], independentemente da pessoa física ou jurídica que na oportunidade detém o seu domínio. [...]".

Com efeito, considerando que o contrato de trabalho "insere-se diretamente na empresa", e tendo em vista que "os direitos e obrigações advindos do contrato de trabalho nascem em função da empresa", também nos parece inquestionável que a obrigação previdenciária (planos de benefícios) da relação empregatícia vincula as empresas patrocinadoras às responsabilidades (direitos e obrigações) advindas da relação empregatícia.

Essa matéria, por conseguinte, independentemente da qualificação jurídica do empregador, é relativa à competência material da Justiça do Trabalho.

O espírito teleológico dos contratos não é relativo a uma declaração formal, mas ao propósito principiológico que inspirou o contrato. Por isso que a inspiração teleológica do contrato de trabalho tem bases plasmadas no princípio da primazia da realidade, pois esse princípio, em última análise, é a garantia da verdade real que deve prevalecer nas relações jurídicas trabalhista-previdenciárias.

É por esse sentido que, uma vez estabelecido um conflito previdenciário no âmbito do regime privado, não é critério selecionador da competência jurisdicional da Justiça do Trabalho saber se o Direito é pleiteado com base em norma civil, *pois o que importa*, fundamentalmente, *é saber* se a causa é decorrente ou não de uma relação de trabalho.

Nesse sentido, encontramos sustentação na doutrina nacional. Pamplona Filho defende que (2008, p. 50)

> A nova regra básica da competência material toma por base, portanto, novamente a qualificação jurídica dos sujeitos envolvidos, não mais, como outrora, identificados somente como empregado (trabalhador subordinado) e empregador, mas sim como trabalhador, gramaticalmente considerado e tomador desses serviços (seja como empregador, consumidor, sociedade, cooperativa, etc.), incluindo o próprio Estado, desde que não seja uma relação estatutária. **Assim, o que importa para a delimitação da competência não é o tema discutido ou a legislação a ser aplicada, mas sim a circunstância de versar a lide sobre questão fulcrada diretamente em uma relação de trabalho.** (grifo nosso)

A jurisprudência majoritária da Suprema Corte brasileira sempre acolheu a competência material da Justiça do Trabalho para litígios quando a causa de pedir deriva de uma relação de trabalho ou de um contrato de trabalho.

O fundamento historicamente adotado pela Suprema Corte desde 1990, a partir do julgamento do Conflito de Competência n. 6.959-0[(202)], é no exato sentido da *irrelevância da natureza da norma invocada* para fundamentar o pedido, sendo juridicamente suficiente para a definição da competência perquirir se a causa é derivada ou não de uma relação de trabalho ou de uma relação de emprego.

Inserem-se na competência material da Justiça do Trabalho, sob essas perspectivas doutrinária e jurisprudencial, as causas relativas à complementação de aposentadoria em face do Regime Privado Fechado, quando decorrentes da relação de trabalho e/ou contrato de trabalho.

Nesse sentido, citam-se 03 (três) recentes julgamentos da Corte Suprema: o do RE - 135.937, ratificando que compete à Justiça do Trabalho o "julgamento das questões relativas à complementação de pensão ou de proventos da aposentadoria, quando decorrente do contrato de trabalho"[(203)].

O julgamento do RE n. 596.637 AgR / RS – Rio Grande do Sul[(204)], no qual a competência da Justiça comum às causas relativas à complementação de aposentadoria só é reconhecida "**quando não decorrentes de contrato de trabalho**". (Grifamos)

---

(202) CC n. 6.959-0. Pleno. Relator Ministro Sepúlveda Pertence. DJU. 23.5.1990. Disponível em: <stf.jus.br>. Acesso em: 22 mar. 2013.

(203) RE n. 552.522 AgR/RS. Rel. Min. Ellen Gracie. Julgamento: 19.10.2010. Órgão Julgador: Segunda Turma. Ementa: CONSTITUCIONAL. AGRAVO REGIMENTAL NO RECURSO EXTRAORDINÁRIO. INDENIZAÇÃO POR DANOS DECORRENTES DE ACIDENTE DE TRABALHO. COMPETÊNCIA. SENTENÇA DE MÉRITO. INEXISTÊNCIA. art. 114 (NA REDAÇÃO DA EC n. 45/2004). 1. Compete à Justiça do Trabalho o julgamento das causas de indenização decorrentes de relação de trabalho propostas pelo empregado contra o empregador. Inexistência de sentença de mérito proferida pela Justiça Comum antes da EC n. 45/2004. Se o litígio decorre ou não de norma de direito civil, não importa. **O que cumpre perquirir para a definição da competência é saber se a causa é decorrente ou não de uma relação de trabalho.** Precedente: CC 7.204/MG. 2. Incidência das Súmulas STF n. 279 e 454, além do reexame de legislação infraconstitucional, para afastar a conclusão do aresto recorrido, que entendeu tratar-se de ação indenizatória em razão de acidente de trabalho. Precedentes. 3. Agravo regimental improvido. Decisão: A Turma, por votação unânime, negou provimento ao recurso de agravo, nos termos do voto da Relatora. Disponível em: <www.stf.jus.br>. Acesso em: 5 jum. 2013. **(Grifamos)** No que se refere à ação de complementação de aposentadoria ajuizada contra entidade de previdência privada, não havia um consenso no Supremo. Dois julgados, um da 1ª turma, e outro da 2ª Turma, exemplificam bem como a questão dividia a jurisprudência da Corte. Vejamos: AG RG ai 570.429-9-RS. "*A jurisprudência desta Corte firmou-se no sentido de que compete à Justiça Comum o julgamento de causas que versem sobre complementação de aposentadoria ajuizada contra entidade de previdência fechada*". Cf. FILHO, Georgenor de Sousa Franco. *Direito do Trabalho no STF*. São Paulo: LTr, 2009. p. 116. Em sentido inverso foi o julgamento do RE 135.937 (DOU 28.8.1994), no qual a 2ª Turma do STF assim decidiu: "*A questão suscitada no recurso extraordinário já foi definida por ambas turmas do Supremo Tribunal Federal, segundo as quais* ***compete à Justiça do Trabalho o julgamento das questões relativas à complementação de pensão ou de*** **proventos da aposentadoria,** ***quando decorrente do contrato de trabalho***". **Grifamos**. Disponível em: <www.stf.jus.br>. Acesso em: 5 jun. 2013.

(204) RE 596637 AgR/RS – RIO GRANDE DO SUL . AG. REG. NO RECURSO EXTRAORDINÁRIO. Relator(a): Min. CÁRMEN LÚCIA Julgamento: 8.9.2009. Órgão Julgador: Primeira Turma. EMENTA: AGRAVO REGIMENTAL NO RECURSO EXTRAORDINÁRIO. COMPLEMENTAÇÃO DE APOSENTADORIA. PREVIDÊNCIA PRIVADA. COMPETÊNCIA. AGRAVO REGIMENTAL AO QUAL SE NEGA PROVIMENTO. 1. A jurisprudência do Supremo Tribunal firmou entendimento no sentido de que compete à Justiça comum o julgamento das questões relativas à complementação de proventos de aposentadoria quando não decorrentes de contrato de trabalho. Precedentes. 2. Impossibilidade da análise do regulamento da entidade de previdência privada. Incidência da Súmula n. 454 do Supremo Tribunal Federal. 3. O art. 195, § 5º, da Constituição da República diz respeito à seguridade social financiada por toda a sociedade, sendo alheio às entidades de previdência privada. Disponível em:< www.stf.jus.br>. Acesso em: 5 jun. 2013. (grifo nosso)

E o julgamento do AI-713.670-AgR, no qual a Suprema Corte decidiu que

(...) A Justiça do Trabalho dispõe de competência para apreciar litígios instaurados contra entidades de previdência privada e relativos à complementação de aposentadoria, pensão ou de outros benefícios previdenciários, desde que a controvérsia jurídica resulte de obrigação oriunda de contrato de trabalho[(205)].

E na mesma decisão, o STF também definiu que somente

Competirá, no entanto, à Justiça comum, processar e julgar controvérsias relativas à complementação de benefícios previdenciários <u>pagos por entidade</u> de previdência privada, <u>se o direito vinculado não decorrer de contrato de trabalho</u>. (grifamos)

O Tribunal Superior do Trabalho, em diversas decisões, também sedimenta a jurisprudência trabalhista no sentido de que "A competência jurisdicional resulta definida pela natureza material da relação jurídica deduzida em juízo, fixada pela causa de pedir remota" (MORAIS, Océlio J. C., 2010. p. 33).

Portanto, por considerarmos academicamente que a competência material da Justiça trabalhista ao julgamento da causa em conflito trabalhista-previdenciário que envolva o Regime Geral e o Regime Privado Fechado de Previdência é definida pela origem do conflito vinculado à relação de trabalho ou ao contrato de trabalho (e não à literalidade da norma), apresentamos *duas objeções teóricas* ao mais recente julgamento do Supremo Tribunal Federal em matéria de complementação de aposentadoria, em sede dos recursos extraordinários (REs) 586.453 e 583.050[(206)].

A primeira objeção é com base no próprio fundamento adotado pela tese vencedora no julgamento dos REs ns. 586.453 e 583.050.

A tese vencedora entendeu que, sendo extinto o contrato de trabalho, inexiste relação trabalhista entre o beneficiário e a entidade fechada de previdência e, por isso, a competência à matéria é afeta à Justiça comum[(207)].

(205) O Supremo adotou como precedentes ao julgamento do AI 713.670, cujo relator foi o ministro Celso de Mello, os seguintes julgados: RE 572.954-AgR, rel. Min. Dias Toffoli, julgamento em 26.4.2011, Primeira Turma, *DJE* de 1º.8.2011; AI 705.907-AgR, relª. Minª. Ellen Gracie, julgamento em 23.6.2009, Segunda Turma, *DJE* de 7.8.2009; AI 615.684-AgR, rel. Min. Ayres Britto, julgamento em 7.4.2009, Primeira Turma, *DJE* de 8.5.2009; AI 730.361-AgR, rel. Min. Eros Grau, julgamento em 17.3.2009, Segunda Turma, *DJE* de 17.4.2009; AI 675.318-AgR, rel. Min. Ricardo Lewandowski, julgamento em 3.2.2009, Primeira Turma, *DJE* de 6.3.2009; AI 650.507-AgR, relª. Minª. Cármen Lúcia, julgamento em 20.11.2007,Primeira Turma, *DJE* de 8.2.2008; AI 556.099, rel. Min. Gilmar Mendes, julgamento em 17.10.2006, Segunda Turma, *DJ* de 1º.12.2006; AI 591.875-AgR, rel. Min. Eros Grau, julgamento em 8.8.2006, Segunda Turma, *DJ* de 8.9.2006; AI 198.260-AgR, rel. Min. Sydney Sanches, julgamento em 1º.3.2005,Primeira Turma, *DJ* de 16.11.2001; AI 524.869-AgR, rel. Min. Sepúlveda Pertence, julgamento em 7.8.2001, Primeira Turma, *DJ* de 11.3.2005. Vide: AI 732.170-AgR, rel. Min. Ricardo Lewandowski, julgamento em 25.8.2009, Primeira Turma, *DJE* de 18.9.2009. Disponível em: página do STF; A constituição e o supremo. Disponível em: <http://www.stf.jus.br/>. Acesso em: 22 mar. 2013.

(206) Com caráter de repercussão geral, e por maioria de votos, o Plenário do Supremo Tribunal Federal (STF) decidiu no dia 20.2.2013 que cabe à Justiça Comum julgar processos decorrentes de contrato de previdência complementar privada, quando ocorrer a relação direta entre a entidade de previdência fechada, inexistindo o contrato de trabalho. A decisão se deu em face dos Recursos Extraordinários (REs) 586453 e 583050, de autoria da Fundação Petrobras de Seguridade Social (Petros) e do Banco Santander Banespa S/A, respectivamente. O Plenário do STF também decidiu modular os efeitos dessa decisão e definiu que permanecerão na Justiça do Trabalho todos os processos que já tiverem sentença de mérito até a data desse julgado. Disponível em: <http://www.stf.jus.br>. Acesso em: 2 abr. 2013. Disponível em: <http://www.trt8.jus.br/index.php>. Acesso em: 4 mar. 2013.

(207) Conforme o julgamento, "a tese vencedora foi aberta pela ministra Ellen Gracie (aposentada) ainda em 2010. Como relatora do RE 586453, a ministra entendeu que a competência para analisar a matéria é da Justiça Comum em

Sob o espírito do art. 114, IX, da Constituição de 1988, sustentamos, academicamente, que a decisão afronta a autoridade moral da referida norma porque a *mens lege* é no sentido de que o legislador constituinte derivado inclui objetivamente na competência material da Justiça laboral quaisquer outras controvérsias, desde que decorrentes da relação de trabalho.

Por certo que essa baliza constitucional não distingue, para definição da competência trabalhista, se o contrato de trabalho já está extinto, sendo relevante apenas que a controvérsia seja conexa ou decorra da relação de trabalho.

Por conseguinte, sob essa luz constitucional, interpretamos que a decisão em referência inclina-se à defesa econômica, quanto às questões atuariais, em face das entidades de previdência fechada. Portanto, imunizam os efeitos que as decisões trabalhistas possam gerar quando reconheçam a incorporação, nos contratos de trabalho, quanto aos benefícios previdenciários concedidos pela entidade previdenciária privada fechada. A questão social, que é relativa ao princípio da proteção social, não foi retirada de seu devido patamar constitucional definido no art. 114, IX, da Constituição de 1988.

A decisão da Suprema Corte, sob esse aspecto, preponderou um valor econômico de natureza neoliberal em detrimento do valor social do contrato de trabalho, para o qual a própria Constituição exige proteção. Com efeito, quando faz prevalecer o valor econômico sobre o valor social do contrato de trabalho, a decisão judicial causa retrocesso, à medida que engessa jurisprudencialmente o agir da mais relevante justiça social brasileira, a Justiça do Trabalho.

De outro lado, observemos bem: quando aquela tese vencedora justifica que a competência às causas de complementação de aposentadoria é da Justiça comum "em razão da inexistência de relação trabalhista entre o beneficiário e a entidade fechada de previdência complementar" e porque a "competência não pode ser definida levando-se em consideração o contrato de trabalho já extinto como no caso deste RE", contrário *sensu*, é rigorosamente defensável que a competência trabalhista persista se o contrato de trabalho ainda continuar vigente.

Com essas ponderações, sustentamos academicamente que o referido julgado não interpreta corretamente, à luz do princípio da competência decorrente (Art. 114, IX, CRFB/88), a segurança jurídica que a norma constitucional prescreveu: a competência matéria da Justiça Federal do Trabalho às causas decorrentes das relações de trabalho.

A segunda objeção ao julgado — também para demonstrar academicamente que a competência material da Justiça do Trabalho subsiste aos conflitos trabalhista-previdenciários em face do Regime Privado Fechado de Previdência — é no sentido de evitar a violação do *dever jurídico-constitucional* atinente a esse ramo federal da Justiça da União.

---

razão da inexistência de relação trabalhista entre o beneficiário e a entidade fechada de previdência complementar. De acordo com ela, a competência não pode ser definida levando-se em consideração o contrato de trabalho já extinto como no caso deste RE. Por essa razão, a ministra concluiu que a relação entre o associado e a entidade de previdência privada não é trabalhista, estando disciplinada no regulamento das instituições". Disponível em: <http://www.stf.jus.br/portal/>. Acesso em: 2 abr. 2013.

O *labor law* (direito do trabalho) e o *legal competence of labor* (regime de competência trabalhista) brasileiros são definidos às causas decorrentes das relações de trabalho ou do contrato de trabalho para, conforme o espírito da Constituição, promover a Justiça social nas relações de trabalho.

Por esse sentido constitucional, nenhuma decisão judicial pode violar o *dever jurídico próprio* da Justiça do Trabalho de julgar as causas dessa natureza.

Para além da nossa categorização teórica, em face da repercussão jurisprudencial da decisão em comento da Suprema Corte, nos REs ns. 586.453 e 583.050, a nossa tese quer a preservação do princípio da primazia da realidade estampado no art. 114 da Constituição de 1988, até mesmo pelo critério normativo neoconstitucional, o qual não autoriza seccionar da competência da Justiça obreira nenhuma ação oriunda da relação de trabalho, bem como quaisquer outras controvérsias decorrentes da relação de trabalho.

Assim, a linha de princípio é esta: o disposto no art. 114 e no inciso IX da CRFB/88 não segrega da competência material da Justiça do Trabalho as ações de natureza trabalhista-previdenciária em face do regime fechado de previdência privada, ainda que o contrato de trabalho já tenha sido extinto.

Desse modo, por exemplo, a adesão ao plano de benefícios facultado ao trabalhador, no âmbito do contrato previdenciário privado, é apenas um requisito formal desse negócio jurídico, não podendo subtrair a competência da Justiça do Trabalho, desde que a causa decorra da relação de trabalho ou do contrato de trabalho. É importante notar que a formalização da adesão só será possível se preexistir um contrato de trabalho.

Por conseguinte, o *fato jurídico* que obriga o empregador a oferecer o plano de benefícios previdenciário privado aos seus empregados *é o trabalho subordinado*, isto é, o vínculo empregatício. Assim, a facultatividade — de que tratam o § 2º, art. 202 da CRFB/88 e o art. 68 da LC n. 109/2001 — é apenas *aspecto extrínseco* para a formalização do plano de benefícios oferecido pelo empregador.

Uma vez formalizada a adesão, o contrato que emoldura o plano de benefícios decorrente da relação empregatícia deve atender — conforme o espírito do art. 421 do novo Código Civil brasileiro — a função social do contrato, pois "a liberdade de contratar será exercida sempre em razão e nos limites da função social do contrato".

A função social do contrato não é medida pela ideia econômica neoliberal, que nele concebe apenas um "mecanismo de circulação de riqueza" (CORREIA FILGUEIRA, 2007. p. 125) adotando como valor absoluto o princípio da livre contratação, mas é orientada pela supremacia do bem comum, subordinando a vontade dos contratantes "ao interesse coletivo, que o condiciona ao atendimento do bem comum e dos fins sociais" (DINIZ, 2009b. p. 305).

Sob a perspectiva da supremacia do bem comum, a função social do contrato é incompatível com o dogmatismo do art. 68 da LC n. 109/2001, pois revela um contrato de adesão ao plano de benefício previdenciário privado, que restringe direito de incorporação de condição mais benéfica ao contrato de trabalho e evidencia contrato formal que submete os fins sociais do contrato de trabalho aos interesses econômicos da mentalidade neoliberal.

A questão que repousa por trás da "livre" adesão ao contrato de previdência privada é o argumento econômico neoliberal da "segurança" jurídica contratual, mas na realidade tal se apresenta de forma desequilibrada em face do trabalhador porque, como observa Correia Filgueira (2007, p. 126),

> **conservar em nome da segurança formal um vínculo jurídico contratual desequilibrado, afrontoso à axiologia constitucional, simboliza inelutável fator de instabilidade jurídico-social.** Causa descrença nas suas instituições políticas e privadas e aguça o sentimento geral de injustiça, de ofensa à dignidade humana e à solidariedade social. O princípio da função social do contrato anima-se para evitá-lo, ao proteger o contratante débil das imposições de cláusulas abusivas do proprietário do capital, que se acode da liberdade do mercado para saciar o afã de amontoar riquezas. (grifo nosso)

Gerando a "instabilidade jurídico-social", por conseguinte, a facultatividade para aderir ao plano de benefícios, por si mesma, não é critério apto para definir a função social do contrato e nem para definir o regime de competência da Justiça do Trabalho.

Por isso mesmo, a adesão do trabalhador ao plano de previdência privada, não obstante deduza ato da *aparente livre iniciativa* para contratar, além de ser relativizada pela função social do contrato, também é motivada por outro fator preexistente e preponderante, a obrigação imposta ao empregador para oferecer o plano de benefícios aos seus empregados (Art. 16, LC n. 109/2001). Significa que a livre pactuação não pode subordinar, ao seu talante, o princípio maior da ordem social, o interesse coletivo da proteção social: o bem-estar e a justiça sociais.

Logo, a obrigatoriedade compulsória ao empregador deve ser também dirigida pela função social do contrato de trabalho.

Isso implica que a interpretação do contrato de previdência privada, para fins de sujeição à jurisdição de competência trabalhista, não ocorre pela via formal, mas pelo aspecto fático-jurídico do vínculo empregatício que gera o plano de benefícios.

Uma interpretação judicial, sob a ótica do aspecto fático-jurídico, atenderá aos fins sociais do contrato de trabalho, pois conjuga o princípio da primazia da realidade com a finalidade da proteção social previdenciária. Por conseguinte, é fundamental que a decisão judicial não se prenda à literalidade do § 2º, art. 202, da EC n. 20/1998 e nem do art. 68 da LC n. 109/2001, para que possa alcançar a verdadeira teleologia dessa norma.

É preciso superar o *estreitismo* positivista e implementar a teleologia da norma que, nesse caso, deve ser perquirida a partir da relação de trabalho que deu origem ao contrato previdenciário privado.

À busca da verdadeira teleologia da norma pela decisão judicial, denominamos de sopesamento ou ponderação dos valores e princípios afetos à sociabilidade do contrato em confronto com os de natureza individualista, pois ao decidir questões de natureza trabalhista-previdenciária, o juiz

> **estará conjugando os elementos segurança jurídica e justiça mediante aplicação do princípio da função social do contrato**, o qual está a garantir a estabilidade das relações jurídicas, sob a perspectiva do Estado Social Democrático. E ao implementá-lo, dá à segurança jurídica uma conotação abrangente, porque a prefigura em sua totalidade, como algo que se encontra definido em todo o ordenamento jurídico, a dirigir os passos do julgador e, assim, afastar os elementos surpresa na mente dos jurisdicionados, cuja expectativa não é a previsibilidade absoluta da decisão judicial, mas que esta tenha sintonia com valores e princípios vigentes na sociedade (CORREIA FILGUEIRA, 2007. p. 127-128, grifo nosso).

Com efeito, quando a Justiça do Trabalho analisa o contrato de previdência privada, deve afastar o vínculo jurídico contratual desequilibrado, para ter a exata compreensão de que a aplicabilidade do *elemento ou critério fático-jurídico* requer a existência de um plano de benefícios privado derivado da relação empregatícia, para fu

ndamentar a sua competência, mas sem prejuízo da ação regressiva, na Justiça própria, contra dirigentes ou terceiros que deram causa a dano ou prejuízo à entidade de previdência complementar.

Concluímos que, em face dos dois regimes, as relações jurídicas de trabalho produzem vinculativamente efeitos jurídicos automáticos no ordenamento jurídico previdenciário brasileiro porque, como sumaria Marly A. Cardone (2011, p. 39),

> As relações resultantes do ordenamento jurídico previdencial entre: 1. Empregador e empregado: há apenas o contrato de trabalho em razão do qual deriva, por lei, o poder de o primeiro descontar do segundo a contribuição previdencial; 2. Empregador e entidade seguradora: há a obrigação imposta por lei de o primeiro recolher à segunda a sua contribuição e aquela descontada do empregado. A entidade seguradora tem o poder de fiscalizar e cobrar as contribuições; 3. Empregado e entidade seguradora: há o direito subjetivo do primeiro às prestações previdenciárias, concedidas pela segunda.

A relação de trabalho, com efeito, é o *critério fático fundamental* que legitima a competência da Justiça Federal do Trabalho.

Significa que o elemento fático preexistente é a relação de trabalho. O elemento jurídico é a formalização do contrato de previdência privada decorrente do liame empregatício.

Em síntese, o *elemento* ou *critério fático-jurídico* deduz a existência de uma relação de trabalho (como gênero), cuja expressão jurídica é a existência (tácita ou expressa) da relação de emprego ou de um contrato previdenciário privado derivado daquela.

Concluindo, havendo a comprovação desse *nexo fático-jurídico*, no âmbito do processo trabalhista, estará fixada a competência da Justiça Federal do Trabalho para as ações de natureza trabalhista-previdenciária que incluam o Regime Privado Fechado.

4.3.3. Elemento normativo infraconstitucional *em conexão com o princípio da competência decorrente*

O *elemento normativo infraconstitucional* da competência material da Justiça do Trabalho às causas de natureza trabalhista-previdenciária, na relação processual, é definido a partir das próprias decisões judiciais proferidas pela Justiça trabalhista. Esse critério é tomado em conexão com o princípio constitucional da competência decorrente, o qual está enunciado no inciso VIII, do art. 114 da CRFB/88, inserido pela Emenda Constitucional n. 45/2004.

Mesmo sendo normativo infraconstitucional, esse critério é orientado pela interpretação sistemático-teleológica quanto aos fins sociais da norma para a unidade interna do sistema constitucional brasileiro.

No que diz respeito ao *princípio da competência decorrente*, acrescentamos que este configura a competência da Justiça Federal do Trabalho, em razão da sentença e do acordo judicial homologado, para a controvérsia que envolvem as contribuições sociais: (i) do empregador (sobre a folha de salários)(208), (ii) do tomador de serviços (sobre rendimentos pagos a qualquer título ao trabalhador, sem vínculo empregatício) e (iii) dos demais segurados da previdência social.

Isso significa que a sentença condenatória definitiva ou a conciliação judicial, em face de uma relação de trabalho ou de uma relação empregatícia, definem a *competência decorrente (ou derivada)* à execução das contribuições sociais.

Para essa missão jurisdicional da Justiça trabalhista, o ordenamento jurídico infraconstitucional engendrou as leis n. 8.212/91 (que trata da organização e do custeio da seguridade social); n. 10.035/2000 (sobre procedimentos à execução previdenciária *ex-officio* e inclui na CLT o art. 878-A); n. 11.487/97 (sobe administração tributária e dando nova redação ao parágrafo único do art. 876 da CLT); a Lei n. 11.941/2009 (define critério à incidência das contribuições nas decisões trabalhistas), entre outras.

Em face desse conjunto normativo, investigamos os limites da competência material da Justiça do Trabalho. Isto é, se essas leis recepcionam a competência material em litígios trabalhista-previdenciários que envolvam o Regime Privado Fechado e o Regime Geral, *a partir das próprias decisões trabalhistas com trânsito em julgado*.

Como premissa, consideramos que esse *critério* não prescinde, para sua sustentação, da interpretação e da aplicação da lei alinhadas à sua finalidade social.

---

(208) A Medida Provisória n. 563, de 3.4.2012, publicada no Diário Oficial da União de 4.4.2012, alterou a alíquota das contribuições previdenciárias sobre a folha de salários devidas pelas empresas especificadas nos programas e alguns deles suspendem, conforme o caso, a exigência "da contribuição para o PIS/PASEP e da Contribuição para o Financiamento da Seguridade Social — COFINS"(Art. 18, II; 26, I, 30). A MP desonera a folha de pagamentos: elimina a contribuição patronal de 20%, estabelece a compensação parcial por nova alíquota de 1% a 2% sobre o faturamento, mas não incide nas exportações. A União objetiva reduzir custos de produção e de exportação, gerar mais empregos, formalizar a mão de obra. Conforme a MP, em caso de descapitalização da Previdência Social, as perdas de arrecadação das contribuições previdenciárias serão compensadas pelo Tesouro Nacional. Disponível em: <www.receita.federal.gov.br/r/legislação/MPs/2012>. Acesso em: 10 jul. 2013.

O magistério de Ferraz Júnior (2008b, p. 265) enfatiza que os "fins sociais" (Art. 5º, LINDB), pelo seu conteúdo teleológico, "são ditos do Direito, não se trata de um fim do direito, mas da própria vida social". Por esse motivo, ainda na lição do autor, os fins sociais e o bem comum aos quais a norma foi elaborada — "síntese ética da vida em comunidade" (FERRAZ Jr., 2008b. p. 265) — exigem que a (e na) totalidade da ordem jurídica, a Constituição, as leis, os decretos, as demais manifestações normativas e as decisões judiciais não poderão jamais ser antissociais.

Assim é que, no dinâmico ordenamento jurídico brasileiro, a estrutura ou forma das leis não é meramente lógico-formal-positivista, mas revela "uma estrutura circular de competências referidas mutuamente, dotadas de coesão" (FERRAZ Jr., 2008b. p. 157), "competindo ao Poder Judiciário interpretar o sentido e o alcance teleológico das normas" (MORAIS, Océlio J. C., 2011. p. 287).

É por esse sentido ou "estrutura circular das Leis" — substancial à interpretação e aplicação sistêmica-teleológica — que *o critério normativo infraconstitucional em conexão com o critério da competência decorrente se sustenta a competência material da Justiça do Trabalho nos termos defendidos por nosso estudo.*

Encontramos nas Leis n. 8.212/91, n. 10.035/2000, e n. 11.487/97 essa "estrutura circular" sistêmica. Elas ordenam competência à Justiça Federal do Trabalho para processar e julgar litígio previdenciário (recolhimento e/ou execução das contribuições sociais e outras controvérsias) resultante de suas sentenças definitivas ou das homologações de acordos.

Por dois sentidos, essas leis configuram a competência decorrente, ou derivada, à Justiça Federal do Trabalho: (i) em *sentido restrito*, a competência guarda direta conexão com as decisões judiciais proferidas pelos Juízes do Trabalho e pelos Tribunais do Trabalho; (ii) em *sentido amplo*, a competência é derivada da competência material (natureza da matéria) fixada pela competência exclusiva às ações oriundas das relações de trabalho.

No art. 43 da Lei n. 8.212/91[(209)] — portanto, bem antes da EC n. 45/2004 —, o legislador introduz ao ordenamento jurídico infraconstitucional brasileiro a *competência decorrente à* Justiça do Trabalho pela qual, de ofício, passa a determinar "o imediato recolhimento das importâncias **devidas à Seguridade Social**", a partir das "ações trabalhistas de que resultar o pagamento de direitos sujeitos à incidência de contribuição previdenciária" (Lei n. 8.212/91, grifo nosso).

O art. 43 fala em recolhimento das importâncias devidas à Seguridade Social, e não exclusivamente ao regime básico de Previdência. Na forma do art. 194 da CRFB/88, a Seguridade Social é um sistema que inclui a saúde, a previdência e a assistência social. E também os regimes de previdência, básico ou geral (Art. 201, CRFB/88), privado complementar (Art. 202, CRFB/88) e o regime próprio dos servidores civis (CRFB/1988, art. 40).

(209) O art. 43 da referida lei dispõe que, "Nas ações trabalhistas de que resultar o pagamento de direitos sujeitos à incidência de contribuição previdenciária, **o juiz, sob pena de responsabilidade, determinará** o imediato recolhimento das importâncias devidas à Seguridade Social (Redação dada pela Lei n. 8.620, de 5.1.93)". (grifo nosso)

Se todos esses regimes previdenciários integram a estrutura do Sistema Nacional de Seguridade Social, a competência decorrente da Justiça do Trabalho, de que trata o art. 43 da Lei n. 8.212/91, inclui os litígios previdenciários envolvendo o Regime Básico e o Regime Privado Fechado, mas exclui a competência em face do regime próprio dos servidores públicos porque o litígio previdenciário que dali resultar é relativo a outros regimes jurídicos (regime estatutário ou contratação técnico-administrativa), condição que legitima a competência da Justiça Federal Comum ou da Justiça Estadual, conforme cada caso concreto.

O alcance da competência material da Justiça do Trabalho ao servidor público em litígio previdenciário estaria relacionada apenas aos casos de *competência residual*(210), isto é, ao tempo de serviço anterior à transição do regime celetista para o regime estatutário, visto que o julgamento da demanda decorre do contrato de trabalho.

Outra não pode ser a conclusão lógico-sistemática, que não seja a legitimação da competência da Justiça do Trabalho para o conflito previdenciário que, por força de sua própria decisão, envolve contribuições devidas aos regimes básico e ao privado fechado.

A *competência decorrente* também está configurada na Lei n. 11.941/2009(211), que fixa os critérios normativos para a Justiça do Trabalho, em sede de suas sentenças judiciais ou acordos homologados, discrimina as parcelas sobre as contribuições sociais que deverão ser recolhidas ao custeio da seguridade social.

A *competência decorrente* é configurada com tamanha coercibilidade ao juiz trabalhista, tanto que a lei imputa *crime de responsabilidade* ao magistrado que não determinar, *ex-officio*, o recolhimento e a execução das contribuições sociais devidas à Seguridade Social.

Por outras palavras, a norma infraconstitucional veda ao juiz trabalhista recusar o regime de *competência decorrente* para resolver litígio previdenciário relativo às contribuições e suas finalidades conexas. Mas ainda existem vozes dissonantes que insistem — sob a exclusiva ótica do positivismo jurídico, sem concessões teleológicas — em direcionar a competência apenas para o aspecto tributário do litígio previdenciário envolvendo o Regime Geral.

Apesar da *competência decorrente* configurada no art. 43 da Lei n. 8.212/91, o órgão previdenciário oficial só recepciona os efeitos da decisão judicial trabalhista se for fundada em início de *prova material*, submetendo-a à justificação administrativa ou judicial na Justiça Federal comum. Recusa, portanto, a prova exclusivamente testemunhal para fins de reconhecimento da filiação e contagem do tempo de serviço.

---

(210) Nesse sentido foi o julgamento do STF (1ª turma) no RE n. 481402 AgRDF, com a seguinte Ementa: Agravo Regimental no Recurso Extraordinário. Constitucional e previdenciário. Servidor público. Tempo de serviço prestado sob condições insalubres. 1. Julgamento de causas decorrentes do contrato de trabalho no período anterior à transição do regime celetista para estatutário: competência da justiça do trabalho. 2. Averbação em período posterior à instituição do regime jurídico único, necessidade de regulamentação legal, precedentes, agravo regimental ao qual se nega provimento. Disponível em: <www.stf.jus.br>. Acesso em: 5 jun. 2013.

(211) A Lei n. 11.941/2009 acrescentou o § 1º ao art. 43 da Lei n. 8.212/91: *In verbis*: § 1º: Nas sentenças judiciais ou nos acordos homologados em que não figurarem, discriminadamente, as parcelas legais relativas às contribuições sociais, estas incidirão sobre o valor total apurado em liquidação de sentença ou sobre o valor do acordo homologado (Incluído pela Lei n. 11.941, de 2009). Disponível em: <www.planalto.gov.br>. Acesso em: 3 jun. 2013.

O órgão previdenciário invoca o art. 55, § 3º, da Lei n. 8.213/91 para recusar os efeitos imediatos e automáticos da coisa julgada material trabalhista no direito previdenciário, para fins de reconhecimento da filiação e contagem dos serviços.

A recusa à prova testemunhal e a obrigatoriedade do início de prova material, para o reconhecimento da decisão trabalhista que declara o tempo de serviço, são aspectos relacionados ao sistema de provas. Logo, a referida norma não pode ser confundida com critério de competência jurisdicional.

Mas, sob certas condições, o INSS também acolhe a *competência decorrente* da Justiça Federal do Trabalho para o litígio previdenciário, quando derivado da decisão judicial que reconhece a filiação e a contagem do tempo de contribuição, a saber: (i) a apresentação da decisão judicial trabalhista; (ii) a apresentação das provas do tempo de contribuição ou da homologação do acordo que validou o tempo de serviço. É o que prevê o art. 90 da Instrução Normativa PRESS/INSS 45/2010[(212)].

Por esse critério normativo, isso representa o acolhimento da *competência decorrente* da Justiça laboral às causas previdenciário-trabalhistas em face do Regime Geral, condicionada ao início de prova material perante o órgão previdenciário.

A *competência decorrente* da JT também é fixada nas Leis n. 8.620/05 e n. 10.035/2000.

A Lei n. 8.620/93 define a *competência decorrente* para a Justiça do Trabalho, ao acrescentar o art. 43 à Lei n. 8.212/91, para resolver os litígios previdenciários relativos às contribuições ao custeio da Seguridade Social. A Lei n. 10.035/2000 estabelece os procedimentos, no âmbito da Justiça do Trabalho, de execução das contribuições devidas à Previdência Social.

Em face dessas duas leis, a doutrina[(213)] e as jurisprudências trabalhista e comum alimentavam dúvidas: a competência era restrita apenas à execução das contribuições

---

(212) No artigo científico "*Causas previdenciárias e a erosão da coisa julgada material trabalhista. Uma análise sob o enfoque dos valores, das normas e dos princípios*", analiso o aspecto da validade e da licitude da prova testemunhal no ordenamento jurídico brasileiro, sendo apta, portanto, para comprovação de vínculo empregatício perante o Regime Geral de Previdência (MORAIS, 2011, p. 286-300). A Instrução Normativa INSS/PRESS n. 45/2010 condensa uma antinomia imprópria entre o disposto no art. 90 e o seu inciso II. Enquanto no *caput* impõe a condição resolutiva para acolhimento da competência decorrente da Justiça do Trabalho (condicionando os efeitos automáticos da decisão à comprovação do início de prova material para fins de reconhecimento da filiação e contagem do tempo de serviço), no inciso II aceita de imediato a competência tributária. Isto é, da mesma decisão judicial trabalhista, acolhe "os valores dos salários de contribuição constante da ação trabalhista transitada em julgado" para o cômputo, "independente do início de prova material". Instrução Normativa INSS/PRESS, n. 45/2010. A antinomia imprópria, conforme FERRAZ JÚNIOR (2008, p. 180), ocorre em virtude do conteúdo material das normas.

(213) Para SAVARIS (2011, p. 290), "a atribuição de efeitos automáticos" da decisão trabalhista "para fins previdenciários possibilitaria a utilização da via trabalhista como desvio do mais elevado rigor na apreciação de prova previdenciária, isto é, um modo de não atender à exigência de prova material", porque, segundo justifica, "o reconhecimento dos efeitos automáticos às decisões trabalhistas abrirá um espaço de grande dimensão para o mau uso da ação trabalhista". Em suma, para esse autor, "em vez de deduzirem pretensões efetivamente de ordem trabalhista, essas ações trabalhistas guardariam desiderato previdenciário". Para o autor, a Justiça do Trabalho não possui competência decorrente às causas trabalhista-previdenciárias. Sem entrar no mérito desse polêmico argumento, parece-nos que — pelo dito — as decisões da Justiça do Trabalho (por aceitarem testemunhas como prova válida ao reconhecimento de vínculos empregatícios, ainda que sem início de prova material) estão colocadas num patamar inferior às decisões de outros ramos do Poder Judiciário que exigem o início de prova material para essa finalidade. Por certo que, vigorosamente, não comungamos com esses argumentos, tendo em vista que a Constituição não exclui a testemunha como meio de prova idôneo, lícito, moral e apto para qualquer processo, seja no âmbito administrativo, seja no âmbito judicial (Art. 5º, LV e LVI, da CRFB/88).

incidentes sobre as verbas de natureza remuneratória especificadas no acordo ou na sentença? Ou a competência incluía o litígio relacionado ao reconhecimento da filiação e à contagem do tempo de serviço?

Não obstante, a Corte Superior trabalhista brasileira, com o *item III da Súmula n. 368*(214), legitima a *competência decorrente* para os conflitos previdenciários relativos ao período laboral.

Em se tratando de descontos previdenciários, o critério de apuração define que as contribuições previdenciárias oriundas da sentença condenatória devem ser apuradas mês a mês, com base no art. 276, § 4º, do Decreto n. 3.048/1999, que regulamentou a Lei n. 8.212/91. Esse é o exato sentido do parágrafo único, art. 876 da CLT, interpretação também que foi ratificada pelo Supremo no julgamento do RE n. 569.056(215).

A apuração mês a mês das contribuições sociais é destinada ao cômputo do tempo de contribuição do trabalhador e ao custeio do regime previdenciário geral (Art. 90, IN 45/2010 INSS/PRESS e arts. 55 e 108 da Lei n. 8.213/91). Logo, conclui-se que a Justiça do Trabalho é competente para causas de natureza trabalhista-previdenciária quando decorrente das relações de trabalho ou das relações empregatícias(216).

Por conseguinte, sendo pacífico que "A Constituição Federal é a centralidade de valores, normas e princípios"(217) e que a Norma Ápice "regula a ordenação e a unidade jurídica, com todo o seu sistema de competências"(218), afirma-se que a norma infraconstitucional não pode restringir a *competência decorrente* da Justiça do Trabalho ao mero aspecto tributário das execuções das contribuições sociais à seguridade social.

Além da finalidade tributária (custeio da seguridade social), as contribuições sociais possuem caráter de ordem pública, daí ser inescusável o recolhimento compulsório por parte do empregador e do trabalhador, bem como a obrigação imposta (Art. 43, Lei n. 8.212/91) ao juiz trabalhista para promover a execução *ex-officio*.

Então, a norma inferior deve ser interpretada e aplicada para o sentido sistêmico da unidade interna da ordem constitucional e toda ordenação de competências *material e decorrente* da Justiça Federal do Trabalho tem a finalidade teleológica da proteção social, a qual se viabiliza:

---

(214) Súmula n. 368 do Tribunal Superior do Trabalho. Disponível em: <www.tst.jus.br>. Acesso em: 15 jun. 2013.

(215) Publicado no Diário da Justiça, datado de 12.12.08 Disponível em: <www.stf.jus.br>. Acesso em: 15 jul. 2013.

(216) Nesse sentido, são nossos estudos sobre: **1)** *Enfim, o INSS reconhece a sentença trabalhista.* São Paulo: LTr, RPS, n. 340, 2009, p. 198-201; **2)** *Execução previdência trabalhista* — competência da Justiça Federal do Trabalho. São Paulo: LTr, 2010; **3)** *Antinomia entre o § 3º, art. 55, da Lei 8.213/91 e o princípio da proteção social da seguridade Social.* São Paulo: LTr, RPS n. 360, novembro, 2010, p. 957-965. **4)** *Causas previdenciárias e a erosão da coisa julgada material trabalhista. Uma análise sob o enfoque dos valores, das normas e dos princípios.* São Paulo: LTr, RPS, n. 365, março, 2011, p.286-300; **5)** O problema dos efeitos das contribuições sociais do contrato de trabalho. Belém: *Revista Jurídica do TRT 8ª R*, v. 45, n. 88, p. 105-126, jan/jul., 2012; **6)** O mesmo artigo foi publicado na *Revista Brasileira de Direito Previdenciário*, v. 7, p. 65-87, edição de fev/mar., 2012. Porto Alegre: Lex Magister, 2012.

(217) MORAIS, Océlio J. C., 2011. p. 287.

(218) *Idem.*

(i) em face do Regime Geral, o reconhecimento do tempo de serviço declarado na sentença declaratório-condenatória ou no acordo homologado, visto que as contribuições sociais do pacto laboral foram recolhidas e computadas no Cadastro Nacional de Informações Sociais (CNIS);

(ii) em face do Regime Privado Fechado, quando a instituição do plano de benefícios decorrer da relação empregatícia, pois o empregador-patrocinador é obrigado a oferecer planos de benefícios das entidades fechadas para todos os empregados (Art. 16, LC n. 109/2001) e devem cessar com a extinção do vínculo empregatício do trabalhador com a empresa patrocinadora, ou seja, não possuem portabilidade (Art. 14, § 1º).

A não portabilidade do plano de benefício da entidade privada fechada ao regime privado aberto apenas reforça a estrita vinculação trabalhista desses planos previdenciários patrocinados pelas empresas empregadoras aos seus empregados na constância dos vínculos e executados pelas entidades fechadas.

Há também amparo normativo infraconstitucional para a *competência decorrente* da Justiça Federal do Trabalho às causas trabalhista-previdenciárias que envolvem o Regime Geral na Lei n. 11.457/2007, que dispõe sobre a administração tributária federal e acrescenta, no âmbito do processo judiciário do trabalho, o parágrafo único ao art. 876 da CLT.

Esse dispositivo formata a *competência decorrente* para determinar o recolhimento sobre as parcelas salariais da decisão e para executar as contribuições sociais de todo o período laboral.

Além disso, ele não limita a competência decorrente da Justiça do Trabalho só para execução das contribuições sociais derivadas das parcelas rescisórias de natureza remuneratória da sentença ou do acordo homologado, porque ele é estruturado para a fixação da competência decorrente da Justiça Federal do Trabalho. O *núcleo básico* dessa competência *tem assento nas próprias decisões que a Justiça do Trabalho proferir* em sede das ações oriundas das relações de trabalho – nexo de coerência interna que legitima a competência material.

Assim compreendido, esse artigo fixa a competência decorrente para determinar todas as medidas legais necessárias ao recolhimento (compulsório ao Regime Geral ou por meio da execução judicial), pois o legislador infraconstitucional especificou que serão executadas *ex-officio* pelos Juízes do Trabalho e Tribunais do Trabalho: (i) as contribuições sociais resultantes da condenação ou homologação de acordo; (ii) inclusive as contribuições sociais sobre os salários pagos durante o período contratual reconhecido devidas ao Regime Geral em decorrência da decisão judicial trabalhista.

Quando então se trata de execução *ex-officio*, a referencialidade pressuposta nesse dispositivo é uma decisão judicial trabalhista, que na seara do processo judiciário do trabalho pode ser: (i) a sentença definitiva (§ 1º, art. 893 da CLT), aquela que extingue o processo com resolução do mérito (Art. 269 do CPC); (ii) a conciliação homologada judicialmente (parágrafo único, art. 831 da CLT), cujos efeitos são equivalentes à sentença de mérito.

Observemos que o dispositivo em exame cuida de três modalidades de decisões(219) consideradas como critério para fixar a competência decorrente da Justiça Federal do Trabalho: (i) sentença de mérito com efeito condenatório (de verbas trabalhistas); (ii) acordo homologado judicialmente (com obrigação de pagar verbas trabalhistas de natureza remuneratória); (iii) sentença definitiva de efeitos declaratório-condenatórios, quando dispõe sobre decisões que resultem "condenação [...] inclusive sobre os salários pagos durante o período contratual reconhecido" (CLT, art. 876, parágrafo único).

Daí que o STF decidiu no AI n. 760.826 AgR/SP, *com repercussão geral*(220), que a competência decorrente da Justiça do Trabalho para o litígio previdenciário é relativa: (i) à execução de ofício das contribuições sociais das sentenças condenatórias e (ii) às contribuições sociais relativas ao vínculo empregatício reconhecido na sentença (se houver condenação), ou no acordo, para pagamento das verbas trabalhistas, que possam como base de cálculo das contribuições.

A Suprema Corte brasileira também ratificou o disposto no parágrafo único do art. 876 da CLT, quanto à competência decorrente da Justiça Federal do Trabalho para o conflito previdenciário (execução das contribuições sociais do período laboral) que decorre das suas sentenças declaratório-condenatórias. A ementa do AI n. 760.826 AgR/SP, que se baseia no precedente RE/RE n. 569.056(221), ressalva que a competência da Justiça do Trabalho não alcançará a execução *ex-offcio* das contribuições sociais relativas ao "vínculo empregatício reconhecido na sentença, mas sem condenação ou acordo sobre o pagamento das verbas trabalhistas que possam servir como base de cálculo"(222).

Isso significa que a sentença trabalhista puramente declaratória de existência de vínculo empregatício não ensejaria competência decorrente à JT para resolver o conflito previdenciário derivado, visto que inexiste verba trabalhista que possa servir de base de cálculo para o cômputo das contribuições ao tempo de serviço.

---

(219) PINTO MARTINS (2008a, p. 175) classifica as sentenças em *definitivas* (as que decidem o mérito e extinguem o processo com resolução do mérito e produzem coisa julgada material); *terminativas* (que extinguem o processo sem resolução do mérito e produzem coisa julgada formal); *interlocutórias* (sentenças que decidem incidentais no processo). Quanto aos efeitos, as sentenças podem ser declaratórias, constitutivas ou condenatórias. As de natureza declaratórias, no processo do trabalho, são as que reconhecem ou declaram a existência ou inexistência de um vínculo empregatício. No CPC, estão previstas no art. 4º. As sentenças constitutivas criam, modificam ou extinguem certa relação jurídica, como é o caso do dissídio de natureza econômica. As condenatórias são aquelas que envolvem obrigação de dar, de fazer, de pagar, ou não fazer alguma coisa, ensejando a execução.

(220) AI 760826 AgR/SP – SÃO PAULO. AG.REG.NO AGRAVO DE INSTRUMENTO. Relator(a):Min. EROS GRAU Julgamento: 15.12.2009. Órgão Julgador: Segunda Turma. EMENTA: AGRAVO REGIMENTAL NO AGRAVO DE INSTRUMENTO. DIREITO DO TRABALHO. ACORDO HOMOLOGADO APÓS TRÂNSITO EM JULGADO. CONTRIBUIÇÕES PREVIDENCIÁRIAS. art. 114, VIII, DA CONSTITUIÇÃO DO BRASIL. 1. O Supremo Tribunal Federal fixou entendimento no sentido de que a competência da Justiça do Trabalho restringe-se à execução, de ofício, das contribuições previdenciárias decorrentes de sentenças condenatórias e não alcança, assim, aquela relativa ao vínculo empregatício reconhecido na sentença, mas sem condenação ou acordo sobre o pagamento das verbas trabalhistas que possam servir como base de cálculo. [RE n. 569.056, Plenário, Relator o Ministro Menezes Direito, DJ de 12.12.08]. [...]". Rel. Min. Ellen Gracie. Julgamento: 10.9.2009. Ementa: Previdência Privada. Complementação de Aposentadoria. Competência. Repercussão geral da questão constitucional suscitada. Disponível em: <www.stf.jus.br>. Acesso em: 10 jun. 2013.

(221) Relator o Ministro Menezes Direito, DJ de 12.12.08. Disponível em: <www.stf.jus.br>. Acesso em: 4 abr. 2013.

(222) MORAIS, Océlio J. C., 2010. p. 41-51.

Sob outra perspectiva, se a sentença declaratória de reconhecimento da relação empregatícia também produzir efeitos condenatórios de verbas trabalhistas (*e.g.*, salários do período contratual reconhecido e outras verbas trabalhistas de natureza remuneratória), a competência decorrente estará recepcionada para a questão previdenciária decorrente.

Tanto assim que o órgão previdenciário oficial brasileiro, na IN INSS/PRESS n. 45/2010, regulamentando o reconhecimento da filiação e da contagem do tempo de serviço/contribuição no âmbito do Regime Geral em razão dos efeitos automáticos da sentença trabalhista com trânsito em julgado ou do acordo homologado, fixa os seguintes *requisitos* no art. 90:

> (i) a necessidade de comprovação do início de prova material (documentos contemporâneos que possibilitem a comprovação dos fatos alegados, juntados ao processo judicial trabalhista);
>
> (ii) a computação, na base de dados do Cadastro Nacional de Informações Sociais, dos valores dos salários de contribuição constantes da ação trabalhista transitada em julgado, **independente de início de prova material, ainda que não tenha havido o recolhimento das contribuições devidas a Previdência Social**, respeitados os limites máximo e mínimo de contribuição (grifo nosso);
>
> (iii) a **não exigência de comprovação de início de prova material**, independente de existência de recolhimentos das correspondentes contribuições sociais, tratando-se de ação trabalhista transitada em julgado envolvendo apenas a complementação de salário de contribuição de vínculo empregatício devidamente comprovado. (grifo nosso)

Por todos os fundamentos apresentados, e em conclusão, também pelo *critério normativo infraconstitucional*, está legitimada a *competência decorrente* da Justiça do Trabalho ao julgamento dos litígios trabalhista-previdenciários envolvendo os regimes básico e privado fechado privado no Brasil.

4.3.4. Elemento convencional *previsto em* acordo coletivo e em convenção coletiva de trabalho

Ainda por dois modos, edificamos a tese da competência material da Justiça Federal do Trabalho às causas de natureza trabalhista-previdenciária como critério constitucional à efetividade do direito fundamental à Previdência: (ii) o elemento ou critério negocial, ancorado no princípio da autonomia dos acordos e das convenções coletivas de trabalho; e (II) a previsão do direito em regulamento de empresa.

Como ponto de partida, afirmamos que as Convenções Coletivas de Trabalho (CCT) e os Acordos Coletivos de Trabalho (ACT) possuem o *status* de direitos e garantias fundamentais no ordenamento jurídico constitucional brasileiro.

É essa estatura constitucional que confere às CCT e aos ACT a força de norma-princípio fundamental para a explicação da força normativa de seu conteúdo, de sua aplicação, de sua eficácia e de sua extensão na criação de normas obrigatórias para a regulação das relações jurídicas de trabalho e aos seus consectários.

Vamos recordar o que afirma Barroso (2004, p. 326-327) sobre os princípios: "os princípios constitucionais [...] explícitos ou implícitos" são a "a síntese dos valores abrigados no ordenamento jurídico".

Com efeito, quando a CRFB/88 insere os ACT e as CCT no Capítulo II (Dos Direitos Sociais), mas sob o comando do Título II (Dos Direitos e Garantias Fundamentais), temos a confirmação de que possuem *status* de direitos sociais e garantias fundamentais aos trabalhadores brasileiros.

Na mesma linha hermenêutica neoconstitucional, quando a Constituição declara o "reconhecimento das convenções e dos acordos coletivos de trabalho" (Art. 6º, XXVI), temos a consagração do princípio constitucional da autonomia da vontade negocial, com força normativa e obrigatória às partes pactuantes.

Constituídos com essa natureza constitucional, os ACT e as CCT, aprovados pelas categorias profissional e econômica, têm aplicação imediata, visto que são normas constitucionais definidoras de direitos e garantias fundamentais, consoante disposto no § 1º, art. 5º, da CFRB/88, *in verbis*: "As normas definidoras dos direitos e garantias fundamentais têm aplicação imediata".

Disso decorre o *status* de norma-princípio porque também não precisam de lei atributiva de regulamentação.

Com *status* de normas-princípios constitucionais — em razão do disposto nos arts. 6º, XIII e XXVI, combinados com o art. 5º, § 2º, da CRFB/88 —, os ACT e as CCT podem constituir-se em um critério constitucional a mais para a fixação da competência material da Justiça do Trabalho às ações de natureza trabalhista-previdenciária em litígios decorrentes da relação empregatícia envolvendo o Regime Privado Fechado, a empresa-patrocinadora e o trabalhador-participante-beneficiário.

Será isso juridicamente possível porque a Constituição reconhece a autonomia das CCT e dos ACT para — por meio da negociação coletiva — estipular condições de trabalho, aplicáveis no âmbito das respectivas empresas ou representações sindicais às relações individuais [e coletivas, acrescentamos] de trabalho (CLT, art. 611).

As cláusulas pactuadas serão aplicáveis também porque o acordo vai exprimir a livre pactuação em nível de empresa, entre esta e o sindicato da categoria profissional e, de outro lado, a convenção coletiva de trabalho expressará igual vontade à pactuação livre em nível de categorias econômica e profissional. Mas, ambos com caráter normativo aplicável às partes pactuantes, temos a natureza jurídica de norma ou de princípio constitucional(223).

É como assinala Pedro Paulo Manus (2009, p. 214):

> A convenção e o acordo coletivo de trabalho são as formas de solução direta de um conflito coletivo, pois [...] traduzem ambos o ajuste pela negociação coletiva

---

(223) MASCARO NASCIMENTO, 2010. p. 46.

> entre empregadores e empregados. [...]. São estabelecidas regras genéricas [...] e de aplicação obrigatória a todos os contratos individuais de trabalho dos empregados e empregadores abrangidos pelos sindicatos convenientes.

Considerando-se que os acordos são aplicáveis na esfera da empresa ou das empresas acordantes e que as convenções coletivas projetam-se sobre a categoria econômica (constituída de todas as empresas que se integram, e sobre a categoria profissional, na qual se incluem todos os trabalhadores dessa empresa), a pactuação resultante integra o contrato de trabalho(224).

Nesse sentido, por exemplo, Godinho Delgado (2008, p. 140-141) enfatiza que, com uma determinada empresa, o sindicato profissional pode celebrar um ACT, cujas regras autônomas coletivamente negociadas e constituídas a ela serão aplicadas nas relações individuais de trabalho, ao mesmo tempo em que integram o contrato de trabalho para todos os fins de direito.

A força de norma-princípio do ACT e da CCT, quando as cláusulas pactuadas são mais benéficas ao trabalhador, prevalece inclusive sobre a própria lei, seja ela de nível constitucional ou de nível infraconstitucional. Isso ocorre porque, como normas autônomas constitucionais, são cunhadas com o *status* de direitos e garantias individuais, tendo aplicabilidade imediata, à luz do disposto no art. 5º, § 2º, da CRFB/88.

Aqui então surge a questão do relacionamento hierárquico dos ACT e das CCT regularmente constituídos, enquanto norma-princípio, com as leis ordinárias e com a própria norma constitucional — questão fundamental para o reconhecimento de ACT ou CCT como critério a mais no ordenamento constitucional para fixar competência material da Justiça do Trabalho em face do Regime Privado Fechado.

Vamos recorrer, novamente, às observações bem assentadas de Manus (2009b) sobre a questão da hierarquia.

Manus destaca que os ACT, as CCT e as leis estão ordenadas numa hierarquia fundamental para a manutenção da harmonia do ordenamento jurídico. Isto é, a ordenação hierárquica cumpre a finalidade de manutenção da unidade interna do sistema.

Nas próprias palavras do autor (2009b, p. 39-40), para cumprir o princípio da supremacia constitucional, deve-se observar que

> o princípio da coerência e da harmonia das normas no ordenamento jurídico, segundo o qual deve cada uma das fontes normativas estar de acordo com as normas hierarquicamente superiores, a fim de assegurar a efetividade do ordenamento jurídico .

Nessa ordem de hierarquia, Manus observa que está na Constituição — como fonte de maior importância das leis e de onde decorrem as demais — a centralidade da harmonia sistêmica.

---

(224) MASCARO NASCIMENTO, 2010. p. 45-46.

Para o âmbito específico de nossa abordagem, podemos identificar na descrição do autor que os ACT e as CCT estão inseridos na ordem de fontes constitucionais para a solução dos conflitos decorrentes das relações de trabalho, como "linhas mestras" (MANUS, 2009b. p. 36) na medida em que estão incluídos entre os direitos e garantias fundamentais catalogados na CRFB/88.

Escreve Manus (2009b, p. 36) que

> A fonte de maior importância e de onde emanam todas as demais é a Constituição Federal. Ali, do art. 7º ao 11, do art. 111 ao 116, no art. 233 das Disposições Constitucionais Gerais e no art. 10 das Disposições Constitucionais Transitórias, estão as linhas mestras do Direito do Trabalho.

Compreendemos, a par disso, que vem desse alinhamento constitucional a eficácia dos ACT e das CCT como normas-princípios fundamentais. Por isso podem constituir-se em critério constitucional legítimo para a fixação da competência material da Justiça do Trabalho às causas trabalhistas, com seus derivados previdenciários, em face da previdência privada fechada.

Com efeito, mesmo diante de uma interpretação meramente positivista do § 2º, art. 202, EC n. 20/1998, a pactuação mais benéfica ao trabalhador constituída no ACT e na CCT prevalece sobre aquela. Logo, é precisamente a força de norma-princípio que faz prevalecer um acordo ou convenção coletiva de trabalho que pactuem, por exemplo, que as contribuições do empregador, os benefícios e as condições contratuais previstas nos estatutos, regulamentos e planos de benefícios das entidades de previdência privada integram o contrato de trabalho dos participantes.

Renato Saraiva (2009, p. 945) observa que isso ocorre porque

> o art. 8º da Carta Magna concedeu autonomia administrativa, financeira e política aos sindicatos, legitimando-os como representantes das categorias respectivas nas questões judiciais e administrativas e tornando obrigatória a participação dos sindicatos nas negociações coletivas de trabalho.

Não obstante a autonomia negocial dos sindicatos na negociação coletiva, representando jurídica e administrativamente os trabalhadores, cumpre observar bem a relação de *hierarquia* entre o ACT, a CCT, a lei e norma constitucional, pois essa questão é relativa à sua eficácia e validade em face da finalidade de nossa tese.

Do ponto de vista da simples colocação hierárquica no ordenamento jurídico, em que a lei (CLT, por exemplo) e a norma constitucional já fixam direitos mínimos, os acordos e as convenções coletivas de trabalho estão posicionados, como escreve Manus (2009b, p. 215), "abaixo das normas legais".

Na lição de Manus (2009b, p. 215),

> A convenção coletiva de trabalho e o acordo coletivo de trabalho, do ponto de vista hierárquico, situam-se acima do contato individual de trabalho, mas abaixo das normas legais (CLT). Portanto, os limites da negociação coletiva

encontram-se exatamente no mínimo garantido pela lei, de tal modo que uma convenção ou acordo não podem estipular condições menos favoráveis que aquelas asseguradas pela lei.

De outro lado, o autor reconhece que a pactuação decorrente dos ACT e das CCT equivale "à atividade legislativa, pois criam leis de aplicação obrigatória a seus representados por um período determinado" (MANUS, 2009b. p. 215), desde que a pactuação constitua condições mais benéficas aos trabalhadores.

Nesses casos, destaca o autor (2009b, p. 215) que

> sendo assegurada determinada vantagem pela norma coletiva, o contrato individual de trabalho deverá, obrigatoriamente, ser a ela adequado. [...]. Assim, durante aquele lapso de vigência da norma coletiva, ela tem aplicação obrigatória a todos os empregados e patrões por ela abrangidos, não podendo estes escusarem-se de seu cumprimento. As normas da CLT são obrigatórias quanto ao seu cumprimento, possibilitando, apenas, que as partes ajustem melhores condições que aquelas previstas pelo legislador.

Isso significa que a regra menos benéfica fixada na CLT ou da própria Constituição cederá lugar à norma mais benéfica pactuada no ACT ou na CCT. Portanto, sob essa perspectiva, uma vez regularmente pactuados terão primazia sobre a lei ou sobre uma regra constitucional se, e quando, exclusivamente, ampliarem os direitos sociais e as garantias aos trabalhadores.

Aliás, a preponderância temporal do ACT ou da CCT (mais benéficos) para os trabalhadores sobre contrato individual de trabalho, sobre lei ordinária ou mesmo sobre direito constitucional (menos benéficos) têm a garantia da própria CRFB/88 e da CLT.

Nesse sentido, o § 2º, art. 5º da CRFB/88, dispõe que "os direitos e garantias fundamentais expressos nesta Constituição não excluem outros decorrentes do regime e dos princípios por ela adotados, ou dos tratados internacionais que a República Federativa do Brasil seja parte".

Então isso significa que o contrato individual de trabalho não pode retirar ou reter a eficácia mais benéfica dos ACT e das CCT, sob pena de nulidade das condições prejudiciais que foram contratadas sob esse signo.

A propósito, Süssekind (2010, p. 131) enfatiza que

> o art. 619 da CLT [(225)] explica a tese da Recomendação da OIT n. 91, de 1951[(226)], afirmando a nulidade de pleno direito de qualquer disposição do

(225) Consolidação das Leis do Trabalho. art. 619. Nenhuma disposição de contrato individual de trabalho que contrarie normas de Convenção ou Acordo Coletivo de Trabalho poderá prevalecer na execução do mesmo, sendo considerada nula de pleno direito (Redação dada pelo Decreto-lei n. 229, de 28.2.1967.

(226) A Recomendação n. 91, de 1951, adota procedimentos sobre a negociação coletiva, sobre a liberdade sindical e sobre as relações laborais. Os itens 2 e 3 assim dispõem: "2) Las disposiciones en tales contratos de trabajo contrarias al contrato colectivo deberían ser consideradas como nulas y sustituirse de oficio por las disposiciones correspondientes del contrato colectivo. 3) Las disposiciones de los contratos de trabajo que sean más favorables

contrato individual de trabalho que contrarie norma de convenção ou de acordo coletivo aplicável.

Convém recordar que o Brasil é signatário da Recomendação da OIT n. 91, de 1951, e da Convenção n. 11, de 1921[227], que recomendam a aplicação das normas mais benéficas dos acordos e das convenções coletivas de trabalho. Por isso que, em razão do disposto no § 2º, art. 5º, da CRFB/88, a lei ordinária ou norma constitucional *menos* benéficas não podem prevalecer sobre o ACT ou sobre a CCT que, regiamente constituídos, fixam regras ou direitos temporários mais favoráveis e benéficos aos trabalhadores.

Decorre do princípio da autonomia sindical — que também possui natureza fundamental na ordem jurídica constitucional brasileira — a eficácia jurídica inata aos ACT e às CCT. Nessa ordem de norma-princípio autônoma com legitimação constitucional, os acordos coletivos e convenções coletivas (regularmente constituídos) possuem eficácia de lei[228] ao tempo em que forem definidos e para o âmbito das empresas ou das categorias às quais se aplicam.

São todas essas razões alinhadas que conferem força normativa constitucional aos ACT e às CCT, mas, ao mesmo tempo, impedem-nos de excluir da plataforma mínima os direitos e garantias fundamentais que a Constituição reconhece aos trabalhadores, tendo em vista o princípio da proibição do retrocesso jurídico e social. Portanto, podem acrescentar outros direitos decorrentes do dos princípios adotados pela República Federativa do Brasil aos trabalhadores (CRFB/1988, § 2º, art. 6º).

Sob essa medida, são os ACT e as CCT poderosos instrumentos constitucionais, que podem ser utilizados para democratizar a relação de forças entre o capital e o trabalho, bem como para aperfeiçoar o regime de competência jurisdicional da Justiça do Trabalho em face do Regime Privado Fechado de Previdência, porque suas regras autônomas pactuadas passam a integrar um núcleo fundamental de normas-princípios.

Godinho Delgado (2008, p. 143) ressalta que

> as regras autônomas (ACT e CCT) consubstanciam um autodisciplinamento das condições de vida e trabalho pelos próprios interessados, tendendo a produzir um processo crescente de democratização das relações de poder existentes na sociedade.

---

para los trabajadores que aquellas previstas por el contrato colectivo no deberían considerarse contrarias al contrato colectivo." OIT. Página oficial. Disponível em: <www.oit.org/ilolex/>. Acesso em: 9 abr. 2013.

(227) A Convenção (convênio) sobre o direito de associação, n. 11, da OI, de 1921, foi ratificada pelo Brasil em 25.5.1957. Cuida da liberdade sindical, da negociação coletiva e das relações laborais. Organização Internacional do Trabalho. Página oficial. Disponível em: <www.oit.org/ilolex/>. Acesso em: 9 abr. 2013.

(228) MANUS (2009b, p. 38-39), por eficácia da lei, entende a produção de seus efeitos relativamente aos que a ela estão submetidos. Ainda segundo o autor, trata-se da questão relativa à obrigatoriedade de aplicação da lei, após sua promulgação. Conforme o art. 614, § 1º, da CLT, os ACT e as CCT entrarão em vigor 3 (três) dias após a data de entrada dele no órgão do Ministério do Trabalho que efetua o registro de depósito dos mesmos. E sua validade não poderá ser superior a 2 (dois) anos, conforme disposto no § 3º do mesmo artigo, não obstante possam ser prorrogados ou revisados parcialmente (§ 2º, art. 615), por inferior ou igual prazo. Portanto, no ordenamento jurídico brasileiro, o depósito do ACT e da CCT é requisito formal de sua eficácia e validade.

Com efeito, a pactuação nos ACT e nas CCT, em face do regime privado de previdência, integra os contratos de trabalho – hipótese que também legitima a competência material da Justiça Federal do Trabalho ao conflito previdenciário dali decorrente.

Também possuem força integrativa aos contratos de trabalho as regras contratuais do Regimento Interno da empresa, utilizadas para regular as relações de trabalho.

4.3.5. Elemento contratual previsto no regulamento empresarial

O ângulo que nos interessa aqui — em face do regulamento empresarial como critério para a fixação da competência da Justiça do Trabalho às ações de natureza trabalhista-previdenciária, incluindo o regime de previdência privada — *refere-se às disposições relativas à disciplinação de direitos e obrigações dos trabalhadores e da empresa no âmbito dos contratos individuais de trabalho.*

Não são pertinentes à finalidade de nossa tese as normas de caráter técnico ou organizacional fixadas no regulamento empresarial, pois estas não integram o contrato de trabalho. Relativas ao poder de comando e direção da empresa são expressões volitivas unilaterais da empresa.

Dadas as controvérsias existentes quanto à exata configuração da natureza jurídica do regulamento de empresa, a doutrina costuma fazer a distinção que ora reproduzimos com apoio na lição de Süssekind (2010, p. 132, 321-234). Esse autor e também Delgado (2008, p. 168-169) afirmam que, no Brasil, o regulamento empresarial, como um todo, não é considerado fonte de direito, isto é, não lhe é conferido o caráter de fonte normativa autônoma.

Essa questão é crucial para o nosso problema teórico, pois aqui a investigação foi no sentido de identificar, no regulamento empresarial, fundamento teórico ou jurídico que o sustente como um critério a mais para comprovar a tese de competência material da Justiça trabalhista ao julgamento dos conflitos previdenciários do Regime Privado decorrentes das relações de trabalho ou das relações empregatícias.

Por isso que a questão reclama um esclarecimento preliminar quanto à estrutura do regulamento.

O regulamento empresarial — na interpretação de Moraes Filho (1960, p. 250-259) — possui uma parte estatutária e uma parte contratual, sendo que, conforme o autor, o empregador não poderá fazer alterações em nenhuma delas em prejuízo aos contratos de trabalho.

Süssekind (2010, p. 232-244) explica que a parte estatutária diz respeito "às normas de natureza técnica ou organizacional", as quais não aderem ao contrato de trabalho, visto que são normas constituídas unilateralmente pela empresa e não dependem da manifestação de vontade do empregado para produzir efeitos jurídicos, razão pela qual podem ser alteradas pela empresa, sem reflexos negativos no contrato de trabalho.

A contratual — na qual Süssekind (2010, p. 233) inclui os direitos e obrigações contratuais das partes (trabalhadores e empresa) — adere o contrato porque depende da manifestação de vontade dos trabalhadores.

A par da natureza estrutural do regulamento empresarial, é preciso saber quais efeitos jurídicos produz e em que medida esses efeitos são juridicamente aptos para atrair a competência material da Justiça do Trabalho em face do Regime Privado às causas previdenciárias derivadas do contrato de trabalho.

As regras contratuais previstas no regulamento empresarial produzem efeitos nos contratos de trabalho e em seus derivados previdenciários porque, na análise de Süssekind (2010, p. 233), são normas internas que

> Estabelecem as condições gerais dos contratos, inclusive no terreno dos benefícios e vantagens asseguradas aos empregados, passam a constituir, por adesão expressa ou tácita, cláusulas dos mesmos (Art. 444 da CLT).

À medida que essas condições gerais dos contratos produzem efeitos jurídicos benéficos aos trabalhadores, o regulamento empresarial — na parte contratual — adquire a natureza de fonte material, com qualidade de regra jurídica à empresa e aos empregados.

Observa, a esse respeito, Delgado (2008, p. 168) que

> Isso significa que os dispositivos do regulamento empresário ingressam nos contratos individuais empregatícios como se fossem cláusulas desses contratos — que não podem, desse modo, ser suprimidas ainda que alterado o regulamento.

Então, o núcleo básico do regulamento empresarial converge coerentemente à nossa tese porque as cláusulas relativas às condições gerais do contrato incorporam-se aos contratos individuais de trabalho, desse modo, produzindo efeitos jurídicos diversos mais benéficos do que aqueles mínimos previstos em lei ou na própria Constituição.

Sempre será a condição mais benéfica ao trabalhador que fará prevalecer as cláusulas contratuais do regulamento, como no exemplo citado por Arnaldo Süssekind: os efeitos jurídicos alcançam o terreno dos benefícios e outras vantagens asseguradas.

Em outras palavras, as cláusulas contratuais mais benéficas do regulamento empresarial não se restringem aos estritos direitos trabalhistas, mas *abrangem os benefícios e vantagens previdenciários do contrato individual de trabalho*.

O regulamento, nesse particular, será a norma específica ao estabelecimento do benefício previdenciário privado aderente ao contrato de trabalho.

Nesse sentido, por exemplo, são os regulamentos empresariais que, como lembra Pinto Martins (2011, p. 13), "estabelecem complementação de **benefícios previdenciários**, mediante contribuição da empresa e de empregado", ou, ainda, normas coletivas que, muitas vezes, preveem complementação de benefícios previdenciários. (grifo nosso)

Em conclusão, configurada tal situação contratual, o regulamento empresarial será um critério a mais, juridicamente válido para fixar a competência material da Justiça federal especializada do Trabalho às causas de natureza trabalhista-previdenciária em face do Regime Privado Fechado de Previdência, pois, nas palavras de Pedro Paulo Teixeira

Manus (2009b, p. 17), o regulamento empresarial é uma fonte de origem contratual do Direito do Trabalho, que, como norma interna da empresa, "determina a conduta de empregados e empregadores na estrutura interna da empresa, procedimentos, vantagens e obrigações de ambas as partes".

Após a investigação e análises, conclui-se que os elementos teóricos e jurídicos apresentados comprovam a tese relativa à competência *material e decorrente* da Justiça Federal do Trabalho às causas de natureza trabalhista-previdenciária como critério à efetividade do direito humano fundamental à previdência social.

4.4. Utilidade da competência da Justiça do Trabalho à causa trabalhista-previdenciária

As normas constitucionais analisadas (Art. 114, I, VIII e IX, EC n. 45/2004; art. 195, I, "*a*" e II, EC n. 20/1998) e as normas infraconstitucionais (Art. 43, Lei n. 8.212/91; parágrafo único, art. 876 e 878-A da CLT; § 3º, art. 55, Lei n. 8.213/91; art. 90, IN n. 45/2010 INSS/PRES) — sempre interpretadas sistematicamente à luz dos princípios constitucionais comuns ao trabalho e à previdência para os fins teleológicos a que se destinam — fixam a competência da Justiça do Trabalho às relações de trabalho e às demais controvérsias delas decorrentes, especificando, inclusive, em caráter formal, a matéria relativa às contribuições sociais previdenciárias, decorrentes de suas próprias decisões, destinadas ao custeio do sistema de seguridade social, de que trata o art. 194 e, de forma específica, o art. 202 (previdência) da Lei Fundamental.

Os referidos dispositivos constitucionais nos falam, no que interessa à competência *material e decorrente* da Justiça do Trabalho, da compatibilidade formal e material desse regime jurisdicional às causas de natureza trabalhista-previdenciária envolvendo o Regime Geral e o Regime Privado Fechado de Previdência.

Portanto, ali estão, como demonstramos no curso de nossa pesquisa, a natureza e o conteúdo da competência judicial trabalhista, definidos pelo núcleo básico (as relações de trabalho), contrariamente ao disposto no § 2º, art. 202 da EC n. 20/98 configurado pelo cálculo economicista do constitucionalismo neoliberal para afastar a Justiça do Trabalho das causas previdenciárias em face do Regime Privado Fechado.

No entanto, uma tese não se revela importante apenas pelo fato de oferecer teoricamente outros substratos (também teóricos) à compreensão ou justificação quanto a determinado tema do Direito, mas fundamentalmente porque deve ter uma **utilidade prática** apta, capaz e suficiente para apontar soluções ao problema que, como no caso da questão investigada, vem causando embaraços à jurisdição.

Por isso, ainda temos outra importante tarefa: demonstrar alguns aspetos quanto à utilidade prática da competência da Justiça do Trabalho nessa matéria. Vamos apresentar as *vantagens de ordem jurídica e de ordem prática* que a fixação dessa exclusiva competência trabalhista proporciona à efetividade do direito humano fundamental à previdência social.

As vantagens podem ser comprovadas sob os *aspectos da utilidade jurídica, processual e da utilidade prática.*

4.4.1. *Sob o aspecto da utilidade jurídica*

A fixação das competências *material e decorrente* da Justiça do Trabalho para o julgamento das causas de natureza trabalhista-previdenciária envolvendo o Regime Geral e o Regime Privado Fechado de Previdência, *sob o aspecto da utilidade jurídica*, é fundamental para preservar o princípio da unidade da jurisdição e, por conseguinte, para evitar a instabilidade jurídica em face de uma mesma decisão judicial.

Na doutrina de Barroso (2004, p. 196), damos suporte à referida assertiva, pois, para esse autor, "o princípio da unidade é uma especificação da interpretação sistemática e impõe ao intérprete o dever de harmonizar as tensões e contradições entre normas".

Esse conceito enfatiza que a interpretação sistemática é o melhor método para o intérprete evitar as contradições e as tensões normativas no interior do sistema. Para o exercício da função jurisdicional, esse conceito recomenda a interpretação sistemática do sistema normativo com o objetivo de preservar a unidade da Constituição, pois esta "não é um conjunto de normas justapostas, mas um sistema normativo fundado" (BARROSO, 2004. p. 196) em normas, valores e princípios, que reclama coesão e unidade interna.

O exercício da jurisdição é um dever de função do Estado-juiz que decorre da própria Constituição. Nesse sentido, pelo art. 2º da CRFB/88, adotou-se como um dos princípios fundamentais da República Federativa do Brasil o princípio da independência e harmonia entre os poderes Executivo, Legislativo e Judiciário.

Do seio deste *princípio-mãe* fundamental — constituído para preservar o convívio harmônico e a autonomia dos três poderes democráticos para o exercício de suas respectivas atribuições constitucionais — decorre o **princípio da independência privativa** (Art. 93, I, CRFB/88) que orienta a repartição de competência judiciária entre os órgãos do Poder Judiciário brasileiro.

Esse princípio constitucional, sobre o qual estão assentados os diversos regimes de competências para o funcionamento dos respectivos órgãos jurisdicionais no Brasil, *destina-se à preservação do princípio da unidade de jurisdição*. Isto é, para evitar a pluralidade de órgãos judiciais com idêntica competência material para a mesma matéria ou para impedir a cisão da jurisdição sobre a mesma matéria decorrente da mesma *causa de pedir*, geradora de instabilidade jurídica em face da mesma decisão judicial.

Isso significa que, sendo a jurisdição *una e homogênea* para a mesma causa, a *competência material* fixa a *competência decorrente* para o mesmo órgão judiciário decidir sobre as controvérsias derivadas da decisão principal. Por outras palavras, o *princípio da unidade e da homogeneidade da jurisdição* — incluído e admitido o princípio da competência do duplo grau de jurisdição à mesma causa — *vincula ao mesmo órgão judicial originário cognitivo a competência para resolver os litígios decorrentes de sua decisão.*

É isso que podemos denominar de *princípio da unidade de jurisdição*, decorrente do princípio da unidade da Constituição, ou "princípio do consenso fundamental quanto a determinados princípios e normas"[(229)] para evitar contradições e instabilidade jurídica.

---

(229) BARROSO, 2004. p. 195-196.

Em termos práticos, *o princípio da unidade da jurisdição proíbe o fracionamento da competência*, evitando decisões judiciais contraditórias a respeito da mesma matéria que tem a mesma *causa de pedir remota*.

Tomada como exemplo uma decisão judicial trabalhista de *natureza declaratória* de vínculo de emprego, com base em início de prova material, e de *natureza condenatória* ao pagamento de salários e de recolhimento de contribuições previdenciárias de todo o período contratual reconhecido, o *princípio da unidade da jurisdição* — que é inerente ao princípio da jurisdição originária ou natural(230) — evita a cisão da jurisdição e vincula competência decorrente ao mesmo órgão por força da jurisdição geradora da autoridade(231) da coisa julgada material.

Na prática, a fixação da *competência decorrente* da Justiça Federal do Trabalho *elimina a sujeição desta decisão a outro pronunciamento judicial por órgão de outra jurisdição*(232).

Outra *utilidade jurídica* da fixação da competência material da Justiça do Trabalho às ações relativas aos conflitos previdenciários conexos às suas próprias decisões *é a eliminação das antinomias própria e teleológica* entre o disposto no § 2º, art. 202 da EC n. 20/1998, art. 68 da LC n. 109/2001 e o disposto no art. 114, incisos I, VIII e IX, da EC n. 45/2004.

Ferraz Júnior (2008b, p. 174-182) explica que a antinomia própria ocorre por motivos formais entre normas do mesmo nível ou escalão. Isto é, uma norma proíbe o que permite.

Relacionando à nossa tese, sob o *aspecto formal*, o § 2º, art. 202 da EC n. 20/1998 e o art. 68 da LC n. 109/2001 ***proíbem*** a intervenção judicial trabalhista às causas previdenciárias em face do Regime Privado Fechado.

De outro lado, a norma constitucional posterior, o art. 114 e seus incisos I, VIII e IX, introduzidos pela EC n. 45/2004, ***permitem*** a intervenção judicial trabalhista (isto é, incluem no regime de competência trabalhista) às ações decorrentes das relações de trabalho e às demais decorrentes desta e também às causas decorrentes de suas próprias decisões.

Do ponto de vista jurídico, portanto, a fixação *da competência decorrente* da Justiça do Trabalho para essas causas no âmbito do Regime Privado Fechado eliminaria a antinomia

(230) O princípio da jurisdição natural, ou atividade competência jurisdicional, é exercido pelo mesmo juízo natural que conheceu e decidiu originariamente a causa, visto que disso decorre a legitimidade para a causa. AFFONSO GUSMÃO CARNEIRO (1999, p. 7-13 *apud* JOÃO PAULO LUCENA, 2006. p. 62-108) explica que o exercício da competência pelo juiz natural decorre dos princípios da presunção de independência e da imparcialidade do juiz.

(231) Espécie de competência jurisdicional gerada pela autoridade da coisa material. É equivalente à competência decorrente inscrita no inciso IX, art. 114, da CRFB/88; Para JOÃO PAULO LUCENA (2006, p. 98), com apoio em outros autores, jurisdição entendida como função geradora da autoridade da coisa julgada material é decorrente de seu efeito declarativo.

(232) No Conflito de Competência 7.204-1, a respeito do princípio da unidade da jurisdição, assim decidiu o STF: "Não convém que causas, com pedidos e qualificações jurídicas diversos, mas fundados no mesmo fato histórico, sejam decidas por juízos diferentes". Transcrito da obra Execução previdenciária trabalhista: competência da Justiça Federal do Trabalho. (MORAIS, Océlio J. C., 2010. p. 38).

própria entre as duas regras constitucionais. Com isso, estar-se-ia conservando o sentido de coesão e unidade interna do sistema de competência da Justiça do Trabalho às causas oriundas de suas próprias decisões e às ações derivadas das relações de trabalhou ou de emprego.

Ainda sobre o aspecto da *utilidade jurídica*, a fixação da competência trabalhista às causas trabalhista-previdenciárias elimina a antinomia teleológica entre os fins propostos pela EC n. 45/2004 (Art. 114, incisos I, VIII e IX) e os "meios propostos por outras [normas do mesmo nível] para a consecução daqueles fins" (FERRAZ Jr., 2008b. p. 180) (Art. 202, § 2º, EC n. 20/1998 e art. 68, LC n. 109/2001).

O fim proposto pelo art. 114, I, VIII e IX, é a sujeição das ações de relação de trabalho humano e as demais controvérsias decorrentes (por exemplo, a matéria previdenciária derivada) à competência material da Justiça do Trabalho. Incompativelmente com esse fim proposto, a regra anterior (Art. 202, § 2º, EC n. 20/1998 e art. 68, LC n. 109/2001), adota outro meio para a solução daquele conflito previdenciário derivado da relação de trabalho, qual seja, o regime de competência jurisdicional comum.

A fixação da *competência decorrente* da Justiça Federal do Trabalho para a causa previdenciária no âmbito do Regime Privado Fechado, desde que derivada de suas próprias decisões e das demais controvérsias derivadas da relação de trabalho, é juridicamente importante para a coesão e a unidade interna do ordenamento jurídico constitucional, no que concerne ao regime de competência trabalhista às causas de natureza trabalhista-previdenciária.

Portanto, em última análise, a eliminação do fracionamento do princípio da unidade da jurisdição e a eliminação dessas antinomias, mediante a fixação da competência exclusiva da Justiça do Trabalho para essas causas, constituem-se em questões jurídicas relevantes para a efetividade do direito humano fundamental à previdência, mediante também um sistema processual efetivo.

4.4.2. Sob o aspecto da utilidade processual

Em termos processuais, quais as vantagens (ou utilidade) da fixação da competência da Justiça Federal do Trabalho às causas de natureza trabalhista-previdenciária para a efetividade do direito fundamental à previdência?

A grande utilidade é a celeridade, a simplificação, a possibilidade de cumulação objetiva de pedidos numa só ação e a economia processuais, princípios do processo judiciário do trabalho que podem, pelos seus desdobramentos práticos, garantir na vida dos trabalhadores os efeitos jurídicos desse direito fundamental.

A fixação da competência da Justiça do Trabalho nessa matéria é garantia à efetividade do direito fundamental à previdência. É por isso que a concreção do direito social à previdência exige um sistema processual dotado de igual efetividade.

Assim, sob o *aspecto da utilidade processual, as vantagens da fixação da competência da Justiça do Trabalho às ações de natureza trabalhista-previdenciária são sustentadas pelos princípios*: da celeridade (CLT, art. 765), da simplificação processual (CLT, art. 791, 786), da economia processual (Art. 767, 774, parágrafo único, 825 da CLT), da utilidade dos atos processuais (CLT, art. 794), da concentração dos atos processuais (CLT, art. 795, 799, § 1º, 839, parágrafo único, 852, 884, § 4º), da não onerosidade (CLT, art. 782, 789, 790, §§ 1º e 3º), do impulso *ex-officio* do processo (CLT, art. 877-A, 878-A, 879, 880), basilares do processo do trabalho.

Todo o alinhamento sistemático-teleológico desses princípios do processo judiciário do trabalho é aplicável às ações de natureza trabalhista-previdenciária e converge para o princípio constitucional da razoável duração do processo e dos meios práticos à rápida solução da causa (CRFB/1988, art. 5º, LVXXVIII).

Marcado pelo formalismo e pela onerosidade excessiva, o processo comum não é modelo adequado para viabilizar e nem para assegurar a efetividade da prestação jurisdicional que objetive a efetividade do direito humano fundamental à previdência oriundo da relação de trabalhou ou da relação de emprego. Aliás, não é por acaso que o constitucionalismo econômico engendra o § 2º, art. 202, EC n. 20/1998, atrelando ao processo comum as causas trabalhista-previdenciárias (mesmo que decorrentes das relações empregatícias) no âmbito do Regime Privado Fechado.

Várias são as vantagens processuais que a fixação dessa competência produz à efetividade desse direito fundamental. Por exemplo, *facilita o acesso à Justiça e garante a segurança jurídica aos jurisdicionados*, na medida em que o processo trabalhista é regido pela *simplificação dos atos processuais, pela não onerosidade, pela economia processual e pela celeridade processual*, o que traz como corolário a concentração dos atos processuais, isto sem qualquer prejuízo processual ao constitucional direito fundamental ao contraditório e à ampla defesa.

No que diz respeito à garantia da segurança jurídica, a fixação dessa competência representa a eliminação da dubiedade jurídica em que são atualmente colocadas as decisões da Justiça trabalhista pelo positivismo jurídico, isto é, se possuem ou não efeitos automáticos no direito previdenciário. Essa dubiedade, que provoca instabilidade e insegurança jurídicas ao jurisdicionado, deixa de existir com a fixação da competência da Justiça do Trabalho às causas trabalhista-previdenciárias.

Quando o princípio da celeridade é colocado como uma das vantagens da competência da Justiça do Trabalho às causas trabalhista-previdenciárias, temos em mente que esse princípio — ao ganhar o *status* de princípio fundamental na Constituição de 1988 — reclama também uma Justiça especializada para o julgamento dessa matéria.

Assim é que os desdobramentos práticos da garantia da celeridade processual exigem também a *eliminação da dubiedade jurídica*, como observa Pontes de Miranda (1967, p. 302 *apud* ESTEVÃO MALLET, 2007. p. 115): "se há mais de uma interpretação da mesma regra jurídica inserida na Constituição, tem de preferir-se aquela que lhe resulte a mais ampla extensão jurídica".

A simplicidade, a celeridade e a acessibilidade não onerosa à Justiça são direitos constitucionais fundamentais (albergados no princípio da razoável duração do processo e da celeridade processual) e, como tais, são mecanismos processuais mais apropriados à solução dos litígios trabalhista-previdenciários pela Justiça do Trabalho do que o formalismo do processo comum.

Nenhum regime de competência funcionará bem se for assentado em regras processuais excessivamente formais e onerosas. Será um regime ineficaz. Nenhum direito fundamental será efetivo (falamos aqui da efetividade real e não da declaração formal) se o sistema de Justiça que lhe corresponda não for dotado de meios processuais que garantam a razoável duração do processo.

É por isso que os princípios processuais trabalhistas da celeridade, da não onerosidade, da simplificação e da economia — justamente porque possibilitam a interpretação jurídica de maior extensão — constituem-se em instrumentos poderosos para o exercício da jurisdição trabalhista-previdenciária que tem como objetivo real (e não formal) garantir a efetividade do direito humano fundamental à previdência.

4.4.3. *Sob o aspecto da atividade interpretativa das normas e dos princípios na competência jurisdicional*

Aspecto de grande utilidade à efetividade do direito fundamental à previdência é a *atividade interpretativa* das normas e dos princípios constitucional-processuais relativos à competência jurisdicional da Justiça do Trabalho nas ações de natureza trabalhista-previdenciária.

Ousamos afirmar que, assim como a efetividade do direito social à previdência exige um regime de competência especializado baseado no princípio neoconstitucional da razoável duração do processo e dos meios práticos que assegurem a sua rápida solução, assim também a atividade interpretativa no exercício da competência jurisdicional trabalhista requer como correspondência a interpretação sistemático-teleológica das normas e dos princípios comuns ao trabalho e à previdência.

A interpretação jurídica neoconstitucional dos direitos fundamentais consagrados na CRFB/1988 e do respectivo regime de competência exclusiva para os conflitos previdenciários decorrentes das relações de trabalho ou das relações empregatícias tem bases sólidas nas normas e nos princípios neoconstitucionais.

É para o asseguramento e para a realização efetiva dos direitos fundamentais que a argumentação neoconstitucional (sistemático-teleológica) coloca a primazia dos princípios para aquele regime de competência jurisdicional que tenha como esteio a simplificação, a economia, a não onerosidade e a celeridade processuais, como é o caso do processo trabalhista.

São esses princípios os meios adequados para se alcançar a razoável duração do processo e a celeridade de sua tramitação de que trata o art. 5º, LXXVIII da CRFB/1988.

De outro lado, haverá grandes dificuldades à concreção desse direito social fundamental se a atividade interpretativa judicial assentar-se no positivismo jurídico neoliberal, pois este afasta qualquer interpretação sistemático-teleológica para a efetividade dos direitos fundamentais.

Um excessivo formalismo do processo e uma onerosa tramitação processual, típicos do processo comum positivista brasileiro, são incompatíveis com o objetivo jurisdicional da razoável duração do processo que é fixado em nível constitucional para, por exemplo, garantir a efetividade do direito social fundamental à previdência decorrente das relações de trabalho ou das relações empregatícias.

Assim é que — se o Estado-juiz coloca a sua função jurisdicional para a efetividade do direito social fundamental à previdência, quando o direito é decorrente das relações trabalhista-previdenciárias — a atividade interpretativa na decisão judicial precisa garantir esses direitos fundamentais.

Para isso, a atividade interpretativa no âmbito do regime de competência da Justiça do Trabalho, nas ações de natureza trabalhista-previdenciária, apresenta utilidade porque é orientada pelos "princípios unidade da constituição, do efeito integrador, da máxima efetividade ou eficiência, da conformidade jurisdicional, da concordância prática ou harmonização, da força normativa da Constituição". (CADEMARTORI; DUARTE, 2009. p. 34-35).

Esses princípios são descritos por Cademartori e Duarte (2009, p. 34-35) como

> princípios da **unidade da constituição** (a interpretação constitucional deve ser realizada de maneira a evitar contradições entre as normas); do **efeito integrador** (na resolução de problemas constitucionais, deverá ser dada primazia aos critérios favorecedores da integração política e social; da **máxima efetividade ou eficiência** (à norma constitucional deve ser o sentido que maior eficácia lhe conceba); da **justeza ou conformidade jurisdicional** (os agentes encarregados de interpretar não poderão chegar a posicionamentos que subvertam o esquema de organização e funcionamento da Constituição no seu todo); da **concordância prática ou harmonização** (combinam-se e coordenam-se os bens jurídicos em conflito, de forma a evitar o sacrifício total de uns sobre outros); da **força normativa da Constituição** (dentre as interpretações possíveis, deve-se dar preferência à que garanta maior eficácia, aplicabilidade e pertinência das normas constitucionais). (grifo nosso)

Mas como, em termos práticos, referidos princípios se apresentam úteis à competência jurisdicional trabalhista às causas de natureza trabalhista-previdenciária?

Construímos as seguintes respostas, partindo-se da base principiológica de Cademartori e Duarte:

Princípio da unidade da constituição: a atribuição da competência trabalhista-previdenciária exclusiva à Justiça do Trabalho elimina o fracionamento do princípio da unidade da jurisdição, visto que a interpretação e a aplicação constitucionais, relativas às referidas causas, será realizada por um só órgão jurisdicional especializado, circunstância que evitará as contradições hoje existentes entre as decisões judiciais proferidas pela Justiça Federal do Trabalho e pela Justiça Federal comum ou pelas Justiças estaduais.

Princípio do efeito integrador: a fixação da competência jurisdicional trabalhista-previdenciária exclusivamente à Justiça Federal do Trabalho favorece, na solução dessas causas, a primazia dos "critérios favorecedores da integração política e social"[(233)], isto é, a política judiciária trabalhista é focada, por força da vocacionalidade social, nas questões da pacificação dos conflitos sociais decorrentes das relações de trabalho.

Princípio da máxima efetividade ou eficiência: nas causas trabalhista-previdenciárias, a máxima efetividade não é limitada ao pagamento das tradicionais verbas trabalhistas, mas ela alcança a finalidade teleológica da prestação jurisdicional: a máxima concreção dos direitos trabalhistas e previdenciários decorrentes da relação de trabalho ou da relação de emprego.

Princípio da justeza ou conformidade jurisdicional: a competência trabalhista-previdenciária, critério de efetividade do direito social fundamental à previdência, adota como primazia a interpretação e a aplicação das normas e dos princípios constitucionais adequadamente com a organização do regime de competência material e decorrente.

Com isso, corrige-se a subversão que o § 2º, art. 202 da EC n. 20/1998 impôs ao regime de organização e funcionamento à jurisdição da Justiça do Trabalho, vincada nas relações de trabalho, nas controvérsias decorrentes desta e nos litígios derivados de suas próprias decisões.

Princípio da força normativa da Constituição: A efetividade do direito social fundamental à previdência, decorrente das relações de trabalho ou das relações empregatícias, reivindica exatamente que, "dentre as interpretações possíveis, deve-se dar preferência à garanta de maior eficácia, aplicabilidade e pertinência das normas constitucionais"[(234)].

Portanto, na atividade interpretativa da aplicação jurisdicional trabalhista-previdenciária, esses princípios são fundamentais, pois se destinam à supremacia da Constituição (como objetivo estrutural da interpretação e da criação judicial) sobre o positivismo hermético; e como objetivo teleológico, porque se destinam à efetividade dos direitos sociais fundamentais para os quais a supremacia da Constituição sempre dará preferência.

4.4.4. Sob o aspecto da utilidade prática e social

A competência da Justiça do Trabalho às causas de natureza trabalhista-previdenciária também deve ser aceita pelo ângulo do princípio constitucional da razoável duração do processo e dos meios práticos que garantam a sua rápida solução. Essa é a primeira e maior utilidade de uma tese que defenda um regime específico de competência como critério de efetividade de certo direito social fundamental.

No caso brasileiro, quando a Lei Fundamental eleva o princípio da celeridade processual ao *status* constitucional, está não apenas cobrando do legislador infraconstitucional

(233) CADEMARTORI E DUARTE (2009, p. 34).

(234) CADEMARTORI E DUARTE (2009, p. 34).

os instrumentais legislativos compatíveis para essa finalidade, mas também exigindo do Poder Judiciário que priorize e preserve a simplificação processual, a não onerosidade do processo e a economia dos atos processuais na solução das demandas judiciais.

Levando bem a sério o compromisso de implementar a celeridade processual nas ações de natureza trabalhista-previdenciária, a fixação da competência trabalhista, nessa matéria, *apresenta várias utilidades práticas* em face do Regime Geral, as quais correspondem aos meios práticos para garantir a efetividade do direito social fundamental à previdência. Vejamos:

(i) *Eliminação da justificação judicial.* Atualmente, as decisões condenatórias ou acordos homologados que reconheçam vínculo empregatício, em razão do que dispõe o art. 108, combinado com o § 3º, art. 55 da Lei n. 8.213/91[(235)], são submetidas à justificação administrativa ou judicial. Em termos jurídicos, o que a lei dispõe é sobre a não incidência automática dos efeitos da coisa julgada material trabalhista no direito previdenciário. Por esse critério normativo, a justificação administrativa no âmbito do INSS ou a justificação judicial no âmbito da Justiça Federal comum dizem se decisão trabalhista é válida ou não para a averbação do tempo de serviço no Regime Geral.

Com a fixação da competência material da Justiça do Trabalho às referidas causas, e desde que a sentença declaratória-condenatória definitiva ou acordo homologado tenham por base início de prova material, elimina-se a justificação judicial nesse tipo de causa.

Atender-se-á, por conseguinte, ao princípio da celeridade processual — sem nenhum prejuízo ao devido processo legal às partes — e será efetivado o direito à inclusão previdenciária por força do regime de competência exclusiva da Justiça do Trabalho para matéria dessa natureza.

(ii) *Assinatura na CTPS pelo empregador para o cômputo do tempo de serviço. A Lei n. 8.213/91 (Art. 11 e 55)* — no que se refere às decisões judiciais trabalhistas baseadas em início de prova material que declaram o reconhecimento do vínculo empregatício — exige a assinatura na CTPS do trabalhador pelo empregador. Decisão judicial dessa natureza é consentânea aos princípios da celeridade, da simplificação e da economia processual.

Assim, a fixação do regime de competência trabalhista-previdenciária mostra-se como critério de efetividade do direito fundamental social à previdência, à medida que o órgão previdenciário acolherá os efeitos da sentença condenatória trabalhista quanto ao "reconhecimento da filiação e na contagem do tempo de contribuição para os fins previstos no RGPS" (Art. 90, IN 45/2010 INSS/PRESS).

(iii) *Inscrição[(236)] do trabalhador no RGPS.* Admitido o regime de competência que propomos — ainda por medida de economia e de simplificação processual para os

---

(235) Lei n. 8. 213 de 1991, art. 55, § 3º.

(236) A inscrição do trabalhador equivale ao cadastramento como segurado perante o RGPS, conforme disciplina do art. 12 da Lei n. 8.212/91. A *filiação* é automática, correspondendo ao vínculo entre o contribuinte e a Previdência Social, do qual decorrem direitos e obrigações previdenciárias. A *inscrição* é o ato formal de registro perante a Previdência Social.

fins do princípio da razoável duração do processo —, a mesma decisão de natureza declaratória-condenatória determina a inscrição do trabalhador como segurado obrigatório do Regime Geral de Previdência Social.

Com os efeitos automáticos dessa decisão no direito previdenciário, estar-se-ia dando efetividade ao direito social fundamental à previdência, visto que o trabalhador — na qualidade de segurado do Regime Geral — passa a ter cobertura em face dos eventos relacionados ao seu labor.

(iv) *Recolhimento das contribuições previdenciárias.* Outra utilidade prática e social dessa competência: na mesma decisão judicial **obriga-se o empregador**(237) (Art. 876, parágrafo único, da CLT e art. 43, Lei n. 8.212/91 e IN 45/2010 INSS-PRESS) ao recolhimento das contribuições previdenciárias integrais e atualizadas (Art. 195, I, "*a*", EC n. 20/1998) com vinculação ao Código NIT (Número de Identificação do Trabalhador). Com isso, atende-se ao inciso I, art. 11, da Lei n. 8.213/91 e ao inciso I, art. 12, da Lei n. 8.212/91, os quais reconhecem a filiação obrigatória.

Efetiva-se, com efeito, o princípio constitucional da filiação obrigatória, sem nenhum prejuízo ao caráter contributivo compulsório para o custeio do regime previdenciário (Art. 201, CRFB/88), pois na mesma decisão são especificados os procedimentos para o recolhimento das contribuições sociais do período laboral reconhecido.

O procedimento ao recolhimento das contribuições previdenciárias é previsto no art. 276, do Decreto n. 3.048/99(238) (recolhimento das contribuições sociais mês a mês do período laboral) e no art. 876, parágrafo único da CLT (contribuições do período laboral declarado na sentença ou acordo).

Para os fins específicos da efetividade do direito à inclusão social previdenciária do trabalhador, essas contribuições sociais serão consideradas no tempo de contribuição

(237) Há quase uma década, em minhas decisões judiciais — quando o caso concreto é relativo ao recolhimento das contribuições previdenciárias do período laboral reconhecido na sentença — determino que o empregador recolha e comprove por meio do extrato ou histórico do CNIS a integralidade das contribuições devidas ao INSS. Essa medida judicial, adotada ***ex-officio***, tem produzido eficácia jurídica e social: jurídica, consistente no custeio do regime previdenciário; social, relativa à inclusão previdenciária do trabalhador na qualidade de segurado obrigatório. Compreendo que, com esse agir jurisdicional, contribui-se à efetividade do direito social fundamental à previdência, adotando-se o critério de competência material da Justiça do Trabalho às referidas causas.

PS: A presidente Dilma Rousseff sancionou a Lei n. 12.692, de 24 de julho de 2012, a qual obriga a empresa a "comunicar, mensalmente, aos empregados, por intermédio de documento a ser definido em regulamento, os valores recolhidos sobre o total de sua remuneração ao INSS". Publicada no DOU de 25.7.2012 (Seção 1, página 1), a nova Lei entraria em vigor na data da publicação, mas, no dia 26.7.2012, foi publicada uma retificação, nos termos seguintes: "Nas assinaturas, **leia-se**: Dilma Rousseff, Nelson Henrique Barbosa Filho e Carlos Eduardo Gabas". Por isso, entendemos que a nova lei entrou em vigor em 26.7.2012. A referida lei está disponível no sítio eletrônico da Presidência da República. Casa Civil. Subchefia para Assuntos Jurídicos. Disponível em: <www.planalto.gov.br>. Acessos em: 25 e 26 jul. 2013.

(238) Decreto n. 3.048 – de 6 de maio de 1999 – DOU de 7.5.1999 - Republicado em 12.5.1999. *Aprova o Regulamento da Previdência Social, e dá outras providências.* art. 276. Nas ações trabalhistas de que resultar o pagamento de direitos sujeitos à incidência de contribuição previdenciária, o recolhimento das importâncias devidas à seguridade social será feito no dia dois do mês seguinte ao da liquidação da sentença. Presidência da República. Casa Civil. Subchefia para assuntos jurídicos. Disponível em: <www.dataprev.gov.br>. Acesso em: 13 jun. 2013.

do trabalhador, como previsto no art. 107, da Lei n. 8.213/91 (cômputo do tempo de contribuição com base no salário de contribuição) ao art. 55, V, da mesma Lei (tempo de serviço contado posteriormente em razão da sentença ou do acordo trabalhista).

(v) *Comprovação da inscrição e dos recolhimentos.* Para aferir-se a eficácia jurídica da decisão judicial em causas dessa natureza, determina-se a comprovação nos próprios autos do processo trabalhista: (i) da inscrição do trabalhador como segurado obrigatório do RGPS, e (ii) dos recolhimentos das contribuições sociais do período contratual reconhecido.

A comprovação hábil para essa finalidade é, exclusiva, admitida pelo órgão previdenciário oficial, qual seja, o extrato ou histórico do Cadastro Nacional de Informações Sociais como prova definitiva, (i) da inclusão das informações na base de dados do CNIS, relativas aos dados do período contratual reconhecido, já na condição de segurado obrigatório do RGPS e (ii) da futura emissão da Certidão do Tempo de Contribuição pelo INSS (Art. 5º, I, da Lei n. 11.457/2007) e Constituição Federal (Art. 5º, inciso XXXIV, alínea "B")[239].

A adoção de todas essas medidas práticas na decisão trabalhista representa

> a segurança jurídica ao trabalhador quanto à certeza de que os dados relativos ao período contratual do acordo homologado ou da sentença trabalhista foram incluídos no CNIS. Também significará que seu histórico de contribuições, como segurado, estará regular.[240]

Na perspectiva específica da utilidade prática e social, a fixação da competência material da Justiça do Trabalho às referidas causas é um critério jurídico efetivo para a concreção do direito social à previdência decorrente das relações de trabalho ou das relações empregatícias.

---

(239) Lei n. 11.457/2007. art. 5º. Já o art. 5º, da CRFB/88, no Inciso XXXIV, disciplina que "são a todos assegurados, independentemente do pagamento de taxas: a obtenção de certidões em repartições públicas, para defesa de direitos e esclarecimento de situações de interesse pessoal" (Alínea "B").

(240) MORAIS, Océlio J. C., 2010, p. 80.

5. Conclusão

Todo o sentido da construção da nossa tese de competência da Justiça do Trabalho às causas de natureza trabalhista-previdenciária em litígios que envolvem o Regime Geral e o Regime Privado de Previdência é, em última análise, para a *efetividade integral, efetividade máxima (jurídica e social)* do direito humano fundamental à previdência social, quando esse direito decorrer da relação de trabalho ou da relação empregatícia.

O interesse jurídico-processual de nossa tese é, pois, contribuir para o aperfeiçoamento do regime de competência jurisdicional da Justiça do Trabalho às referidas matérias, visto que a adequação desse regime implica a eliminação das antinomias própria e teleológica no § 2º, art. 202 da EC n. 20/1998 em confronto com o art. 114, incisos I, VIII e IX, da EC n. 45/2004.

A par disso, e ao direto interesse da sociedade, nossa tese é contributo à superação da teoria formalista da competência trabalhista na formatação atual do § 2º, art. 202 da EC n. 20/1998, para a assunção da teoria substancial vinculada à causa de pedir definida pela matéria, pois a efetividade plena do direito fundamental à previdência reclama um regime de competência compatível e harmônico à natureza da matéria.

Assim, o nosso desafio foi comprovar que a Justiça do Trabalho é competente para as causas de natureza trabalhista-previdenciária envolvendo os Regimes Geral e Privado Fechado de Previdência e que essa *competência exclusiva* é um critério de *efetividade em grau máximo* do direito fundamental à previdência social decorrente das relações empregatícias.

Sustentada por elementos de ordem constitucional, de ordem infraconstitucional e de ordem jurisprudencial, todos orientados pela interpretação sistemática das normas e princípios, é de nosso sentir que a tarefa foi cumprida satisfatoriamente.

Eis a síntese desses importantes elementos comprobatórios da nossa tese:

Elementos de ordem constitucional:

(i) A modificação do *critério fático-subjetivo-restrito* (relações individuais e coletivas de trabalho humano subordinado) para o *critério fático-objetivo-amplo* (relações de trabalho e as demais controvérsias delas decorrentes, art. 114, IX, da CRFB/88);

(ii) A expressa previsão de norma-princípio constitucional (competência para executar as contribuições previdenciárias decorrentes da decisão judicial trabalhista nas ações relativas às relações de trabalho, art. 114, VIII, CRFB/88) que prescinde de lei atributiva para competência decorrente;

(iii) A existência de princípios constitucionais (explícitos e implícitos) comuns ao trabalho e à previdência, que configuram o direito fundamental à previdência, decorrente do trabalho humano como gênero e da relação empregatícia como espécie na relação jurídica trabalhista-previdenciária (Art. 195, I, "*a*" e II, EC n. 20/1998, art. 114, I, VIII e IX, da EC n. 45/2004);

(iv) O princípio da autonomia dos acordos e das convenções coletivas de trabalho (Art. 6º, XIII e XXVI), os quais podem fixar norma mais benéfica aos trabalhadores, como a integração ao contrato de trabalho quanto as contribuições dos planos de benefício privado, visto que se trata de norma-princípio de aplicabilidade imediata (CRFB/1988, art. 5º, § 1º).

Elementos de ordem infraconstitucional:

(i) A existência de previsão normativa infraconstitucional (CLT, parágrafo único, art. 876 e § 3º, art. 832) que define competência tributária específica (ou competência decorrente) à Justiça do Trabalho para determinar as medidas judiciais ao recolhimento compulsório ou à execução *ex-officio* das contribuições sociais incidentes sobre os salários do período laboral reconhecido na sentença condenatória;

(ii) A previsão normativa infraconstitucional de ordem pública (Art. 43, da Lei n. 8.212/91) que atribui competência ao juiz federal trabalhista para adotar as medidas judiciais úteis e necessárias aos recolhimentos das contribuições sociais à previdência nas sentenças definitivas condenatórias do período laboral e nos acordos homologados;

(iii) A previsão infraconstitucional de que o direito à cobertura previdenciária pelo Regime Geral depende do fato jurídico (existência de trabalho humano subordinado) com carteira de trabalho assinada (última parte do inciso I, art. 40, CLT; art. 12, I, da Lei n. 8.212/91 e art. 11, I, da Lei n. 8.213/91), o que comprova a típica relação trabalhista-previdenciária);

(iv) O reconhecimento da *competência decorrente* da Justiça do Trabalho pela autarquia federal (INSS) para reconhecimento de filiação e cômputo do tempo de serviço, quando a sentença condenatória ou acordo homologado se fundar em início de prova material (Art. 55, § 3º, Lei n. 8.213/91 e art. 90, da IN 45/2010, INSS/PRES).

Elemento de ordem jurisprudencial:

(i) O reconhecimento jurisprudencial pela Suprema Corte constitucional brasileira quanto à competência material da Justiça do Trabalho para as causas decorrentes das relações de trabalho, independentemente se o pedido se baseia em direito civil;

(ii) O reconhecimento pelo Supremo Tribunal Federal da competência material trabalhista para execução das contribuições sociais devidas à Previdência Social relativas ao período laboral (para fins do cômputo do tempo de contribuição e para o custeio do regime), quando a obrigação decorrer de sentença condenatória ou acordo homologado com verbas trabalhistas que sirvam de base de cálculo;

(iii) A jurisprudência do TST que fixa a competência da Justiça do Trabalho pela causa de pedir decorrente da relação de trabalho, independentemente do direito privado que fundamenta o pedido;

(iv) A súmula 368 do TST reconhecendo a competência tributária da Justiça do Trabalho nas sentenças condenatórias que declaram o vínculo empregatício para fins do cômputo do tempo de serviço.

Também podemos aduzir que todos os critérios de competência estudados (*critério quanto à natureza da matéria, critério fático-jurídico em conexão com a nova função social do contrato, critério infraconstitucional em conexão com o princípio da competência derivada*) comprovam a competência da Justiça Federal do Trabalho às causas de natureza trabalhista-previdenciária que envolvam os Regimes Geral e o Privado Fechado de Previdência, quando a causa decorrer das relações de trabalho humano ou das relações empregatícias.

O estudo demonstrou que a competência da Justiça do Trabalho às referidas causas é também atraída pela função vinculante e imediata do direito fundamental social à previdência, o qual reclama efetividade total no contexto neoliberal de ataque e desconstrução das garantias e desse direito.

De igual maneira, o estudo comprovou que um direito social fundamental — ainda que esse direito seja o benefício previdenciário privado regulado por Acordo Coletivo de Trabalho, ou Convenção Coletiva de Trabalho, ou por regimento empresarial, ou por lei — exige garantia de efetividade por intermédio da tutela jurisdicional trabalhista, quando inobservada a cláusula contratual assecuratória desse direito e aderente ao contrato de trabalho.

Por conseguinte, a competência da Justiça do Trabalho, nessa matéria de natureza trabalhista-previdenciária, representa o respeito à regra do art. 114, I, VIII e IX, da Emenda Constitucional n. 45/2004.

E o acolhimento da regra constitucional autoaplicável habilita a Justiça Federal especializada do Trabalho, com toda sua vocacionalidade social, a garantir a efetividade real desse direito social fundamental ao trabalhador.

Referências de Obras Citadas

AGRA, Walber de Moura. *Republicanismo*. Porto Alegre: Livraria do Advogado, 2005.

ALÉXY, Robert. *Teoria da argumentação jurídica:* a teoria do discurso racional como teoria da jurisdição jurídica. Rio de Janeiro: Landy, 2011.

ALVES, Hélio Gustavo; TEIXEIRA, Ederson Ricardo. *Competência das ações previdenciárias e a jurisprudência predominante*. São Paulo: Quartier Latin, 2007.

AMARAL, Júlio Ricardo de Paula. *Eficácia dos direitos fundamentais nas relações de trabalho*. São Paulo: LTr, 2007.

ANTUNES, Ricardo. A desconstrução do trabalho e perda de direitos sociais. *In:* PINTO, Roberto Parayba Arruda (Coord.). *O Direito e o processo do trabalho na sociedade contemporânea*. São Paulo: LTr, 2005.

ARIGÓN, Mario Garmendia. Uruguai. *In:* EÇA, Vitor Salino de Mora; TOLEDO FILHO, Manoel Carlos (Coords.). *Direito processual do trabalho comparado*. Belo Horizonte: Del Rey, 2009.

ARMSTRONG, Karen. *Buda*. São Paulo: Objetiva, 2001.

ARNS, Flávio. *O novo código civil e as sociedades sem fins lucrativos*. Adaptação do estatuto. Brasília: Senado Federal, 2004.

ARRUDA, Marcos; CALDEIRA, Cesar. *Como surgiram as constituições brasileiras*. Rio de Janeiro: FASE (Federação de Órgãos para Assistência Social e Educacional). Projeto Educação Popular para a Constituinte, 1986.

AZZARITTI, Gaetano. Interpretação e teoria dos valores: retorno à Constituição. *Revista Brasileira de Direito Constitucional*, n. 6, p. 161, jul./dez. 2005.

BACHOF, Otto. *Normas constitucionais e inconstitucionais?* Tradução e nota prévia de José Manuel M. Cardoso da Costa. Coimbra/São Paulo: Almedina, 2009.

BALERA, Wagner *et al*. *Comentários à lei de previdência privada*. LC n. 109/2001. São Paulo: Quartier Latin, 2005.

______________. *Sistema de seguridade social*. 5. ed. São Paulo: LTr, 2009.

______________. *A seguridade social na Constituição de 1988*. São Paulo: Revista dos Tribunais, 1988.

______________. *Competência jurisdicional na previdência privada*. São Paulo: Quartier Latin, 2006.

______________. *Noções preliminares de direito previdenciário*. 2. ed. São Paulo: Quartier Latin, 2010.

BALDASSARE, Antônio. *Glabalizzazione contro democrazia*. Roma: Larenza, 2002.

BARROS, Alice Monteiro de. *Curso de direito do trabalho*. São Paulo: LTr, 2005.

BANGUESES, Ramon Alvarez. Argentina. *In:* EÇA, Vitor Salino de Moura; TOLEDO FILHO, Manoel Carlos (Coords.). *Direito processual do trabalho comparado*. Belo Horizonte: Del Rey, 2009.

BARROSO, Luís Roberto. *Interpretação e aplicação da constituição*. 6. ed. São Paulo: Saraiva, 2004.

BECK, Ulrich. *La sociedad del riesgo mundial:* em busca da la seguridad perdida. Barcelona: Paidós Ibérica S.A., 2008.

________________. *O que é globalização?* Equívocos do globalismo, respostas à globalização. São Paulo: Paz e Terra, 1999.

BERCOCIVI, Gilberto. *Dilemas do Estado Federal Brasileiro*. Porto Alegre: Livraria do Advogado, 2004.

BERNARDO, Leonardo Ferreira; FRANCOLOSSI, William. *Direito previdenciário na visão dos tribunais:* doutrina e jurisprudência. 2. ed. São Paulo: Método; Rio de Janeiro: Forense, 2010.

BITTAR, Eduardo Carlos Bianca. *O direito na pós-modernidade*. Rio de Janeiro: Forense, 2005.

BOBBIO, Norberto. *A era dos direitos*. São Paulo: Elsevier, 2004.

______________. *Estado, governo, sociedade:* para uma teoria geral da política. São Paulo: Paz e Terra, 2010.

______________. *O positivismo jurídico:* lições de filosofia do direito. São Paulo: Ícone, 2006.

______________. *Teoria geral do direito.* Tradução de Denise Agostinetti. 3. ed. São Paulo: Martins Fontes, 2010.

BOLMANN, Vilian. *Prudência e justiça:* o direito previdenciário no Brasil sob o enfoque da teoria da Justiça de Aristóteles. São Paulo: Juruá, 2009.

BONAVIDES, Paulo. *Ciência política.* 10. ed. São Paulo: Malheiros, 2001.

BRITO, Tarcísio Correa. França. *In:* EÇA, Vitor Salino de Mora; TOLEDO FILHO, Manoel Carlos (Coords.). *Direito processual do trabalho comparado.* Belo Horizonte: Del Rey, 2009.

BUENO, J. Hamilton (Coord.). *Curso de direito processual do trabalho em homenagem ao ministro Pedro Paulo Teixeira Manus.* São Paulo: LTr, 2008.

CADEMARTORI, Luiz Henrique Urquhart; DUARTE, Francisco Carlos. *Hermenêutica e argumentação neo-constitucional.* São Paulo: Atlas, 2009.

CAMPOS, Wânia Alice Ferreira Lima. *Dano moral no direito previdenciário.* São Paulo: Juruá, 2010.

CAPPELLETTI, Mauro; GARTH, Bryant. *Acesso à justiça.* Tradução de Ellen Gracie Northfleet. Porto Alegre: Sérgio Antônio Fabris, 2002.

CAPPELLETTI, Mauro. *Juízes irresponsáveis?* Porto Alegre: Sérgio Antônio Fabris, 1989.

CARDONE, A. Marly. *Previdência Social e Contrato de Trabalho — Relações.* São Paulo: Saraiva, 2011.

CARNEIRO, Athos Gusmão. *Jurisdição e competência:* exposição didática. São Paulo: Saraiva, 1999.

CARRILHO, Cristiano. *Manual de história dos sistemas jurídicos.* Rio de Janeiro: Elsevier e Campus Jurídico, 2009.

CARNELUTTI, Francesco. *Instituciones del proceso civil.* 2. ed. Buenos Aires: EJEA, 1973.

CAVALCANTI, Thaís Novaes. A normatividade dos princípios e o humanismo Constitucional. *In:* ______________; SOUZA, Carlos Aurélio Mota de. *Princípios humanísticos constitucionais:* reflexos sobre os humanos do século XXI. São Paulo: Letras jurídicas, 2010.

CHIOVENDA, Giuseppe. *Instituições de direito processual civil.* Campinas: Bookseller, 1998. v. II.

CAMPUZANO, Alfonso de Julios. *Constitucionalismo em tempos de globalização.* Tradução de José Luís Bolzan de Morais e Valéria Ribas do Nascimento. Porto Alegre: Livraria do Advogado, 2010.

CANARIS, Claus-Wilhelm. *Direitos fundamentais e direito privado.* Tradução de Ingo Wolfgang Sarlet e Paulo Mota Pinto. Coimbra: Almedina, 2009.

______________. *Pensamento sistemático e conceito de sistema na ciência do direito.* Tradução de A. Menezes Cordeiro. Lisboa: Fundação Calouste Gulbenklan, 2002.

CANOTILHO, José Joaquim Gomes. *Direito constitucional e teoria da constituição.* Coimbra: Almedina, 1998.

______________. *Direito constitucional.* 4. ed. Coimbra: Almedina, 1987.

______________. *Direito constitucional.* 7. ed. Coimbra: Almedina, 2003.

______________. *Estudos sobre direitos fundamentais.* São Paulo: Coimbra/Revista dos Tribunais, 2008.

______________. *Estudos sobre direitos fundamentais.* 2. ed. Portugal: Coimbra, 2009.

COHEN, Daniel. *A prosperidade do vício, uma viagem (inquieta) pela economia.* Tradução de Wandyr Hagge. Rio de Janeiro: Jorge Zahar Editor, 2010.

COIMBRA, José dos Reis Feijó. *Direito previdenciário brasileiro.* 6. ed. Rio de Janeiro: Trabalhista, 1996.

COSTA, Armando Casimiro; FERRARI, Irany; MARTINS, Melchíades Rodrigues (Orgs.). *Consolidação das Leis do trabalho.* São Paulo: LTr, 2011.

COMPARATO, Fábio Konder. *Ética:* direito, moral e religião no mundo moderno. São Paulo: Cia. das Letras, 2006.

CONTRERAS, Sérgio Gamonal; MOGGIA, Caterina Guid. Chile. *In:* EÇA, Vitor Salino de Moura; TOLEDO FILHO, Manoel Carlos. *Direito processual do trabalho comparado.* Belo Horizonte: Del Rey, 2009.

CORREIA, Marcus Orione Gonçalves. Princípios informadores da seguridade social e suas implicações cotidianas. *In:* NAHAS, Tereza Christina. *Princípios do direito e do processo do trabalho:* questões atuais. São Paulo: Campus Jurídico, 2009.

CORREIA, Érica Paula Barcha; GONÇALVES, Marcus Orione (Coords.). *Direitos fundamentais sociais*. São Paulo: Saraiva, 2010.

COSTA, José Ricardo Caetano. *Previdência:* Os direitos sociais previdenciários no cenário neoliberal. Curitiba: Juruá, 2009.

COTRIM, Gilberto. *Fundamentos da filosofia, história e grandes temas*. São Paulo: Saraiva, 2000.

COUTINHO, Luís Pedro Pereira. *A autoridade moral da Constituição:* da fundamentação da validade do direito constitucional. Portugal: Coimbra, 2009.

DALLARI, Dalmo de Abreu. *Elementos de teoria geral do Estado*. São Paulo: Saraiva, 2009.

______. *O futuro do Estado*. São Paulo: Saraiva, 2010.

DANTAS, Ivo. Teoria do processo constitucional: uma breve visão pessoal. *In:* MAC-GREGOR, Eduardo Ferrer; LARREA, Arturo Zandevar Ledo de. *Estudos de direito processual constitucional*. São Paulo: Malheiros, 2009.

DELGADO, Mauricio Godinho. *Curso de direito do trabalho*. 7. ed. São Paulo: LTr, 2008.

______. *Curso de direito do trabalho*. 8. ed. São Paulo: LTr, 2009.

DINIZ, Maria Helena. *Conflito de normas*. São Paulo: 9. ed. São Paulo: Saraiva, 2009a.

______. *As lacunas no direito*. 9. ed. São Paulo: Saraiva, 2009b.

DINAMARCO, Cândido Rangel. *Execução civil*. 3. ed. São Paulo: Malheiros, 1995.

DURKHEIM, Émile. *Da divisão do trabalho social*. 4. ed.Tradução de Eduardo Brandão. São Paulo: Fontes Martins, 2010.

DUROZOL, Gérad; ROUSSEL, André. *Dicionário de filosofia*. São Paulo: Papirus, 2002.

DWORKIN, Ronald. *Levando os direitos a sério*. Tradução de Nelson Boeira. São Paulo: Martins Fontes, 2002.

______. *Uma questão de princípios*. Tradução de Luís Carlos Borges. São Paulo: Martins Fontes, 2005.

ENGELS, Friedrich. *A origem da família, da propriedade privada e do Estado*. 2. ed. Rio de Janeiro: Paz e Terra, 1979.

FEIJÓ, Ricardo. *História do pensamento econômico*. São Paulo: Atlas, 2001.

FERRAJOLI, Luigi. *O Direito como sistema de garantias*. Porto Alegre: Livraria do Advogado, 1997.

______. *Por uma teoria dos direitos fundamentais e dos bens fundamentais*. Porto Alegre: Livraria do Advogado, 2001.

______. *Los fundamentos de los derechos fundamentales*. 3. ed. Madrid: Editorial Trotta, 2007.

FERRAZ JR., Tércio Sampaio. *Introdução ao estudo do direito:* ciência, decisão e dominação. São Paulo: Atlas, 2008b.

______. *Teoria da norma jurídica*. 4. ed. Rio de Janeiro: Forense, 2009.

FERREIRA PES, João Hélio. *A constitucionalização de direitos humanos elencados em tratados*. Rio Grande do Sul (Ijuí): Editoria Inijuí, 2010.

FILGUEIRA, Fábio Antônio Correia. *O princípio da função social do contrato e o seu controle jurisdicional*. Porto Alegre: Sérgio Antônio Fabris, 2007.

FRANCO FILHO, Georgenor de Sousa. *Direito do trabalho no STF*. São Paulo: LTr, 2009.

FRANCO, Afonso Arinos de Melo. *O renascimento*. Rio de Janeiro: Agir, MNBA, 1978.

GALVÃO, Andreia. *Neoliberalismo e reforma trabalhista no Brasil*. Tese (Doutorado em Ciências Sociais). Universidade Estadual de Campinas, Instituto de Filosofia e Ciências Humanas, Departamento de Ciência Política. Campinas (SP): 2006.

GARCIA, Maria. Kafka e a previdência social no Brasil: o "homicídio político" do trabalhador e a dignidade humana. *In:* CAVALCANTI, Thaís Novaes; SOUZA, Carlos Aurélio Mota de. *Princípios humanísticos constitucionais:* reflexos sobre o humanismo do século XXI. São Paulo: Letras Jurídicas e Cidade Nova, 2010.

GARCIA, Manoel Alonso. *Derecho del trabajo*. Barcelona: José Maria Bosch, 1960.

GARGARELLA, Roberto. *As teorias da justiça depois de Rawls:* um breve manual de filosofia política. São Paulo: Martins Fontes, 2008.

CAZETTA, Luís Carlos. *Previdência privada:* o regime jurídico das entidades fechadas. Porto Alegre: Sérgio Antônio Fabris, 2006.

GRAU, Eros Roberto. *Ensaio e discurso sobre a interpretação/aplicação do direito.* 9. ed. São Paulo: Malheiros, 2009.

______________. *O direito posto e o direito pressuposto.* 7. ed. São Paulo: Malheiros, 2008a.

______________. *A ordem econômica na Constituição de 1988.* São Paulo: Malheiros, 2008b.

HÄBERLE, Peter. *Hermenêutica Constitucional* — A sociedade aberta dos intérpretes da Constituição: contribuição para a interpretação pluralista e "procedimental" da Constituição. Tradução de Gilmar Ferreira Mendes. Porto Alegre: Sérgio Antônio Fabris, 2007; reimpressão, 2002.

HARADA, Kiyoshi. *Direito financeiro e tributário.* 16. ed. São Paulo: Atlas, 2007.

HAYEK, Friedrich A. *O caminho da servidão.* Rio de Janeiro: Biblioteca do Exército e o Instituto Liberal, 1994.

HART, Herbert Lionel Adolphus. *O conceito de direito.* Tradução de Antônio de Oliveira Sette-Câmara. São Paulo: Martins Fontes, 2009.

KANT, Inmanuel. *Fundamentação da metafísica dos costumes.* Porto: Porto Editora, 1995.

KARL, Larenz. *Metodologia da ciência do direito.* 5. ed. Lisboa: Fundação Calouste Gulbenklan, 2009.

KELSEN, Hans. *O problema da justiça.* Tradução de João Baptista Machado. São Paulo: Martins Fontes, 2011.

______________. *Teoria pura do direito.* Tradução de João Baptista Machado. São Paulo: Martins Fontes, 2009.

LAMARCA, Antônio. *O livro da competência.* São Paulo: Revista dos Tribunais, 1979.

LASSALLE, Ferdinand. *A essência da constituição.* Rio de Janeiro: Lumen Juris, 2000.

______________. *Que é a Constituição?* 2. ed. São Paulo: Kairós, 1985.

LEAL, Rogério César. *O Estado-Juiz na democracia contemporânea:* uma perspectiva procedimentalista. Porto Alegre: Livraria do Advogado editora, 2007.

LEITE, Celso Barroso. *Proteção social no Brasil.* São Paulo: LTr, 1972.

LE GOFF, Jacques. *A civilização do ocidente medieval.* 2. ed. Lisboa: Estampa, 1995.

LENZA, Pedro. *Direito constitucional esquematizado.* São Paulo: Método, 2003.

LEVI, R. LIONELLO. *Linee di una teoria giuridica della previdenza sociale.* Milão: Giuffrè, 1953.

LIKER, Jefrey K. *O modelo Toyota:* 14 princípios de gestão do maior fabricante do mundo. Porto Alegre: Bookman, 2005.

LIVET, Pierre. *As normas.* Tradução de Fábio dos Santos Creder Lopes. Petrópolis/RJ: Vozes, 2009.

LOPES, José Reinaldo de Lima. *O direito na história.* 3. ed. São Paulo: Atlas, 2009.

LORENZETTI, Ricardo Luís. *Teoria da decisão judicial: fundamentos de direito.* 2. ed. Tradução de Bruno Miragem. São Paulo: Revista dos Tribunais, 2008.

LOSANO, Mario G. *Introdução à edição italiana de "O problema da Justiça", de Hans Kelsen.* Tradução de Ivone Castilho Benedetii. São Paulo: Martins Fontes, 2011.

LUCENA, João Paulo. Elementos para uma teoria da competência. *In:* ARAÚJO, Francisco Rossal de. *Jurisdição e competência da justiça do trabalho.* São Paulo: LTr, 2006.

LUHMANN, Niklas. *Sociología del riesgo.* México: Universidad Iberoamericana, 1991.

LUHMANN, Niklas. *Sociologia do direito II.* Tradução de Gustavo Bayer. Rio de Janeiro: Biblioteca Tempo Universitário, 1985.

MALLET, Estêvão. Celeridade da prestação jurisdicional e a seleção das causas a serem julgadas pelos Tribunais Superiores. *In:* FRANCO FILHO, Georgenor de Souza *et al* (Coords.). *Direito e processo do trabalho em transformação.* São Paulo: Campus Jurídico, 2007.

MANUS, Pedro Paulo Teixeira. A competência da Justiça do Trabalho e a Emenda Constitucional n. 45/2004: aspectos processuais da reforma. *In:* ______________; ROMAR, Carla Teresa Martins; GUTELMAN, Suely Ester. *Competência da Justiça do Trabalho e EC n. 45/2004.* São Paulo: Atlas, 2009a.

______________. *Direito do trabalho.* 12. ed. São Paulo: Atlas, 2009b.

______________. *Execução de sentença no processo do trabalho*. 3. ed. São Paulo: Atlas, 2008a.

______________; JOÃO, Paulo Sérgio. *Temas em direito do trabalho:* Direito Material Individual. São Paulo: LTr, 2008b.

MARANHÃO, Délio. *Direito do trabalho*. Rio de Janeiro: Fundação Getúlio Vargas, 1976.

MARQUES, Franciane de Fátima. *A justiça na constituição:* conceito e sua concretização pela prática judicial. São Paulo: Método, 2009.

MARTINS FILHO, Ives Gandra da Silva. Eixos de transformação do direito e do processo do trabalho. In: PEDUZZI, Maria Cristina Irigoyen *et al* (Coords.). *Direito e processo do trabalho em transformação*. Rio de Janeiro: Campus Jurídico, 2007.

MARTINS, Sérgio Pinto. Da sentença trabalhista e seus efeitos. *In:* BUENO, J. Hamilton (Coord.). *O curso de direito processual do trabalho obra em homenagem ao ministro Pedro Paulo Teixeira Manus*. São Paulo: LTr, 2008a.

______________. *Direito de seguridade social*. São Paulo: Atlas, 2008b.

______________. *Direito de seguridade social:* fundamentos jurídicos. São Paulo: Atlas, 2011.

MEDINA, David Montoya. Espanha. *In:* EÇA, Vitor Salino de Moura; TOLEDO FILHO, Manoel Carlos. *Direito processual do trabalho comparado*. Belo Horizonte: Del Rey, 2009.

MÉLEGA, Luiz. Natureza jurídica da contribuição de previdência social. *In:* MACHADO, Brandão. *Direito tributário:* estudos em homenagem ao professor Ruy Barbosa Nogueira. São Paulo: Saraiva, 1984.

MERQUIOR, José Guilherme. *Liberalismo:* viejo y nuevo. México: Fondo de Cultura Económica, 1993.

MIRANDA, Pontes de. *Comentários à Constituição de 1967*. Rio de Janeiro: Forense, 1867.

MISES, Ludwig von. *A ação humana:* um tratado de economia. 2. ed. Tradução de Donald Stewart Júnior. Rio de Janeiro: Instituto Liberal e Ordem Livre, 1990.

MONDIN, Batista. *Definição filosófica da pessoa humana*. Tradução de Irmã Jacinta Turolo Garcia. Bauru: Edusc, 1998.

MONTESQUIEU, Charles Louis de Secondat. *O espírito das leis (L'Esprit des lois)*. Tradução de Fernando Henrique Cardoso e Leôncio Martins Rodrigues. São Paulo: Nova Cultura, 2005.

______________. *O espírito das leis*. Tradução de Cristina Murchaco. São Paulo: Martins Fontes, 1996.

MONTESSO, Cláudio José; FREITAS, Marco Antônio de; STERM, Maria de Fátima Coelho Borges (Coords.). *Direitos sociais na Constituição de 1988*. Uma análise crítica vinte anos depois. São Paulo: Anamatra e LTr, 2008.

MORAES FILHO, Evaristo de. *Direito do trabalho*. São Paulo: LTr, 2009.

______________. *Sucessão nas obrigações e a teoria da empresa*. Rio de Janeiro: Forense, 1960. v. II.

MORAES, Alexandre de. *Direito constitucional*. 23. ed. São Paulo: Atlas,2008.

______________. (Org.). *Constituição da República Federativa do Brasil, de 5 de setembro de 1988*. São Paulo: Saraiva, 2011.

MORAIS, Océlio J. C. *Execução previdenciária trabalhista e procedimentos práticos*. Competência da Justiça Federal do Trabalho. São Paulo: LTr, 2010

MOREAU, Pierre. *O financiamento da seguridade social na União Europeia e no Brasil*. São Paulo: Quartier Latin, 2005.

MOSQUERA, Roberto Quiroga. Os princípios informadores do direito do mercado financeiro e de capitais. *In:* MOSQUERA, Roberto Quiroga (Coord.). *Aspectos atuais do direito do mercado financeiro e de capitais*. São Paulo: Dialética, 1999.

NASCIMENTO, Amauri Mascaro. A competência da Justiça do Trabalho para a relação de trabalho. *In:* FAVA, Marcus Neves; COUTINHO, Grijalbo Fernandes. *Nova competência da Justiça do Trabalho*. São Paulo: Anamatra e LTr, 2005.

______________. *Curso de direito processual do trabalho*. São Paulo: Saraiva, 2010.

NASCIMENTO, Sérgio. *Interpretação do direito previdenciário*. São Paulo: Quartier Latin, 2007.

NEVES, Marcelo. *Transconstitucionalismo*. São Paulo: Martins Fontes, 2009.

NUNES, Rizzatto. *O princípio constitucional da dignidade da pessoa humana:* doutrina e jurisprudência. 3. ed. São Paulo: Saraiva, 2010.

OLIVEIRA, Paulo Eduardo Viera de; NAHAS, Thereza Cristina. Portugal. *In:* EÇA, Vitor Salino de Moura; TOLEDO FILHO, Manoel Carlos (Coords.). *Direito Processual do trabalho comparado.* Belo Horizonte: Del Rey, 2009.

OTERO, Paulo. *O Brasil nas cortes constituintes portuguesas de 1821-1822.* São l Lisboa: *Revista de Direito e Estudos Sociais*, 1988.

PALO NETO, Vito. Alemanha. *In:* EÇA, Vitor Salino de Moura TOLEDO FILHO, Manoel Carlos (Coords.). *Direito processual do trabalho comparado.* Belo Horizonte: Del Rey, 2009.

PAMPLONA FILHO, Rodolfo. Da competência da Justiça do trabalho. *In:* BUENO, J. Hamilton (Coord.). *Curso de direito do trabalho em homenagem ao ministro Pedro Paulo Teixeira Manus.* São Paulo: LTr, 2008.

PASTORE, José. *Encargos sociais.* São Paulo: LTr, 2001.

PÉREZ LUÑO, Antônio Henrique. *La universidad dee los derechos humanos y el Estado Constitucional.* Bogotá: Universidad de Colombia, 2002.

PENTEADO FILHO, Nestor Sampaio. *Manual de direitos humanos:* doutrina e legislação. São Paulo: Método, 2006.

PERSIANI, Mattia. *Direito da previdência Social.* São Paulo: Quartier Latin, 2009.

PINTO, José Augusto Rodrigues. *Execução trabalhista:* estática, dinâmica, prática. 11. ed. São Paulo: LTr, 2006.

PUBLINO, Daniel. *Regime de previdência complementar:* natureza jurídico-constitucional e seu desenvolvimento pelas entidades fechadas. Tese (Doutorado em Direito) — Pontifícia Unidade Católica de São Paulo. São Paulo: 2007.

REALE, Miguel. *Direito como experiência.* 4. ed. São Paulo: Saraiva, 2010.

______________. *Lições preliminares de direito.* São Paulo: Saraiva, 2010.

REZENDE FILHO, Cyro de Barros. *História econômica geral.* São Paulo: Contexto, 2008.

ROCHA, José Manuel de Sacadura. *Antropologia jurídica:* para uma filosofia antropológica do direito. 2. ed. São Paulo: Campus Jurídico, 2010.

ROCHA, Renata da. O princípio pro homine e a constituição federal de 1988: uma questão de valor. *In:* SOUZA, Carlos Aurélio Mora de; CAVALCANTI, Thaís Novaes. *Princípios humanismo constitucionais:* reflexos sobre o humanismo do século XXI. São Paulo: Letras Jurídicas, 2010.

RODRIGUEZ, Américo Plá. *Princípios de direito do trabalho.* São Paulo: LTr, 1993.

ROMAR, Carla Teresa Martins. A Emenda Constitucional n. 45, de 2004, e a competência da justiça do trabalho: análise dos incisos I e IX do art. 114 da constituição federal. *In:* MANUS, Pedro Paulo Teixeira; ROMAR, Carla Teresa Martins; GITELMAN, Suely Este. *Competência da justiça do trabalho e EC n. 45/2004.* São Paulo: Atlas, 2009.

ROSANVALLON, Pierre. *La crise de L'État providence.* France. 1981 e 1992. Tradução de Joel Pimentel de Uchôa. Goiania: UFG; Brasilia: Unb, 1997.

ROSS, Alf. *Direito e justiça.* Bauru: Edipro, 2007.

RUIZ, Castor M.M. *As encruzilhadas do humanismo.* Petrópolis: Vozes, 2006.

SALAZAR, Michel Vidal. Peru. *In:* EÇA, Vitor Salino de Moura; TOLEDO FILHO, Manoel Carlos. *Direito processual do trabalho comparado.* Belo Horizonte: Del Rey, 2009.

SANTOS, Boaventura de Sousa. *A gramática do tempo:* para uma nova cultura política. 2. ed. São Paulo: Cortez, 2008.

SANTOS JÚNIOR, Rubens Fernando Clamer dos. *A eficácia dos direitos fundamentais dos trabalhadores.* São Paulo: LTr, 2010.

SARAIVA, Renato. *Curso de direito processual do trabalho.* 6. ed. São Paulo: Método, 2009.

SARLET, Ingo Wolfgang. *Dignidade da pessoa humana e direitos fundamentais.* 2. ed. Porto Alegre: Livraria do Advogado, 2002.

______________. Segurança social, dignidade da pessoa humana e proibição de retrocesso: revisando o problema da proteção dos direitos fundamentais sociais. *In:* GOMES, J. J. Canotilho; CORREIA, Marcus Oriene Gonçalves; CORREIA, Érica Paula Barcha (Coords.). *Direitos fundamentais sociais*. São Paulo: Saraiva, 2010.

SAVARIS, José Antônio. *Direito processual previdenciário*. São Paulo: Juruá, 2011.

______________. *Uma teoria da decisão judicial previdenciária:* contributo para superação da prática utilitarista. São Paulo: Juruá, 2011.

SCHAFER, Jairo. *Classificação dos direitos fundamentais:* do sistema geracional ao sistema unitário. Porto Alegre: Livraria do Advogado, 2005.

SILVA NETO, Casimiro Pedro da. *A construção da democracia:* síntese história dos grandes momentos da Câmara dos Deputados, das assembleias nacionais constituintes e do Congresso Nacional. Brasília: Câmara dos Deputados, 2003. 751 p. (Série Temas de Interesse do Legislativo; n. 5).

SILVA, Daniel Pereira M. da. A educação em tempos de pós-modernidade: algumas reflexões a partir do texto constitucional de 1988. *In:* SOUZA, Carlos Aurélio Mota de; CAVALCANTI, Thais Novaes (Coords.). *Princípios humanísticos constitucionais*. São Paulo: Letras Jurídicas, 2010.

SILVA, José Afonso da. *Aplicabilidade das normas constitucionais*. 7. ed. São Paulo: Malheiros, 2008.

______________. *Curso de direito constitucional positivo*. 9. ed. São Paulo: Malheiros, 1992.

______________. *O Constitucionalismo brasileiro — evolução institucional*. São Paulo: Malheiros, 2011.

SÜSSEKIND, Arnaldo. *Curso de direito do trabalho*. 3. ed. Rio de Janeiro: Renovar, 2010.

UNNA, Carlos de Buen. México. *In:* EÇA, Vitor Salino de Moura; TOLEDO FILHO, Manoel Carlos. *Direito processual do trabalho comparado*. Belo Horizonte: Del Rey, 2009.

VECCHIO, Giorgio Del. *Lições de filosofia do direito*. Tradução de Antonio José Brandão. Coimbra: Armênio Amado, 1972.

VILANOVA, Lourival. *Estruturas lógicas e o sistema de direito positivo*. São Paulo: Noeses, 2005.

VILELA, Fábio Lopes Berbel. *Teoria geral da previdência social*. São Paulo: Quartier Latin, 2004.

VILLATORE, Marco Antônio César; HASSON, Rokabd (Coords.). *Direito constitucional do trabalho vinte anos depois da Constituição Federal de 1988*. Organização de Ronald Almeida. São Paulo: Juruá. 2009.

VINCI, Leonardo da. *La regola francescana*. Perugia: Guerra Edizioni, 1999.

WAMBIER, Luiz Rodrigues; TALAMINI, Eduardo; ALMEIDA, Flávio Renato Correia de. *Curso avançado de processo civil*. São Paulo: Revista dos Tribunais, 2008. v. 1.

WEBER, Max. *Ensaio sobre a teoria das ciências sociais*. 2. ed. São Paulo: Centauro, 2008.

ZENNI, Alessandro Severino Valler; OLIVEIRA, Cláudio Rogério Teodoro de. *(Re) significação dos princípios de direito do trabalho*. Porto Alegre: Sérgio Antônio Fabris Editor, 2009.

Referências de obras consultadas

AKAOUI, Fernando Reverendo. *Jurisdição constitucional e a tutela dos direitos metaindividuais*. São Paulo: Verbatim, 2006.

BOBBIO, Norberto. *L'età dei diritti*. Torinio: Einaudi, 1990.

BONAVIDES, Paulo. *História constitucional do Brasil*. 3. ed. Rio de Janeiro: Paz e Terra, 1991.

______________. *Do país constitucional ao País neoliberal:* a derrubada da Constituição e a recolonização pelo golpe de Estado institucional. São Paulo: Malheiros, 2000b.

CASTILHO, Maria Augusta de. *Roteiro prático para elaboração de monografia em ciências jurídicas*. 4. ed. São Paulo: Saraiva, 2008.

COHAGO, Lorena de Mello Rezende. *Competência da Justiça do Trabalho para o julgamento das lides de natureza penal trabalhista*. São Paulo: LTr, 2009.

DICIONÁRIO de verbos italianos. Porto: Editora Porto, 2010.

DICIONÁRIO italiano-português, português-italiano. Acordo ortográfico antes e depois. Porto: Editora Porto, 2010.

DINIZ, Maria Helena. *Código Civil anotado*. São Paulo: Saraiva, 2010.

ECO, Humberto. *Como se faz uma tese*. São Paulo: Perspectiva, 2009.

FERRAZ JÚNIOR, Tércio Sampaio. Antinomia. *In:* Enciclopédia Saraiva de Direito. São Paulo: Saraiva, 2008a.

GUEST, Stephen. *Ronald Dworkin*. Rio de Janeiro: Elsevier e Campus Jurídico, 2010.

HEGEL, G. Wilhelm Friedrich. *Principios de la filosofia del derecho*. Buenos Aires: Sulamerica, 1975.

JAVALIER, Jean-Claude. *Manuel de Droit du Travail*. Paris: L.G.D.J., 1978.

KALECKI, Michal. *Aspectos políticos do pleno emprego*. São Paulo: Huctec, 1983. Cap. 6.

KEYNES, John Maynard. *Teoria geral do emprego, do juro e da moeda (General theory of employment, interest and money)*. Tradução de Mário Ribeiro da Cruz. São Paulo: Atlas, 1992.

MARX, Karl. *Elementos fundamentales para la critica de la economia politica (Grundrisse) Espanã:* 1857-1858. 17. ed. Espanã: Siglo XXI Editores, 1977. v. 1.

MELLO, Celso Antônio Antônio. *O conteúdo jurídico do princípio da igualdade*. 3. ed. São Paulo: Malheiros, 2010.

MIRANDA, Jorge. *Teoria do estado e da Constituição*. Rio de Janeiro: Forense, 2001.

OLIVERIA, Erival da Silva. *Elementos do direito constitucional*. 7. ed. São Paulo: Premier Máxima, 2008.

PERSIANI, Mattia. Autonomia, subordinazione coordinamento nei recenti modeli de colaborazione laborativa. *In: Contrato e lavoro sunordinato*. Padova: Cadam. 2000. p. 105. Scriti in onere di Renato Scognamiglio.

PINTO, Geraldo Augusto. *A organização do trabalho no século 20:* taylorismo, fordismo e toyotismo. 2. ed. São Paulo: Expressão Popular, 2010.

SILVA, De Plácido. *Vocabulário jurídico*. Rio de Janeiro: Forense, 1993.

SMITH, Adam. *A riqueza das nações*. Tradução de Norberto de Paula Lima. São Paulo: Revista Hemus, 2001.

TAVARES, André Ramos. *Tratado de arguição de preceito fundamental:* Lei n. 9.868/99 e Lei n. 6.882/99. São Paulo: Saraiva, 2001.

TUFANO, Douglas. *Guia prática da nova ortografia*. São Paulo: Melhoramentos, 2009.

WILLERS. Hermann. *Gramática de italiano*. 3. ed. Tradução de Mercês Peixoto. Lisboa: Editorial Presença, 2006.

Referências de leis, documentos, obras e artigos retirados (e citadas) da *internet*

BÍBLIA Sagrada. Disponível em: <www.bibliacatolica.com.br>. Acesso em: 14 mar. 2013.

BRASIL. Constituição (1824). *Constituição Politica do Imperio do Brazil, de 15 de março de 1824*. Disponível em: <www.planalto.gov.br>. Acesso em: 5 mar. 2013.

BRASIL. Constituição (1824). *Constituição Politica do Imperio do Brazil, de 25 de março de 1824*. Disponível em: <www.planalto.gov.br>. Acesso em: 30 abr. 2013.

BRASIL. Constituição (1891). *Constituição da República dos Estados Unidos do Brasil, de 24 de fevereiro de 1891*. Disponível em: <www.planalto.gov.br>. Acesso em: 5 mar. 2013.

BRASIL. Constituição (1934). *Constituição da República dos Estados Unidos do Brasil, de 16 de julho de 1934*. Disponível em: <www.planalto.gov.br>. Acesso em: 7 mar. 2013.

BRASIL. Constituição (1937). *Constituição da República dos Estados Unidos do Brasil, de 10 de novembro de 1937*. Disponível em: <www.planalto.gov.br>. Acesso em: 7 mar. 2013.

BRASIL. Constituição (1946). *Constituição da República dos Estados Unidos do Brasil, de 18 de setembro de 1946*. Disponível em: <www.planalto.gov.br>. Acesso em: 10 mar. 2013.

BRASIL. Constituição (1967). *Constituição da República Federativa do Brasil, de 24 de janeiro de 1967*. Disponível em: <www.planalto.gov.br>. Acesso em: 15 mar. 2013.

BRASIL. Emenda Constitucional n. 01, de 17 de outubro de 1969. Disponível em: <www.planalto.gov.br>. Acesso em: 2 maio 2013.

BRASIL. Emenda Constitucional n. 20, de 15 de dezembro de 1998. *Modifica o sistema de previdência social, estabelece normas de transição e dá outras providências*. Disponível em: <www.planalto.gov.br>. Acesso em: 2 maio 2013.

BRASIL. Emenda Constitucional n. 45, de 30 de dezembro de 2004. Disponível em: <www.planalto.gov.br>. Acesso em: 2 maio 2013.

BRASIL. Lei complementar n. 108, de 29 de maio de 2001. Disponível em: <www.planejamento.gov.br>. Acesso em: 2 maio 2013.

BRASIL. Lei Complementar n. 109, de 29 de maio de 2001. Disponível em: <www.planalto.gov.br>. Acesso em: 2 maio 2013.

BRASIL. Lei n. 10.406, de 10 de janeiro de 2002. *Código Civil Brasileiro*. Disponível em: <www.planalto.gov.br>. Acesso em: 24 maio 2013.

BRASIL. Lei n. 11.457, de 16 de março de 2007. Disponível em: <www.planalto.gov.br>. Acesso em: 24 abr 2013.

BRASIL. Lei n. 12.376, de 30 de dezembro de 2010. Conforme o art. 2º desta Lei a LICC passa a vigorar com a seguinte redação: Lei de Introdução às normas do Direito Brasileiro." (LINDB). Disponível em: <www.planalto.gov.br>. Acesso em: 2 maio 2013.

BRASIL. Lei n. 5.172, de 25 de outubro de 1966. Código Tributário Nacional. Disponível em: <www.planalto.gov.br>. Acesso em: 20 maio 2013.

BRASIL. Lei n. 6.435, de 15 de julho de 1977. Disponível em: <www.planalto.gov.br>. Acesso em: 2 maio 2013.

BRASIL. Lei n. 8.112, de 11 de dezembro de 1990. Disponível em: <www.planalto.gov.br>. Acesso em: 24 maio 2013.

BRASIL. Lei n. 8.212, de 24 de julho de 1991. Disponível em: <www.planalto.gov.br>. Acesso em: 24 maio 2013.

BRASIL. Lei n. 8.213, de 24 de julho de 1991 Disponível em: <www.planalto.gov.br>. Acesso em: 2 maio 2013.

BRASIL. Lei n. 9.983, de 14 de julho de 2000. Disponível em: <www.planalto.gov.br>. Acesso em: 2 maio 2013.

BRASIL. Lei n. 12.692, de 24 de julho de 2012. Disponível em: <www.planalto.gov.br>. Acessos em: 25 e 15 julho 2013.

CASIMIRO NETO. *A constituição da democracia:* síntese histórica dos grandes momentos históricos da câmara dos deputados, das assembleias nacionais constituintes do Congresso Nacional. Biblioteca Digital da Câmara dos Deputados. Brasília. 2003. Disponível em: <www.bd.camara.gov.br>. Acesso em: 15 mar. 2013.

CASSAR, Vólia Bomfim. Reflexos do avanço da tecnologia e da globalização nas relações de trabalho: novas profissões e métodos de execução do trabalho. *Revista do Tribunal Regional do Trabalho* (1ª Região). Disponível em: <www.portal2.trtrio.gov.br>. Acesso em: 10 maio 2013.

DECLARAÇÃO Universal dos Direitos Humanos: adotada e proclamada pela Resolução 217 A (III) da Assembleia Geral das Nações Unidas em 10 de setembro de 1948. Disponível em: <www.portal.mj.gov.br>. Acesso em: 28 maio 2013.

ENCÍCLICA Rerum Novarum (Leão XIII, Papa, em 15.5.1891), sobre a condição dos operários. Disponível em: <www.vatican.va/holy/rerum-novarum>. Acesso em: 6 abr. 2013. .

ENCÍCLICA Quadragessimo anno (Pio XI, Papa, em 15.5.1931) sobre a restauração e aperfeiçoamento da ordem social em conformidade com a lei evangélica no XL aniversário da encíclica de Leão XIII (Rerum Novarum). Disponível em: <www.vatican.va/holy/quadragesimo-anno>. Acesso em: 5 abr. 2013.

ENCÍCLICA Mater et magistra (Joannes XXIII, em 15.5.1961) sobre a evolução da questão social à luz da doutrina cristã. Disponível em: <www.vatican.va/holy_materl>. Acesso em: 5 abr. 2013.

ENCÍCLICA Pacem In Terris (Joannes XXIII, Papa em 11 abr. 1963) sobre a paz de todos os povos na base da verdade, justiça, caridade e liberdade. Disponível em: <www.vatican.va/holy.pacem-terris>. Acesso em: 7 abr. 2013.

ENCÍCLICA Populorium progressio, sobre o desenvolvimento dos povos (Paulus VI, Papa, 26 mar.1967). Disponível em: <www.vatican.va/holy.populorium.progressio>. Acesso em: 7 abr. 2013.

ENCÍCLICA Laborem Exercens (Joannes Paulus, II papa, em 9.14.1981) sobre os homens de boa vontade, sobre o trabalho humano no 90º aniversário da encíclica Rerum Novarum. Disponível em: <www.vatican.va/holy.laborem-exercens>. Acesso em: 7 abr. 2013.

ESTADOS UNIDOS DA AMÉRICA. (*Constituição dos Estados Unidos da América* (1787). Disponível em: <www.direitoshumanos.usp.br/index.php/Documentos>. Acesso em: 5 mar. 2013.

TRATADO de Versalhes. Disponível em: <http://net.lib.byu.edu/~rdh7/wwi/versailles.html>. Acesso em: 7 jul. 2013.

Referências citadas de documentos, artigos científicos e conferências

ALMEIDA, Edvaldo Nilo de. Repensando os princípios. *Revista LTr*, São Paulo, n. 68, abr., 2004.

BRÜSEKE, Franz Josef. Risco e contingência. *Societec e Prints*, Florianópolis, v. 1, n. 2, p. 35-48, jul./dez. 2006.

BONAVIDES, Paulo. A história constitucional do Brasil. In: Conferência feita na Academia Piauense de Letras em 27 jul. 2000. Publicada no caderno de Estudos Avançados, v. 14, n. 40, 2000a.

DWORKIN, Ronald. Constitucionalismo e democracia. European Journal of Philosophy, v. 1, n. 3, p. 2-11, 1995.

FERRARO, Alencar R. *O movimento neoliberal:* gênese, natureza e trajetória. Sociedade em Debate, Pelotas, v. 3, n. 4, dez., 1997.

FRAGOSO, Heleno Cláudio. A nova lei de segurança nacional. *Revista de Direito Penal de Criminologia*, Rio de Janeiro, n. 35, jan./jun., 1983.

GUARINELLO, Norberto. Uma morfologia da história: as formas da história antiga. *Revista Politeia: História e Sociologia*, Vitória da Conquista, v. 3, n. 1, p. 41-61, 2003.

MATTOS, Laura de. As razões do *laissez faire*: uma análise do ataque ao mercantilismo e da defesa da liberdade econômica na Riqueza das Nações. *Revista de Economia Política*, São Paulo, v. 27, jan./mar. 2007.

MORAIS, Océlio J. C. *Causas previdenciárias e a erosão da coisa julgada material trabalhista:* uma análise sob o enfoque dos valores, das regras e dos princípios Revista de Previdência social. São Paulo: RPS, n. 365, p. 286-300, abr., 2011.

PASTORE, José. Estados e sindicatos: novos estudos. *Cebrap*, São Paulo, n. 41, mar., 1995.

SERRA, José. Privatização da previdência: mito e realidade. *Revista de Previdência Social*, São Paulo, n. 130, jul. 1992.

Referências da ABNT

ASSOCIAÇÃO BRASILEIRA DE NORMAS TÉCNICAS — ABNT. *Informação e documentação:* trabalhos acadêmicos: apresentação: NBR 14724/2011. Rio de Janeiro, 2011. 11p.

ASSOCIAÇÃO BRASILEIRA DE NORMAS TÉCNICAS — ABNT. *Informação e documentação:* referências: elaboração: NBR 6023/2002. Rio de Janeiro, 2002. 24p.

ASSOCIAÇÃO BRASILEIRA DE NORMAS TÉCNICAS — ABNT. *Informação e documentação:* Resumo: apresentação: NBR 6028/2003. Rio de Janeiro, 2003. 2p.

ASSOCIAÇÃO BRASILEIRA DE NORMAS TÉCNICAS — ABNT. *Informação e documentação:* sumário: apresentação: NBR 6027/2003. Rio de Janeiro, 2003. 2p.

ASSOCIAÇÃO BRASILEIRA DE NORMAS TÉCNICAS — ABNT. *Informação e documentação:* citações em documento: apresentação: NBR 10520/2002. Rio de Janeiro, 2002. 7p.

ASSOCIAÇÃO BRASILEIRA DE NORMAS TÉCNICAS — ABNT. *Informação e documentação:* numeração progressiva das seções de um documento: apresentação: NBR 6024/2012. Rio de Janeiro, 2012. 4p.

NORMAS PARA DEFESA PÚBLICA DE TESE NA PONTIFÍCIA UNIVERSIDADE CATÓLICA DE SÃO PAULO (PUC/SP). *Procedimentos para depósito dos exemplares de Dissertação e Tese.* Disponível em: <http://pos.pucsp.br/secretarias/nomasparadefesapublica>. Acesso em: 3 abr. 2013.